I0464633

AUGUSTO SÁNCHEZ BUSTILLOS

# LA INVERSIÓN EXTRANJERA DIRECTA EN EL PERÚ

Comentarios a la Ley de Fomento a la Inversión Extranjera
y Ley Marco para el Crecimiento de la Inversión Privada,
Decretos Legislativos 662 y 757

*A mis hermanos Benjamín y Arnaldo*
*como testimonio de gratitud y reconocimiento*

*Al recuerdo de José Antonio Romero Chávez*
*Piura 28 de Octubre de 1950 - Lima 15 de Noviembre de 2010*

*"La democracia no resulta necesariamente de una ampliación de las libertades públicas que son extremamente necesarias para el desarrollo de las civilizaciones. La democracia se funda en la ampliación de los poderes de los ciudadanos para influir en las decisiones fundamentales de la nación. Entre ellos se encuentra, en primer lugar, la capacidad de influir en la orientación de las inversiones y en el uso de los bienes materiales y espirituales acumulados por la humanidad en milenios de desarrollo civilizacional".*

**Theotônio Dos Santos.**

# ÍNDICE

## CAPÍTULO II

## TÓPICOS FUNDAMENTALES DE LA INVERSIÓN EXTRANJERA DIRECTA EN EL CONTEXTO ACTUAL

## CAPÍTULO III

**MARCO JURÍDICO DE LA INVERSIÓN EXTRANJERA EN LOS PAÍSES
DE AMÉRICA LATINA**

**CAPÍTULO IV**

**TRATAMIENTO DE LA INVERSIÓN Y EL COMERCIO EN LOS ACUERDOS
MULTILATERALES**

## CAPÍTULO V
## TRATAMIENTO A LA INVERSIÓN EXTRANJERA EN EL DERECHO NACIONAL AL AMPARO DE LOS ACUERDOS INTERNACIONALES

## CAPÍTULO VI
## LA INVERSIÓN EXTRANJERA DIRECTA Y EL DESARROLLO HUMANO

# INTRODUCCIÓN

La inversión extranjera directa es un mecanismo mediante el cual se articulan las relaciones económicas internacionales, y es un factor determinante de los flujos financieros y tecnológicos. Tradicionalmente se ha definido como aquélla en la cual una persona o sociedad tiene un interés a largo plazo, y cierto nivel de influencia sobre la administración de una sociedad en otra nación distinta a la de su residencia. Esta inversión se puede realizar mediante la participación de otras empresas ya establecidas en un país o por medio del establecimiento de una filial de la empresa inversora. Las transacciones de capital en concepto de inversión extranjera directa (IED) constituyen uno de los principales componentes de las transacciones financieras internacionales. Hoy la inversión extranjera es una de las fuentes de capital más importantes para las economías en desarrollo, en este sentido, la apertura al capital extranjero trae consigo la solución de problemas específicos ligados al crecimiento de la economía, entre los cuales se puede mencionar: la diversificación de las exportaciones en calidad y cantidad, la adquisición de materias primas, la necesidad de capitales frescos, la inserción en nuevos mercados, la adquisición de tecnologías avanzadas, y la introducción de prácticas modernas de gestión económica.

La transformación de los bienes y recursos en instrumentos para el desarrollo requiere un incremento continuo de su utilidad económica mediante las inversiones, básicamente inversiones que se pueden llevar a cabo en conocimientos especializados y en recursos humanos e inversiones en capacidad física de producción. En este enfoque es importante que la magnitud de inversiones que se pueda atraer sea canalizada por medio de una distribución entre sectores atendiendo a las ramas de producción: industrial, agropecuaria, de servicios, etc. Significa también considerar el desarrollo de los mercados internos y de un circuito de generación de demanda e ingresos centrados en el interior del país y no exclusivamente en los mercados exteriores, para esto es necesario superar las restricciones que enfrenta la inversión privada local, restricciones de mercado, de financiamiento, de capital humano y tecnología.

Los recursos naturales deben servir al desarrollo del país y el capital extranjero debe operar dentro de condiciones que permitan alcanzar ese desarrollo a través de mecanismos que hagan posible la participación de las industrias locales en la formación del valor agregado de las filiales de las empresas extranjeras y la reinversión productiva de los beneficios obtenidos. La inversión extranjera en el país requiere de un marco legal que permita la presencia de una pluralidad en las formas empresariales que pueden ser estatales, mixtas y privadas o de otro tipo, estimulando la aparición de empresas privadas para crear nuevos mercados internos. Hay que tener presente que la inversión extranjera se promueve sobre la base de una economía directamente conectada con sus características geográficas y sus aspectos demográficos, desde este punto de vista, es importante la creación de empresas productivas, y que la velocidad de generación de estas empresas sea uniforme y constante en las diversas regiones del país, atendiendo a un estudio comparativo entre regiones con énfasis en los recursos naturales. Todo esto supone superar el déficit de infraestructura de bienes y servicios que usualmente obedece a un descenso de la inversión pública y a las políticas de contracción del gasto público y que influye como factor negativo en la mejora del nivel actual de competitividad del país con respecto a otros países.

Es importante desarrollar el mercado de capitales adecuando su marco regulatorio para que las empresas independientemente de su tamaño y de su forma de constitución y organización puedan captar recursos para financiar sus inversiones, todo esto significa la implementación de un modelo de contratación y de negociación laboral estable en el aspecto laboral e implementar medidas que faciliten las operaciones de inversión, normas y leyes que definan reglas importantes en la decisión de destino de la inversión. Si bien existe un relativo consenso sobre la relación existente entre desarrollo económico e inserción económica en los circuitos comerciales, financieros y productivos internacionales, hay que tener en cuenta que cada modelo de inserción internacional supone una estrategia distinta de desarrollo a largo plazo, y por tanto, distintos efectos económicos, políticos y sociales.

Hay factores que dificultan el logro de objetivos económicos generalmente éstos derivan de las estructuras de mercado inadecuadas, competencia imperfecta y cálculos inadecuados de los costos y beneficios. Por ello, coincidimos con las posiciones que recomiendan que se impulsen políticas activas para corregir estos inconvenientes de mercado y garantizar los objetivos de desarrollo nacional. Son varios los aspectos en los cuales deberían incidir estas políticas. Hemos circunscrito el análisis a dos medidas de restricción y atracción de la inversión respectivamente, que pueden ser utilizadas para alcanzar fines diversos, y que son la normatividad referente a los requisitos de desempeño y al uso de incentivos por tratarse de temas estrictamente ligados a las normas de promoción de inversión.

Mención aparte merece el aspecto de la seguridad jurídica, que coadyuva a la confianza del inversionista extranjero, por ello se elabora un análisis en relación a los contratos de estabilidad jurídica, su tratamiento actual y sus efectos en la actividad económica. Dentro de las normas de promoción a las inversiones en los distintos sectores económicos se han insertado los contratos de estabilidad jurídica, mecanismo que viene operando en países como Chile y Colombia.

Según la Comisión Económica para América Latina (CEPAL) el crecimiento en la década de los 90 alcanzó el 3.7 % anual, mientras que entre los años 1945 y 1974, en los cuales la lógica del mercado no estaba presente, se alcanzó un 5.6% anual. A ello se agrega una tendencia hacia la disminución de la velocidad de este crecimiento merced a la transferencia de activos estatales estratégicos al sector privado y al levantamiento de todos los mecanismos de control a la inversión, aunada a una notoria sensibilidad del crecimiento regional a los ciclos financieros internacionales, además de la creciente diferencia tecnológica con los países desarrollados.

En cuanto atañe a los acuerdos internacionales de inversión, éstos tienen que enmarcarse en políticas más amplias que abarquen todos los determinantes del país anfitrión relacionados con la inversión extranjera. Los referidos acuerdos deben incluir más actores, cubrir más asuntos y equilibrar mejor los intereses de los principales actores en la inversión internacional: los inversores y los estados anfitriones. Desde este punto de vista, es necesario precisar que no existe una relación que pueda ser reconocida entre los acuerdos internacionales de inversión y los flujos de inversión, es así que algunos países que no forman parte de ningún acuerdo internacional de inversión reciben importantes inversiones internacionales y, sin embargo, se puede advertir que muchos países que forman parte de varios de estos Acuerdos en realidad no reciben casi ninguna inversión.

Si bien son distintos los desarrollos tecnológicos y capacidades productivas de los países, las relaciones de comercio e inversión deben tender a la búsqueda de la equidad mediante el reconocimiento y aceptación de algunas ventajas y desventajas. En ese contexto, si bien la dinámica de las relaciones comerciales determina que las realidades varíen es evidente que la normatividad debe ajustarse a dichos cambios puesto que la eficacia de una norma no puede exigirse sólo en el plano normativo, también ha de ser social, material, para que haya correspondencia entre la norma y el hecho o situación, para que refleje la situación existente, manifestándose de tal manera la funcionalidad del derecho. También ha de tenerse en forma clara los objetivos o finalidad que se persigue con la norma, o lo que es igual, para qué se quiere regular esa relación, si existen las condiciones antes expuestas para su realización, y entonces la validez de la norma se puede manifestar no sólo en el ámbito funcional, sino también en el orden formal, siendo posible que la norma obtenga el consenso activo de sus destinatarios, su aceptación y cumplimiento.

Este libro tiene en cuenta varias consideraciones en materia de inversiones tanto desde el punto de vista de la regulación nacional como internacional. La amplia cobertura que trae en sí el régimen de normas de la inversión extranjera directa merece un estudio exhaustivo al respecto. De acuerdo a la metodología planteada el presente estudio se encuentra organizado en seis capítulos o secciones:

En la primera sección abordamos los antecedentes jurídicos de la inversión extranjera desde la aprobación de la Decisión 24, las Decisiones 220, 291 y 292 de la Comunidad Andina de Naciones estableciendo la forma en que se produjo su incorporación, sus objetivos y consideraciones legales fundamentales, la transferencia de remesas al exterior; el contenido jurídico de los Protocolos del Mercosur y los Acuerdos de Complementación Económica en tanto constituyen aspectos del desarrollo legal de las inversiones.

En la segunda sección se estudian aspectos de la liberalización de la inversión extranjera en el entorno actual, las diversas modalidades de inversión extranjera directa y el modo en que el Perú se ha insertado en la economía global. Asimismo se analizan los convenios de estabilidad jurídica en tanto representan un instrumento de promoción de la inversión extranjera.

En el tercer capítulo se analizan los criterios establecidos para el Tratamiento de la inversión extranjera directa en América Latina, principalmente en el Perú donde elaboramos una crítica al marco legal de aplicación de políticas macroeconómicas y la promoción de la inversión privada. El estudio del marco legal de la inversión extranjera directa (IED) que hemos considerado incluye los antecedentes y las disposiciones constitucionales y legales concernientes a países como Brasil, Chile, Argentina, Venezuela, Ecuador, Uruguay.

El cuarto capítulo concierne al tratamiento que recibe la inversión y el comercio en los acuerdos multilaterales, los principios fundamentales de la OMC en materia de inversiones, específicamente el principio de trato nacional y de la nación más favorecida. Se incluye el Acuerdo sobre las Medidas en materia de Inversiones Relacionadas con el Comercio (TRIMS), el tratamiento de la IED en la Organización para la Cooperación Económica y el Desarrollo (OECD), y el Acuerdo Multilateral en materia de Inversiones (AMI).

El quinto capítulo está relacionado al estudio de los Convenios internacionales ratificados por el Perú relativos a inversión extranjera: OPIC, MIGA, CIADI, BITS, y se desarrolla un análisis del marco legal de promoción a las inversiones referido a los Decretos Legislativos 662 y 757 respectivamente.

En la sexta sección se alude a la relación inversión extranjera y desarrollo humano, capítulo que se halla directamente vinculado a los alcances del régimen jurídico de las inversiones en el contexto económico y en el ámbito social. Se incluye en este capítulo algunas pautas para la implementación de un nuevo marco legal que regule la inversión extranjera en el Perú.

Esperamos haber logrado el principal cometido en el sentido de adecuar la atracción de la inversión extranjera al establecimiento de un plan nacional de desarrollo integral y de una nueva agenda de inversiones en aras de mejorar la productividad del país y de un marco legal que se ajuste a dicha iniciativa.

Finalmente, quiero expresar mi agradecimiento a mis padres Haydee y Augusto por su incondicional apoyo y dedicación. De igual forma a mi hermana Carla por sus sugerencias y a todos aquellos que me alentaron e hicieron posible la realización de este libro, mi sincero reconocimiento.

El autor.

# CAPÍTULO I
## ANTECEDENTES JURÍDICOS DE LA INVERSIÓN EXTRANJERA DIRECTA

*"Seguridad significa un Estado jurídico que protege en la más perfecta y eficaz de las formas los bienes de la vida; realiza tal protección de modo imparcial y justo; cuenta con las instituciones necesarias para dicha protección y goza de la confianza, en quienes buscan el derecho, de que éste será justamente aplicado".*

Franz Scholz.

## 1. NOTA PRELIMINAR

En este capítulo se abordan aspectos relativos a la evolución de la inversión extranjera directa y sus particularidades en los tiempos de hoy tanto en el ámbito económico como jurídico. Hemos incorporado algunas consideraciones sobre la reglamentación de las inversiones principalmente en el Acuerdo de Cartagena pues de tal instrumento el Perú recoge varios de sus postulados y principios reguladores de la inversión extranjera directa.

Se examinan las normas a que se contrae la Decisión 24 por el cual se aprobó el Régimen Común de Tratamiento a los Capitales extranjeros, y sobre Marcas, Patentes, Licencias y Regalías; y las comprendidas en la Decisión 220, su establecimiento, alcances, normas y objetivos, las remesas al exterior atendiendo a la actividad económica y según el país de destino. Se ha incluido las principales consideraciones jurídicas de la Decisión 291 y 292, al igual que otras decisiones comunitarias que tienen implicancias en las inversiones y el comercio, y el tratamiento de las inversiones en los Acuerdos de Complementación Económica (ACE).

## 2. ANTECEDENTES DE LA INVERSIÓN EXTRANJERA DIRECTA

Antes de 1945 existía un volumen limitado de IED en el mundo, destinándose una parte sustancial de los flujos a la explotación de recursos naturales en colonias o en naciones menos desarrolladas, las cuales eran políticamente muy débiles. Dada esta situación internacional, en los arreglos económicos de la posguerra, del cual fluyen los fundamentos para los órdenes monetario, financiero y comercial del mundo, no se anticipó el rol central de la inversión extranjera y su reglamentación. Al Banco Internacional para la Reconstrucción y el Fomento (BIRF) se le asignó solamente el financiamiento de la reconstrucción y el desarrollo, el *General Agreement on Trade and Tariffs* (GATT) no recibió finalmente ninguna de las pocas funciones relacionadas con la inversión que habían sido originalmente asignadas a la Organización Internacional del Comercio (OIC). Como resultado de esta omisión inicial, el progreso que se ha podido alcanzar hasta la fecha en la reglamentación multilateral de la IED ha sido relativamente escaso, en comparación con lo alcanzado en los campos monetario y comercial.

A diferencia de la inversión en cartera, la inversión extranjera directa involucra el control extranjero de negocios locales y en este aspecto su reglamentación ha sido un tema muy sensible, complejo y controvertido, incluyendo numerosas áreas de conflicto potencial entre inversionistas y Estados anfitriones, particularmente en el caso de las naciones en desarrollo.

La reglamentación multilateral de la IED comenzó en 1961, con la adopción de los códigos de liberalización de movimientos de capital y de operaciones invisibles de cuenta corriente por los países miembros de la Organización para la Cooperación y el Desarrollo Económico (OCDE). El siguiente paso se dio en 1974, con el inicio de la elaboración del código de conducta de Naciones Unidas para las empresas transnacionales, el cual quedó inconcluso. Ha sido con la culminación de la Ronda Uruguay y la entrada en vigor del GATT, en 1994, que la reglamentación multilateral de la IED ha llegado a una etapa decisiva, en particular con las normas sobre inversión existentes en el Acuerdo General sobre Comercio en Servicios (*General Agreement on Trade Services* - GATS) y en el Acuerdo sobre Medidas de Inversión relacionadas con el Comercio (*Agreement on Trade-related Investment Measures*- ATRIMS).

En la actualidad se ha elaborado un régimen para la IED, a fin de eliminar las barreras para la inversión en todo el planeta; los países de la OCDE (las naciones industrializadas) han realizado las negociaciones para alcanzar un Acuerdo Multilateral de Inversiones (*Multilateral Agreement on Investment*-MAI), las que han concluido a fines de la década de los 90, el instrumento ha sido suscrito por Estados no miembros de la organización. En estos momentos, dados los escasos obstáculos existentes para los flujos monetarios internacionales, las mínimas barreras para el comercio internacional de mercancías y el reciente acuerdo marco para la liberalización del intercambio de servicios (GATS), el acuerdo marco sobre al IED ha sido uno de los temas en la agenda de la llamada globalización.

Hay una creciente comprensión de las relaciones complementarias entre inversión y comercio en una economía mundial en proceso de liberalización aunque aún falta incorporar una nueva agenda de desarrollo y de transformación efectiva de los procesos productivos. Los flujos de inversión han venido a dominar a los flujos comerciales (creciendo a una velocidad mayor que éstos en los años 80 y 90), actuando la empresa multinacional como vehículo fundamental para el comercio internacional a través de su habilidad para ocupar espacios dentro de los mercados. Se considera que con la disminución de los aranceles, la cuestión crucial del acceso a los mercados internacionales se relaciona cada vez más con las normas de inversión y competencia de los países anfitriones, y las políticas nacionales de inversión pueden ser vistas en muchos casos como barreras y distorsiones comerciales.

## 3.    EL PACTO ANDINO O ACUERDO DE CARTAGENA

El Pacto Andino o Acuerdo de Cartagena, suscrito en Lima el 26 de mayo de 1969, institucionaliza la Integración Subregional andina. Su vigencia empezó en el Perú con su ratificación y aprobación mediante Decreto Ley N. 17851 de 14 de octubre de 1969. El Acuerdo de Cartagena acusa como fuentes la Declaración de Bogotá de agosto de 1966, suscrita por los Presidentes de Colombia, Chile y Venezuela y los representantes del Perú y del Ecuador, y la Declaración de los Presidentes de América, suscrita en Punta del Este el 14 de Abril de 1967, uno de cuyos puntos fue propiciar la concertación de acuerdos subregionales. Concibiéndose los acuerdos de integración subregional como un mecanismo apropiado, se dio creación, en el mes de agosto del mismo año de 1967 a la Corporación Andina de Fomento con el objeto de impulsar el proceso de integración subregional.

El Acuerdo se establece a base de la experiencia que se tuvo con los primeros años de avance en las negociaciones anuales del Tratado de Montevideo.

Inicialmente iban a participar Venezuela, Colombia, Ecuador, Perú, Bolivia y Chile, pero Venezuela finalmente no concurre, especialmente por la estrecha relación económica y comercial que este país tenía con Estados Unidos. Pero de todos modos se constituye la Corporación Andina de Fomento (CAF), con sede en Venezuela. En 1973 se integra Venezuela al Pacto Andino.

El ingreso de Venezuela le otorgó más fuerza al Pacto Andino, obligó a renegociar avances que se tenían en las programaciones sectoriales, especialmente en el área metalmecánica a fin de buscar mejores precios, mayor flexibilidad y adecuación a las necesidades de la actividad productiva: maquinaria, mueblería metálica, estructuras y servicios, principalmente.

El Pacto Andino no sólo pretendía liberalizar el comercio, sino que también, la armonización de políticas económicas y la programación sectorial conjunta.

En la armonización de políticas propuestas por el Acuerdo de Cartagena fue considerada la política arancelaria, aranceles mínimos, para proteger el comercio subregional de la competencia de las importaciones de terceros países.

En la programación sectorial conjunta se avanzó especialmente en el sector metalmecánica permitiendo que las PYME metalmecánicas puedan atender las demandas de provisión de servicios y bienes de capital que no se cubren con importaciones o con la producción de la empresa metalúrgica. Se consideró este sector en forma prioritaria por su importancia en las economías nacionales, por ser un sector muy dinámico frente al crecimiento de los ingresos y además, ser un sector gran generador de empleo.

Se descansó en asignación de productos por países de manera de poder tener industrias más amplias y abastecer a todo el mercado subregional; esto permitía generar economías de escala. También se desarrolló la política de producción concentrada de piezas y partes asignadas a países y después intercambiarlas. Esto fue interesante en la industria automotriz; a Chile por ejemplo se le asignó unidades eléctricas para automóviles. Se pretendía que en cada país se produjesen determinados automóviles, como también determinadas piezas y partes, para así obtener economías de escala.

El Golpe Militar en Chile y el nuevo modelo de desarrollo, aperturista y neoliberal, contrario a los procesos de integración, motivó que se llevara una política chilena no compatible con las bases de los procesos de integración. El gobierno militar de dicho país cuestionaba principios básicos de la Decisión 24 y de compromisos asumidos sobre aranceles a terceros países. La decisión de no respetar estos principios motivó que Chile tuviera que retirarse del Pacto, antes de ser expulsado.

El retiro de Chile perjudicó seriamente al Pacto Andino. Su marginación también habría sido alentada por intereses internacionales que ofrecieron ayudas a Chile, asociadas a que el país se retirara de él. El retiro de Chile se produce en 1976.

## 3.1. NORMAS SOBRE INVERSIONES EN EL ACUERDO DE CARTAGENA

Algunas de las normas sustanciales contempladas en el Acuerdo de Cartagena son las establecidas en los artículos 3, 54, 55, 56.

a)  El artículo 3 del Acuerdo de Cartagena prevé que para alcanzar sus objetivos se emplearán, entre otros mecanismos y medidas, la canalización de recursos internos y externos a la Subregión para proveer el financiamiento de las inversiones que sean necesarias en el proceso de integración.

b)  En su artículo 54, se señala que los Países Miembros coordinarán sus planes de desarrollo en sectores específicos y armonizarán gradualmente sus políticas económicas y sociales, con la mira de llegar al desarrollo integrado del área, mediante acciones planificadas.

Este proceso se cumplirá paralela y coordinadamente con el de formación del mercado subregional, considerando entre otros mecanismos, la armonización de las políticas cambiaria, monetaria, financiera y fiscal, incluyendo el tratamiento a los capitales de la Subregión o de fuera de ella.

c)  En el artículo 55 del Acuerdo de Cartagena se prevé que la Comunidad Andina cuente con un régimen común sobre tratamiento a los capitales extranjeros y, entre otros, sobre marcas, patentes, licencias y regalías.

d)     El artículo 56 del Acuerdo establece que la Comunidad Andina contará con un régimen uniforme al que deberán sujetarse las empresas multinacionales andinas.

## 3.2.    LA INCORPORACIÓN DE LA DECISIÓN 24

De acuerdo a lo establecido por el art. 27 del Acuerdo de Integración Subregional, la Comisión del Acuerdo de Cartagena durante su tercer periodo de sesiones extraordinarias, que culminó el 31 de diciembre de 1970 mediante la Decisión N. 24, aprobó el Régimen Común de Tratamiento a los Capitales extranjeros, y sobre Marcas, Patentes, Licencias y Regalías, dándose inicio, así, a las normas comunitarias andinas en materia de inversión extranjera. A las disposiciones de la Decisión 24 se integraron las de las Decisiones 37 y 37-A, se adicionaron las de las Decisiones 46, 47 y 70 y se han modificado e innovado por las decisiones 103, 109, 110, 118, 124 y 125.

En el Perú, la Decisión 24 ha sido incorporada al ordenamiento jurídico interno, mediante el Decreto Ley N. 18900 de 30 de junio de 1971, complementado por el Decreto Ley N. 18999 de 19 de octubre del mismo año.

La decisión 24 posee algunas de las características de una norma supranacional, derivadas del hecho que la estructura institucional del grupo andino se inspiró en la Comunidad Europea. En efecto, la Decisión 24 fue elaborada por un órgano técnico supranacional, similar a la Comisión de la Comunidad (la Junta del Acuerdo de Cartagena), pero, a diferencia de las normas supranacionales, debió ser implementada a través de la legislación nacional.

La Constitución Política del Estado de 1979, vigente a partir de 1980, recoge los principios sustanciales que emanan del Régimen Común vigente sobre tratamiento al capital y tecnologías extranjeras, estableciendo en su artículo 137° que *"El Estado autoriza, registra y supervisa la inversión extranjera directa, y la transferencia de tecnología foránea como complementarios de las nacionales, siempre que estimulen el empleo, la capitalización del país, la participación del capital nacional y contribuyan al desarrollo en concordancia con los planes económicos y la política de integración"*.

Otra norma constitucional prevista en la carta constitucional de 1979 que regula aspectos propios de las empresas extranjeras, es el artículo 95° en virtud de la cual la nacionalidad de las personas jurídicas se rige por la ley y los tratados especialmente por los Tratados de Integración; el artículo 101°, que señala la preeminencia de los Tratados Internacionales en caso de conflicto con la ley nacional; el artículo 126°, que consagra la igualdad respecto a la propiedad de peruanos y extranjeros, y el artículo 136° que establece el sometimiento a la ley nacional de las empresas domiciliadas en el país.

El Régimen Común iniciado con la Decisión 24 constituyó el instrumento jurídico esencial para el proceso de integración. En el quedaron establecidas las normas para la inversión extranjera, reconociéndola como una contribución necesaria para el desarrollo en consonancia con el esfuerzo interno, y, al mismo tiempo que precisarse definiciones, se consagraron los derechos y obligaciones de los inversionistas extranjeros[1]. Sin embargo, no ha dado lugar a una normatividad uniforme en los países signatarios del Acuerdo de Cartagena, pues la correspondiente incorporación a los ordenamientos jurídicos se ha hecho en armonía con las respectivas políticas nacionales.

Por otro lado, en el momento de la aprobación de la Decisión 24, los países miembros tuvieron el convencimiento que la inversión extranjera en sus diversas manifestaciones era importante para el proceso de desarrollo de sus respectivos países, cuyos resultados serían favorables para su crecimiento económico, aunque, también traería consigo situaciones desfavorables sino se le aplicaran normas que lo regularan eficientemente, debiendo asumirse igual precaución para la transferencia de tecnología.

Debemos resaltar que en el caso del Perú el gobierno militar en su primera fase diseñó una política de desarrollo basada en la intervención del Estado en la economía y sustentada en una política industrial sustitutoria. La política industrial que se concretizó en la Ley General de Industrias (D.L.18350) y su reglamento, tenía como acciones principales la participación del Estado en las industrias básicas, la nacionalización progresiva de empresas de propiedad extranjera y la creación del sistema de cogestión empresarial denominado comunidades laborales. Además se prohibió la transformación de empresas nacionales a extranjeras limitándose al 33% de la propiedad y control de las empresas en manos extranjeras.

Adicionalmente, dicha política fue complementada con la adopción de un conjunto de medidas de política económica, que tenían como características:

a)  Una política arancelaria proteccionista a los bienes de consumo.

b)  Una política fiscal con incentivos tributarios generosos para estimular la reinversión e importación de bienes de capital e insumos.

c)  Una tasa de cambio fija y sobrevaluada.

---

[1]  El mencionado Régimen que se cristaliza en la Decisión 24 como resultado de la Declaración del Acuerdo de Cartagena reconoce que el capital extranjero es importante para el proceso de integración y sobre todo *"puede realizar un aporte considerable al desarrollo económico de América Latina siempre que estimule la capitalización del país donde se radique y facilite la participación amplia del capital nacional en ese proceso y no cree obstáculos para la integración regional"*.

d)   Una política crediticia con tasas de interés que se mantenían constantes e inferiores a la tasa e   inflación y del rendimiento de capital.

e)   Una política salarial mínima por encima de los incrementos de productividad.

f)   Una política de precios principalmente de los servicios públicos que se mantenían constantes y con rendimientos inferiores a los que otorgaría el libre juego de la oferta y la demanda.

La política de control al capital extranjero produjo una reacción negativa por parte de los inversionistas extranjeros especialmente estadounidenses los cuales argumentaban que tales políticas propiciaban un clima desfavorable para invertir en el Perú, dándole una imagen de país socializante. El Consejo de las Américas propalaba que *"la Decisión 24 desalentaría toda nueva inversión directa en los países andinos mientras, por otro lado, impediría que las empresas extranjeras ya establecidas jugaran un papel importante dentro del mercado común. Por consiguiente - para el Consejo - la Decisión 24 haría más lento el proceso de desarrollo económico general, debilitando los sectores privados nacionales"*. Igualmente dicho Consejo intensificó sus ataques desde 1973 al destacar las divergencias de intereses individuales de los países andinos con respecto a la inversión extranjera directa.

### 3.3.   OBJETIVOS Y NORMAS FUNDAMENTALES DE LA DECISIÓN 24

A la fecha de la incorporación del Régimen Común, la estructura jurídica del mercado de valores había sido reordenada mediante la puesta en vigencia del Decreto Ley N. 18302 y sus normas complementarias y, dentro del concepto de sectorización se habían promulgado la Ley General de Industria, D.L. N. 18350, La Ley General de Pesquería, D.L. N. 18810, y la Ley General de Minería, D.L. N. 18880, a las que seguirían otras más.

En dicho contexto la Decisión 24 fijó los siguientes objetivos:

a)   Estimular la formación de capital en los países receptores de inversión.

b)   Facilitar la participación amplia del capital nacional en el proceso de integración.

c)   Evitar condiciones bajo las cuales la inversión foránea en los países pudiera obstruir la integración.

d)   Coordinar la inversión extranjera directa de acuerdo a los planes nacionales de desarrollo.

e)   Facilitar el uso de tecnología moderna, especialmente evitando las limitaciones respecto de la distribución en la venta de los bienes que se utilizan.

f)   Otorgar estabilidad a aquella inversión extranjera que realice una contribución positiva al desarrollo del país.

g)   Contribuir a una distribución equitativa de las ganancias derivadas de la integración.

Si bien dichos objetivos apuntaban a una política económica aplicable a todo tipo de inversiones extranjeras, sin embargo, en la práctica se orientó primordialmente hacia el sector de manufactura, dejando en libertad a los países para que otorgase incentivos a aquellas inversiones que pudieran lograr un desarrollo dinámico y posibilitaran un notable aporte de divisas a la economía, tales sectores eran: minería, petróleo y otros recursos naturales.

La Decisión 24 al nivel del Grupo Andino se aprobó, con énfasis en regular la inversión extranjera especialmente en el sector manufacturero, abarcando también los sectores extractivos, pero éstos en un marco de una mayor decisión unilateral, propia de cada país. Se vio claro desde un primer momento de la integración andina que el mercado ampliado abría nuevas posibilidades al desarrollo industrial y por tanto ofrecía mayores expectativas al capital extranjero (lo que se reafirma ahora estadísticamente al analizar las tendencias de la inversión extranjera en el mundo y comprobar que ésta fluye hacia los países de mayor industrialización) y se pretendió desde el primer momento regular la inversión, de manera de evitar las competencias innecesarias e inconvenientes entre los países andinos y de asegurar que los propios empresarios andinos fueren partícipes activos de los frutos y los desafíos de la integración.

Respecto a las principales normas que sustentan la Decisión 24[2] y complementarias tenemos:

a)      Cada proyecto de IED debe ser autorizado y registrado por la autoridad nacional competente.

b)      Se excluye los siguientes sectores: industrias extractivas, los servicios públicos, el sector financiero, los medios de comunicación, los transportes, publicidad comercial, entre otros.  En el sector productos básicos se podrá autorizar bajo el sistema de concesiones (exploración y explotación de recursos naturales).

c)      La reinversión de las utilidades percibidas por la empresa extranjera no deberá exceder anualmente del 7% del capital de la empresa. Aquella que exceda requerirá de autorización explícita y se considerará una inversión adicional[3].

---

[2] La Decisión 24 pretendía que los beneficios de la ampliación del mercado fuera para los capitales regionales; limitaba a un máximo lo que podían ofrecer los países a las inversiones extranjeras; prohibía la venta de empresas al capital extranjero; la inversión extranjera sólo podía llegar a crear nuevas empresas; limitaba en general - con algunas excepciones - el retiro de utilidades el que no podía superar el 14 % de la inversión extranjera directa. Además prohibía que empresas extranjeras desarrollaran actividades en algunos rubros, especialmente de prestación de servicios. Esta decisión pretendía que los países no compitiesen entre ellos en la atracción a la inversión extranjera más allá de lo prudente. Por eso limitaba lo que cada país le podía ofrecer; el retiro de utilidades estaba limitado a un máximo y los capitales sólo podían salir del país por venta de la empresa o por la liquidación de ella.

[3] El límite del 7% se estableció como un mecanismo que ayude a orientar las inversiones

d)     No podrá adquirirse empresas nacionales ya formadas excepto en circunstancias muy especiales (riesgo de quiebra).

e)     Los inversionistas extranjeros podrán adquirir intereses minoritarios en empresas nacionales siempre que tales adquisiciones impliquen un incremento del capital de dicha empresa.

f)     El inversionista extranjero tendrá derecho a reexportar el capital invertido cuando venda sus acciones, participación o derechos a inversionistas nacionales o cuando se produzca la liquidación de la empresa[4].

g)     Las empresas extranjeras podrán aplicar sus utilidades no distribuidas en la adquisición de valores de fomento en cartera (participación en el mercado de valores).

h)     Para las empresas extranjeras se dará acceso al crédito nacional, excepto los préstamos de corto plazo que solo se reserva para las empresas nacionales o mixtas.

i)     Como principio general, todas las empresas extranjeras nuevas como las ya existentes deberán convertirse o transformarse gradualmente en compañías mixtas o nacionales en un periodo máximo de 15 años. Excepto las empresas extranjeras que exporten el 80% o más de su producción a terceros países del Grupo Andino y no deseen transformarse en nacionales o mixtas.

j)     Se transferirá al exterior, en divisas libremente convertibles, las utilidades netas comprobadas hasta el 20% de la misma, pudiendo la Comisión autorizar porcentajes superiores[5].

k)     Finalmente, la Decisión 24 regula la transferencia de tecnología extranjera, el pago de regalías y los préstamos externos. No se limitará los derechos de las compañías para obtener servicios de fuentes determinadas o exportar sus productos a cualquier parte del mundo.

---

extranjeras hacia los sectores prioritarios, evitando su radicación en ramas y sectores suficientemente atendidos o en cuyo ámbito se considera prescindible. La decisión 24 consideró como reinversión la que se efectúa en la propia empresa que ha generado las utilidades (la que por su propia naturaleza ya ha sido objeto de calificación), prescindiendo de la posibilidad de ampliar o suprimir tal límite, o de establecer sólo la obligación de registro, como un incentivo adicional a la radicación de inversiones.

[4] El flujo de salida tiene por tanto relación con el compromiso de transformación de empresas extranjeras en nacionales o mixtas, contenido en la Decisión 24.

[5] La determinación de tal porcentaje fue siempre un asunto de controversia, así se tiene que en la propuesta original de la junta, no se establecía ningún límite; la Decisión 24 tal como fue originalmente aprobada, en 1970 fijó un límite máximo de 14% y luego por la Decisión 103, tomada en octubre de 1976, tal porcentaje se elevó a 20%, con posibilidades de que cada país autorice porcentajes superiores.

Como se observa en las principales normas expresadas, el tratamiento tanto al capital extranjero como a la tecnología resulta siendo favorable a la inversión extranjera directa a pesar del control por parte del país receptor y de la exclusión en sectores determinados. Dicha situación (control y exclusión de sectores) podría cambiar, si las inversiones extranjeras en el país actuasen bajo determinadas condiciones que el gobierno adoptaría en los campos arancelario, cambiario y fiscal a fin de estimular de manera adecuada el ingreso y salidas de divisas hacia el exterior por capitales y remesas por tecnología y marca.

Sin embargo, se mantendría bajo control nacional siempre al sector financiero y a las industrias extractivas. El primero, por el excesivo poder y la descapitalización que cobraría su participación en el país; y las segundas, por la fuerte dependencia tecnológica y económica - que traería consigo la participación extranjera en las industrias básicas para sustentar el desarrollo nacional.

La oportunidad de adquirir empresas nacionales en funcionamiento significaría el prever una participación creciente de la inversión extranjera directa en el país en condiciones monopólicas u oligopólicas, dada la estructura productiva incipiente vigente en el Perú.

Igualmente, debía mantenerse la restricción al crédito a largo plazo para las empresas extranjeras dada la facilidad que ellas pueden contar al ser respaldadas o avalizadas desde el exterior, ya que en caso contrario se obtendría un efecto adverso de la participación del capital extranjero en el país ya que estaría actuando de manera complementaria para subsanar la escasez de recursos financieros en el sector real de la economía del país.

La limitación del 20% en la repatriación de utilidades creó gran preocupación en el inversionista extranjero, ya que aparentemente este porcentaje resultaba siendo inferior o igual a la tasa preferencial que se paga en los Estados Unidos de Norteamérica. La falta de una promoción sobre las bondades de la inversión en el Perú en las diversas actividades resultaba afectando de manera notable la llegada del capital extranjero. En el Perú al factor trabajo se le retribuye con una remuneración que permite a la empresa mantener costos más baratos que en otros países, siendo acompañados estos costos con medidas favorables para la inversión, especialmente adoptadas en el campo arancelario (bajos niveles), cambiario (tipo de cambio flexible devaluatorio), promocional y fiscal (favorable al campo de la producción y consumo), determinando de esa manera una rentabilidad más favorable y superior a la tasa preferencial que rige en el mercado financiero internacional.

Otros inversionistas potenciales han visto con preocupación el problema de la remesa del 20% de las utilidades hacia el exterior. El Reglamento del Tratamiento al capital extranjero en el país incluiría después lo siguiente: *"la aplicación de la tasa del 20% a las utilidades netas se valorará a precios constantes o reales, anulando el factor inflacionario del país"*. Igualmente se expresaría lo siguiente *"del excedente de las utilidades netas no distribuidas y remesadas al exterior, éstos pueden participar en el mercado de valores del país, pudiendo los intereses obtenidos por la compra de títulos o valores ser remitidos anualmente al exterior sin ningún obstáculo legal del país receptor"*.

Sobre la reexportación del capital invertido éste se mantendría igual a la norma f), dado que siempre el inversionista recibe una compensación por su capital. Además, dicho inversionista de acuerdo a lo establecido por la Decisión 24 puede asegurarse el control de la empresa con sólo mantener el 51% de las acciones, ya que la diferencia podría dividirse entre dos o más inversionistas nacionales poseyendo ambos partes similares de acciones.

### 3.4.  ESTABLECIMIENTO Y ALCANCES DE LA DECISIÓN 220

La Comisión del Acuerdo de Cartagena sustituyó y reunió en un solo texto las Decisiones 24, y sus modificatorias, con la dación de la Decisión 220 el 11 de mayo de 1987, sobre el Régimen Común de Tratamiento a los capitales extranjeros, y sobre marcas, patentes, licencias y regalías.

La Decisión 220 regula integralmente la inversión y transferencia de tecnologías, estableciendo pautas referidas a la autorización y registro de la inversión extranjera directa; el control posterior del cumplimiento de las obligaciones contraídas; sobre las atribuciones de los organismos nacionales competentes; los derechos y obligaciones del inversionista extranjero, los contratos de importación de tecnología y contratos de licencias para la explotación de marcas de origen extranjero.

Uno de los principales aspectos tenidos en cuenta es el referido al carácter general de la ley. Se ha considerado que debe darse al ejecutivo margen suficiente para que pueda establecer los parámetros, mecanismos y procedimientos que aseguren su plena eficacia y aplicación, sustentada en los principios constitucionales enunciados en el Texto de la Constitución de 1979, y en la Decisión 220 de la Comisión del Acuerdo de Cartagena.

La Decisión 220 es una norma eminentemente promocional que ofrece un marco jurídico bajo el cual la inversión extranjera accede, en condiciones de recíproco beneficio, tanto para el país, como para el inversionista extranjero, gozando de firmeza y continuidad en la norma, así como de claridad, coherencia y estabilidad en el largo plazo.

La citada norma deja plenamente establecido como la ley peruana es la única aplicable en casos de conflicto o controversias como un principio general bajo el cual se desenvuelve la inversión extranjera directa y la transferencia de tecnología. En concordancia con el principio constitucional de igualdad ante la ley, los inversionistas extranjeros no tienen tratamiento más favorable.

Por otra parte, se tiende a fortalecer la estructura orgánica de la Comisión Nacional de Inversiones y Tecnologías Extranjeras, dándole un carácter multisectorial, adecuando su funcionamiento como Institución Pública del sector economía y finanzas, con autonomía funcional, administrativa y económica. Asimismo, con el propósito de desburocratización que anima la acción del Estado, CONITE establecerá una oficina multisectorial que centralizará el procedimiento administrativo de aplicación de la ley.

El Estado fomenta la IED en todos los campos y actividades de la economía nacional, sin más limitaciones que el estricto cumplimiento de las disposiciones legales que las normen; con excepción de las actividades que por su naturaleza estén reservadas de manera exclusiva al Estado, y a los inversionistas nacionales, disponiendo que en aquellos en los cuales, el capital nacional es insuficiente se concertará con la inversión entre el Estado y el inversionista, lo cual se plasma en la suscripción de contratos.

Acorde con el propósito enunciado por la referida ley, las inversiones que signifiquen aporte real de dinero; deben ser autorizadas en el plazo perentorio de 30 días bajo responsabilidad. Asimismo, si las entidades y dependencias públicas no evacuan los dictámenes e informes requeridos por CONITE en el plazo de 45 días, se aplica el silencio administrativo a favor del inversionista ante CONITE.

En lo referido al acceso al financiamiento interno, los inversionistas extranjeros y sus empresas pueden acceder a los mecanismos financieros de acuerdo con las normas legales vigentes sobre la materia (Decreto Ley 19470) que establece que las empresas extranjeras sólo pueden acceder al crédito interno hasta por un monto igual a su capital y reservas.

Por principio general, y en armonía con lo previsto por la Decisión 220, los inversionistas extranjeros tienen derecho a remesar al exterior, a través del Sistema Financiero Nacional, el 20 por ciento anual de su inversión deducido gastos e impuestos. Por excepción CONITE, podrá autorizar remesas de utilidades y dividendos superiores a este porcentaje.

En el marco orientador y promotor del proyecto, CONITE, podrá autorizar remesas por el íntegro de la inversión, siempre que éstas se hayan efectuado en empresas del sector de productos básicos; del sector turismo; exportadoras netas de más del 80% de su producción; multinacionales constituidas en el país, dejando abierta la posibilidad de incluir otras actividades de acuerdo a normas legales que se dicten.

Con el fin de evitar la desnacionalización y la consiguiente extranjerización de las empresas nacionales, las inversiones locales que en ellas realicen los inversionistas extranjeros no le confieren esa calidad, no variando su condición de nacionales. Sólo en casos debidamente justificados y contemplados en el reglamento CONITE, autorizará el cambio. Idéntica situación justifica la disposición de acciones.

Respecto de la transferencia de tecnología foránea, la norma postula que debe estar orientada al aumento de la capacidad de producción y productividad, es decir debe constituir realmente un aporte efectivo de tecnología adecuado a las necesidades de desarrollo del país.

El proyecto de ley de aprobación de la Decisión 220, señala los lineamientos generales a seguir en la conversión de títulos de la deuda pública externa en inversión.

Los criterios básicos a tener en cuenta son que sirva para la puesta en marcha de proyectos que propicien la creación de una nueva base productiva de una posible ampliación de la ya existente en el país, debe aplicarse a los gastos locales de la inversión; se fija un mercado cambiario para la conversión, se establecen términos para la remisión de utilidades, capitales, y transferencias.

En el aspecto laboral, se faculta a las empresas con participación de inversión extranjera directa que se constituyan o amplíen su capacidad productiva, para contratar personal a plazo fijo, en las condiciones que deberá establecer el reglamento.

En lo referente al aspecto tributario, la Decisión 220 establece la igualdad de los inversionistas extranjeros con los nacionales sometiéndoles al Régimen Tributario Común, con las exoneraciones e incentivos tributarios a que tengan derecho, según el sector al que pertenezcan.

Como esta situación no ofrece un atractivo real al inversionista extranjero se propuso un régimen de incentivos tributarios, siempre que cumplan con determinadas condiciones, tales como inversión mínima, tecnología foránea propia, porcentaje mayoritario de producción exportable, generación de fuentes de trabajo y el desarrollo de zonas deprimidas del país.

Debe señalarse que tales incentivos son aplicables a cualquier inversionista sea nacional o extranjero, en claro acontecimiento de la norma constitucional de igualdad ante la ley.

Como una clara muestra de la determinación del legislador de ofrecer una legislación estable y coherente se ha establecido que ninguna ley dictada con posterioridad a la vigencia del proyecto, podrá modificar los reglamentos promocionales, ni los plazos por los cuales se han otorgado. Igualmente, se dispone que sólo por ley, se podrá establecer limitaciones a las remesas al exterior, y por último que lo dispuesto por la citada ley, sólo podrá ser modificado por otra norma de igual jerarquía.

En conclusión, la Decisión 220 tiene por finalidad atraer inversión extranjera, propiciar la transferencia de tecnología foránea, cambiar deuda externa en inversión en una coyuntura internacional signada por la cada vez menor participación de países en desarrollo, en los flujos de capitales internacionales. Por ello, el Estado, fomenta, garantiza, y está en condiciones de otorgar estabilidad jurídica a la participación extranjera, bajo diversas modalidades, acordes a las normas vigentes que garanticen el beneficio común, tanto para el país, como para el inversionista extranjero.

## 3.5. LA EVOLUCIÓN DE LA INVERSIÓN EXTRANJERA DIRECTA EN EL GRUPO ANDINO ENTRE 1970 Y 1982

Para el quinquenio 1966-1970 se puede estimar que entre el 70 y 85% de la IED radicada en los países andinos tenía ese origen. Hacia 1966 el stock de IED de origen norteamericano en el Grupo Andino llegaba a los 3 800 millones de dólares, concentrados en Venezuela (69%) y en el sector petróleo, en segundo lugar en Perú (17%), también radicada esencialmente en los sectores minero y petrolero y en tercer lugar en Colombia (12%), donde tenía mayor influencia la inversión en manufacturas. En ese entonces la inversión extranjera en el Ecuador apenas alcanzaba a unos 65 millones de dólares, lo que era menor al 2 % del total andino, en tanto que aún cuando no se tiene informaciones para el caso de Bolivia se puede estimar la IED norteamericana en ese país como no mayor a 30 millones (menos del 1% del Grupo Andino).

Entre 1966 y 1970 la inversión extranjera norteamericana crece muy poco en el Grupo Andino, a un ritmo promedio de apenas 2,8% anual. En ello influye notablemente el estancamiento, e incluso los casos de desinversión que se producen en el sector petrolero peruano y venezolano; sin embargo, la IED en el Perú crece el 2,1% y la colombiana al 4,9%. El único caso de crecimiento explosivo fue el de Ecuador, con una tasa promedio anual superior al 38%, debido a que en los últimos años del periodo se da en el país el denominado "boom petrolero".

Se llega así a 1971 con una inversión norteamericana del orden de los 4 400 millones de dólares, que en ese entonces representaba el 78% de la IED total en el Grupo Andino, proporción que se elevaba hasta 91% en el caso de Ecuador y a 87% en el de Perú. La concentración de la IED norteamericana se daba fundamentalmente en el petróleo y la minería venezolana, peruana y ecuatoriana. La participación en manufacturas comenzaba ya a ser importante en Colombia, que en ese entonces comienza a aplicar el D.L. 444, y en menor medida en Venezuela, Perú, Ecuador.

La información estadística referente a la inversión extranjera en los países andinos comienza a sistematizarse a partir de 1971, al crearse los registros oficiales que establece la Decisión 24[6]. Así

---

[6] Es a partir de la propia Decisión 24 que se comienza a tener en la Subregión informaciones estadísticas, progresivamente más ajustadas a la realidad, siendo las anteriores muy incompletas y basadas más bien en algunas fuentes externas, especialmente norteamericanas ya que incluso a nivel mundial sólo a partir de la década del 70 se despierta la inquietud por el estudio en profundidad del tema. Conociendo que al inicio de la década de los 70 existían algunas fallas en los registros oficiales, en algún caso se utilizó para el año base la información de fuentes estadísticas externas con algunas correcciones que fuentes internas permitieran realizar; en otros

se tiene que el total de la inversión extranjera acumulada en el Grupo Andino pasó de 5 583 millones de dólares en 1971 a 5 968 en 1981. Esta tendencia así globalmente considerada no es representativa, pues entre 1971 y 1976 se dieron en diversos países andinos un conjunto importante de nacionalizaciones, que involucraron sumas considerables de IED, lo que distorsiona el análisis. Así por ejemplo en Venezuela en 1974 se nacionalizaron el petróleo y el hierro; Ecuador en 1976 efectuó una nacionalización parcial del petróleo y, en 1968 el gobierno del Perú había llevado a cabo la nacionalización del petróleo y avanzó en dicho aspecto respecto de la minería e industria básica.

Teniendo en cuenta las circunstancias antes mencionadas, se ha considerado pertinente dividir en dos periodos la serie analizada. En el primero, que va de 1971 a 1974 donde aún no se tiene el efecto de las nacionalizaciones, se observó una tasa de crecimiento anual promedio de 4,7 por ciento (es decir de 5 583 a 6 397 millones de dólares entre 1971 y 1974), que resultó superior a la registrada en el quinquenio antes de la aprobación de la Decisión 24 (2,8 por ciento). La serie muestra un decrecimiento en el caso del Perú debido fundamentalmente a la nacionalización del petróleo en 1968 y la dación de los Decretos Leyes 18350 Ley General de Industrias (27 de julio de 1970) y 18880 Ley General de Minería (9 de junio de 1971), en los cuales se plantea la nacionalización de la industria básica y parte de la minería. En el resto de países la inversión extranjera tiene tasas positivas.

En el segundo periodo de la serie, es decir el que abarca los años 1975-1981, la tasa de crecimiento promedio anual fue de 8,5 por ciento, al pasar de 3 655 millones de dólares en 1975 a 5 968 millones de dólares en 1981; en esta serie se observa una menor tasa anual de crecimiento en el Ecuador, en relación con la registrada entre los años 1971-1974, debido a los efectos colaterales de la nacionalización parcial realizada en 1976 en el sector petrolero; en tanto que en Venezuela, luego de una brusca caída de la inversión extranjera entre 1974 y 1975 (-75%), debido igualmente a la nacionalización del petróleo y coincidentemente en los sectores comercio, industria y seguros, se aprecia la misma tendencia que en el periodo anterior (5,3%).

En el Perú paralelo al cambio en la actitud del gobierno frente a la inversión extranjera, se observa una recuperación, la cual registró una tasa promedio anual cercana al 8%.

De todo lo indicado podemos colegir que el crecimiento de la IED en el grupo Andino fue más dinámico en cada uno de los periodos posteriores a la aplicación de la Decisión 24 que en el

---

de hecho se emplearán las informaciones oficiales recogidas en los países. PALOMINO ROEDEL, José. *Evaluación sobre la situación de la inversión extranjera en el Grupo Andino.* Cit. p. 20.

quinquenio anterior a su aplicación. Con una tendencia notable a incrementar su dinamismo en el último periodo (1975-1981), luego de producido el proceso de nacionalización.

## 4. REGLAMENTACIÓN DE LA INVERSIÓN EXTRANJERA DIRECTA EN LA DÉCADA DE LOS 70

Muchos países establecieron en los años 70 conjuntos de normas y regímenes, reglamentando la entrada y el establecimiento de la IED en sus economías. En algunos casos, las normas fundamentales formaban parte de la Constitución, pero la mayor parte de los regímenes se encontraba en la legislación general, decretos y resoluciones administrativas, así como en normas y políticas generales, no necesariamente publicadas. Los principales aspectos contemplados por estos regímenes son los siguientes:

**a)** **Entrada y establecimiento**: comprendía un examen y selección de solicitudes y proyectos de IED; autorización discrecional y registro de la IED a cargo de una o más dependencias gubernamentales. Algunos sectores económicos se hallaban reservados para la actividad empresarial del Estado y otros, para empresas nacionales o con participación nacional.

**b)** **Propiedad**: existían restricciones respecto de la tenencia de acciones y control de empresas por extranjeros. Los inversionistas extranjeros sólo podían tener acceso a ciertos sectores económicos a través de inversiones conjuntas (*joint ventures*). Entre los mecanismos restrictivos más comunes se hallaban el *fade out* (desaparición de la participación extranjera) *fade down* (disminución de la participación extranjera a una posición minoritaria) y la indigenización (colocación de las acciones extranjeras en el mercado nacional) que se hacían efectivos dentro de periodos establecidos. Los países en desarrollo propendían a imponer severas restricciones a las adquisiciones extranjeras de firmas nacionales.

**c)** **Control de las remesas de utilidades, capital y otros pagos**: el cual se hacía efectivo a través de restricciones en las operaciones de cambio y requerimientos de reinversión. En muchos casos se establecía porcentajes del capital, ganancias, producción o ventas que podían repatriarse anualmente.

**d)** **Promoción**: Que consistía en incentivos fiscales y financieros, zonas francas para la exportación y otras medidas para atraer la IED.

**e)** **Requerimientos de desempeño**: Se otorgaba incentivos sobre la base de compromisos de las EMs a orientar sus actividades de acuerdo con ciertas políticas gubernamentales, ordinariamente en términos bastante precisos (por ejemplo, porcentajes mínimos de insumos locales o de producción para la exportación).

Otros aspectos de importancia prevista por la reglamentación eran: la transferencia de tecnología; los procedimientos de arreglo de disputas entre inversionistas extranjeros y el gobierno; los procedimientos de expropiación; la tributación y los requerimientos de información contable de las empresas (para controlar los precios de transferencia intra-firma); aspectos laborales; y aspectos relacionados con la competencia (en este último campo, la mayor parte de los países en desarrollo carecía de legislación sobre la competencia hasta finales de los años 80).

## 4.1.   LAS REMESAS DE DIVIDENDOS SEGÚN ACTIVIDAD ECONÓMICA

Las remesas de dividendos originadas por los sectores económicos alcanzó el monto de US$ 14,3 millones en el año 1983, incrementándose a US$ 22,8 millones en 1986, es decir en un 59%.

El sector industria es el que registra los mayores montos remesados por concepto de dividendos, 54% en 1983 y con una tendencia a disminuir a partir de ese año, hasta llegar al 35% en 1986. Es el sector que registra la mayor caída.

Lo contrario ocurre con el gasto financiero que incrementa significativamente los montos remesados de 400 mil dólares en 1983 a 5,7 millones de dólares norteamericanos en 1986.

El sector servicios participa en promedio con el 12,5% del total de remesas, excepto en 1984 que lo hace sólo en el 7%.

## 4.2.   LA INVERSIÓN EXTRANJERA DIRECTA  AUTORIZADA Y LAS REMESAS AL EXTERIOR

La inversión extranjera directa anual autorizada entre los años 1982 y 1986 fue un promedio de 44,6 millones de dólares excepto en el año 1983 que alcanza los 79,7 millones de dólares.

En 1986, del monto total autorizado, el 38,8% correspondió al sector industrial; 24,1% a minería; 16,0% a Comercio, 9,6 al sector servicios; 9,0 a petróleo y el resto de sectores 2,5%.

Es importante señalar que la inversión autorizada no es necesariamente la que se hace efectiva realmente.

Las remesas por concepto de utilidades, dividendos y regalías fue en promedio de 23,4 millones de dólares para el periodo citado. Esto significa que las remesas al exterior fueron aproximadamente el 50% de la inversión extranjera directa autorizada.

La disminución de las remesas al exterior a partir del año 1986, se atribuye a la prohibición que hizo el gobierno (1985-1990) de remesar durante dos años, plazo que fenecería en junio de 1988; la norma legal que sustentaba tal prohibición era el Decreto Supremo N. 260-86-EF.

## 4.3.   LAS REMESAS DE DIVIDENDOS SEGÚN PAÍS DE DESTINO

En 1983, el 7% del monto total remesado, se dirigieron a sólo cinco países, entre los que destacan Estados Unidos de Norteamérica (37%), Panamá (28%), Suiza (7%) y Japón (5%).

En 1986, los mayores montos correspondieron a Estados Unidos de Norteamérica, Panamá, Reino Unido y Japón con el 45, 15, 12 y 11 por ciento respectivamente. En 1986, al mayor porcentaje, es decir el 83% de las remesas se dirigieron nuevamente a cinco países ingresando al Reino Unido que desplaza a Suiza, así como la mayor participación del Japón cuyas remesas se incrementaron de 0,7 a 2,5 millones de dólares.

## 5.    MARCO JURÍDICO DE LA COMUNIDAD ANDINA DE NACIONES

Los antecedentes en materia legal respecto de la inversión extranjera supone tratar el régimen regulado por las diversas decisiones de la Comunidad Andina, donde adquieren relevancia las disposiciones previstas en la Decisión 291 y las expuestas en la Decisión 292 debido a las importantes consideraciones que sobre el particular estipulan[7].

## 5.1.    LA DECISIÓN 291 DE LA COMUNIDAD ANDINA

La Decisión 291 fue tomada por los Presidentes de los Países Miembros del Acuerdo de Cartagena en noviembre de 1990 y se refiere al establecimiento de un Régimen común de tratamiento a los capitales extranjeros y sobre marcas, patentes, licencias y regalías.

Con ésta se sustituyó a la Decisión 220 del 11 de mayo de 1987 (Decisión que a su vez modificó la Decisión 24 de 1973 sobre el mismo tema).

La Decisión 291 contiene regulaciones sobre inversiones extranjeras, establece organismos nacionales competentes, se refiere a la importación de tecnología, a tratamientos especiales de inversión. Contiene 18 artículos y dos disposiciones transitorias.

Fue creada con el objetivo de remover los obstáculos para la inversión extranjera e incentivar la libre circulación de capitales subregionales, estimular el flujo de capital y de tecnologías extranjeras hacia las economías andinas.

La Decisión 291 de 1991 de la Junta del Acuerdo de Cartagena constituye el régimen común de <u>tratamiento a las inversiones en </u>la Comunidad Andina. Dicha Decisión otorga a los inversionistas

[7] Hay puntos de acuerdo entre las normas del CAN y MERCOSUR. Los aspectos coincidentes son:
   • La normativa relativa a inversiones, en ambos bloques económicos busca incentivar la circulación de capitales entre sus miembros y con terceros países.
   • Los Acuerdos de Complementación Económica (ACE) existentes entre países de ambos bloques económicos promueven el desarrollo de las inversiones, propician el desarrollo de acciones de complementación económica en áreas productivas de bienes y servicios; también, estimulan las inversiones recíprocas con el objetivo de intensificar los flujos bilaterales de comercio y tecnología.
   • Existe mayor convergencia entre los Acuerdos de Complementación Económica suscritos por los Países Miembros de la Comunidad Andina y los de MERCOSUR, que entre la normativa de ambos bloques económicos (Decisión 291, y Protocolos de de Colonia, y Protocolo sobre Promoción y Protección de Inversiones Provenientes de Estados no Partes del MERCOSUR).

extranjeros los mismos derechos y obligaciones, a no ser que la legislación doméstica disponga algo distinto. Así mismo, consagra el derecho a la libre transferencia de las utilidades netas comprobadas, de acuerdo con la legislación vigente en cada país. Esta reglamentación también eliminó las autorizaciones previas, dejando únicamente el procedimiento del registro. Finalmente, Perú al igual que otros países de la región ha interpretado la Decisión en el sentido de otorgar a los inversionistas subregionales el derecho de trato nacional.

La Decisión 291 de la Comunidad Andina garantiza a los inversionistas extranjeros el derecho a transferir al exterior las utilidades que genere su inversión. Los inversionistas también pueden transferir libremente los recursos que obtengan por liquidación y venta de acciones, participaciones o derechos.

En general, la Decisión 291 otorga a cada país autonomía general para fijar su política de inversión extranjera, incluso con respecto a los elementos en ella previstos.

El régimen común andino de tratamiento a los capitales extranjeros y sobre marcas, patentes, licencias y regalías, expresado en la Decisión 291 de la CAN, define la inversión extranjera directa como los aportes provenientes del exterior de personas naturales o jurídicas extranjeras al capital de una empresa, en moneda libremente convertible o en bienes físicos o tangibles, inversiones en moneda nacional provenientes de recursos con derecho a ser remitidos al exterior, y las reinversiones.

También pueden ser considerados como aportes de capital, las contribuciones tecnológicas intangibles que puedan presentarse bajo la forma de bienes físicos, documentos técnicos e instrucciones.

La tendencia de los países es aceptar definiciones amplias de inversión. Estas definiciones abarcan toda clase de activos, en especial bienes muebles e inmuebles, intereses en empresas (incluidas inversiones en empresas y en cartera), derechos contractuales, derechos de propiedad intelectual y concesiones de empresas.

La definición de inversión tiene consecuencias sustanciales, determina el ámbito de aplicación de las normas de tratamiento y protección consagradas en el marco de un régimen de inversiones.

En el ámbito de la CAN, la ya referida Decisión 291 consagra la potestad de control de la admisión de inversiones, al prever, en relación a la IED o de inversionistas subregionales, el cumplimiento de las condiciones establecidas en dicha Decisión y en las respectivas legislaciones nacionales de los países miembros; procediendo de igual manera el registro de dichas inversiones ante los organismos nacionales competentes de cada país. La Decisión establece como principio el otorgamiento de los derechos de Trato Nacional dejando a salvo lo dispuesto en las legislaciones de cada país miembro.

Este modelo, en virtud del cual el Estado receptor se reserva el derecho de admisión de la inversión extranjera, concediéndole trato nacional (TN) y trato de nación más favorecida (TNMF) al inversionista una vez establecido en su territorio, es seguido en la mayoría de los Tratados Bilaterales de Protección y Promoción de Inversiones (TBPPI), salvo los recientemente concluidos por Estados Unidos y Canadá. De esta forma opera el Protocolo sobre Promoción y Protección de Inversiones Proveniente de Estados no Partes del MERCOSUR.

La Decisión 291 no establece un procedimiento de solución de diferencias entre los inversionistas y el país andino receptor de su inversión, sino que deja a la legislación de éste último establecer lo pertinente. Al respecto el artículo 10° de la Decisión 291 dispone que en la solución de controversias o conflictos derivados de las inversiones extranjeras directas o de inversionistas subregionales o de la transferencia de tecnología extranjera, los Países Miembros aplicarán lo dispuesto en las legislaciones internas.

En términos generales las disposiciones contenidas en la Decisión 291 otorgan a los Países Miembros amplia libertad de definir sus políticas de inversión. Aunque la Decisión 291 no incluye una disposición sobre nación más favorecida, en virtud de la Decisión 439 los miembros de la Comunidad Andina están obligados a conceder a los servicios y prestadores de servicios de los demás miembros el trato más favorable que hayan concedido a terceros países con respecto a la presencia comercial y al derecho de establecimiento (capítulo IV 6) i).

## 5.2. LA DECISIÓN 292 DE LA COMUNIDAD ANDINA

La Comisión del Acuerdo de Cartagena tomó la Decisión 292, sobre el Régimen Uniforme para Empresas Multinacionales Andinas, al considerar que era necesario actualizar y perfeccionar el régimen de este tipo de empresas, para preservar y estimular la asociación de inversionistas nacionales de los países de la CAN para ejecutar proyectos de interés compartido y alcance multinacional.

Con esta disposición, la Decisión 292 constituyó la Empresa Multinacional Andina (EMA) con definiciones sobre accionariado, aportes y representación de los países miembros. Esta Decisión indica además los parámetros de la constitución y funcionamiento de empresas multinacionales andinas y su tratamiento en la región.

Contiene 32 artículos y el último corresponde a una disposición transitoria.

Fue Promulgada con el objetivo de actualizar y perfeccionar el Régimen Uniforme de Empresas Multinacionales Andinas (EMAS), para preservar y estimular la asociación de inversionistas nacionales en los Países Miembros, para la ejecución de proyectos de interés compartido y alcance multinacional.

La Decisión 292 de 1991 prevé las Empresas Multinacionales Andinas (EMA), con el fin de promover la asociación de inversionistas de los Países Miembros de la Comunidad Andina y el aprovechamiento del mercado ampliado. Estas empresas cuentan con trato nacional en materia de preferencias en cada país en el ámbito de las compras del Estado, así como para acceder a los mecanismos de promoción de exportaciones y a los sistemas especiales de importación y exportación, ofrecidos por los países de la subregión. Asimismo, a las EMA y a sus sucursales se les garantiza el derecho a transferir la totalidad de las utilidades netas, y el mismo tratamiento en materia de impuestos internos que a las empresas nacionales.

Lo anterior siempre que se cumpla con las disposiciones aplicables a estas empresas por la legislación nacional de cada país.

La Decisión 292 sobre empresas multinacionales andinas de la CAN, establece las obligaciones de los países miembros de: i) facilitar la contratación de personal subregional por las empresas multinacionales andinas y ii) considerar como nacional al personal calificado de origen subregional de las empresas multinacionales andinas, a efectos de la aplicación de las disposiciones sobre cupos de trabajadores extranjeros.

Ese también es un elemento de diferenciación o de mayor profundización comunitaria en materia de empleo de personal extranjero, evidentemente limitado al caso de las empresas multinacionales andinas.

La Decisión 292 establece claramente las acciones que se deben desarrollar para constituir una Empresa Multinacional Andina (EMA). En el capítulo I la define y señala los requisitos para que sea considerada como tal; en el capítulo II explica cómo se constituye y se pone en funcionamiento y en el capítulo III señala el tratamiento especial que recibe una EMA.

Esta misma Decisión especifica las normas que rigen las EMAs:

-       Su Estatuto Social, el cual debe ajustarse a la Decisión 292.

-       La Decisión 292, en todo lo que no estuviere establecido en el Estatuto Social.

-       La legislación del país del domicilio principal, en aspectos no regulados ni por el Estatuto Social, ni por el Régimen de la Decisión 292.

-       Cuando fuera el caso, la legislación del país donde se establezca la relación jurídica o la legislación del país donde surten efecto los actos jurídicos de la EMA, según lo establezcan las normas del derecho internacional privado aplicables.

El organismo nacional competente para la constitución de EMAs es la agencia de promoción de la inversión extranjera PROINVERSIÓN. El procedimiento es el siguiente:

1. Elaborar el contrato social de constitución de la empresa, o el acuerdo de aumento de capital social, el mismo que deberá ser elevado a escritura pública ante Notario Público, de conformidad con lo establecido en la Decisión 292.

2. Inscribir el testimonio de escritura pública ante registros públicos del lugar donde se constituya la sociedad.

3. Registrar ante PROINVERSIÓN el establecimiento de la EMA, presentando los siguientes documentos:

    - Solicitud dirigida a la Dirección de Promoción y Apoyo al Inversionista Privado, acompañando el Formulario correspondiente.

    - El Testimonio de Escritura Pública, debidamente inscrito ante los Registros Públicos de Lima.

    - Copia del documento que acredite la canalización de los aportes a través del Sistema Financiero Nacional. (Para aportes en moneda libremente convertible).

    - Copia de la Factura Comercial, libre de pago, y la Póliza de Importación emitida por la Administración de la Aduana correspondiente. (Para aportes en bienes físicos o tangibles).

    - Copia del Asiento contable de capitalización.

    - Comprobante del Derecho de pago por registro (5% de la UIT vigente en el año).

4. PROINVERSIÓN una vez realizado el registro informa a la CAN.

5. El tiempo de demora del registro en PROINVERSIÓN es de aproximadamente 15 días.

6. Para acreditar que es un inversionista subregional se requiere:

    - Copia del Carné o Cédula de Identidad (si es persona natural).

    - Calificación de la empresa nacional otorgada por PROINVERSIÓN (si es persona jurídica).

7. Toda modificación del capital social de una EMA constituida en el Perú debe ser registrada ante PROINVERSIÓN.

PROINVERSIÓN otorga la calificación de empresa en un lapso de 48 horas aproximadamente, al empresario peruano que desee invertir en una EMA en otro país miembro, para ello deberá presentar:

a) En caso de empresas con participación de inversión extranjera debidamente registrada ante PROINVERSIÓN bastará la presentación de la solicitud ante el citado organismo.

b) Las empresas con capital íntegramente nacional presentarán copia de sus Estatutos y de la Escritura Pública del último aumento del capital social.

**6. NORMAS ADICIONALES EN MATERIA DE COMERCIO E INVERSIONES**

Algunas otras normas que tienen repercusión en la temática de las inversiones y del comercio global puesto que engloban aspectos específicos de los mismos, son los siguientes:

## 6.1. DECISIÓN 283 DE LA COMUNIDAD ANDINA

Esta decisión establece normas para prevenir o corregir las distorsiones en la competencia, generadas por prácticas de *dumping* o subsidios. Establece ámbitos de aplicación, dumping, subsidios y procedimiento para presentar una solicitud de apertura de la investigación.

Fue emitida en Lima, el 21 de marzo de 1991 y se mantiene en vigencia. Contiene 24 artículos y una disposición final.

## 6.2. DECISIÓN 456 DE LA COMUNIDAD ANDINA

Se trata de una decisión de la Comunidad Andina de Naciones para prevenir o corregir las distorsiones en la competencia generadas por prácticas de *dumping* en importaciones de productos originarios de países miembros de la organización regional.

Fija lo que se considera el valor normal, el precio de exportación, los parámetros de comparación, el margen de Dumping y la apertura de la investigación.

La decisión fija medidas provisionales, compromisos y verificaciones. Establece las acciones al término de la investigación. Contiene 82 artículos, fue dictada en Lima el 4 de mayo de 1999 y se mantiene vigente.

## 6.3. DECISIÓN 457 DE LA COMUNIDAD ANDINA

La Decisión 457 emitida por la Comunidad Andina busca prevenir o corregir los daños causados a una rama de la producción de los países miembros como consecuencia de distorsiones en la competencia, generadas por la importación de productos subvencionados originarios de países miembros. La norma establece principios generales para aplicar una medida compensatoria importaciones de productos subvencionados que causen o amenacen causar daños a la producción de algún país miembro.

Define, entre otros aspectos, la subvención específica y las que no serán objeto de medidas compensatorias. Señala cómo calcular la cuantía de una subvención. La Decisión 457 contiene 85 artículos y fue emitida en Lima, el 4 de mayo de 1999, fecha desde la cual está vigente.

## 6.4. DECISIÓN 486 DEL RÉGIMEN COMÚN SOBRE PROPIEDAD INTELECTUAL

Esta decisión fue emitida en Lima, en septiembre de 2000, por la Comunidad Andina sobre el régimen de propiedad intelectual e industrial. Tiene consideraciones sobre el Trato de Nación más Favorecida, sobre el Patrimonio Biológico y Genético y de los Conocimientos Tradicionales.

Regula la concesión de patentes de invención, las formas de solicitarlas y su trámite, así como fija los derechos y obligaciones que confiere. Contiene 280 artículos y tres disposiciones transitorias.

## 6.5. DECISIÓN 563 DE LA COMUNIDAD ANDINA

La Decisión 563 se refiere a la aprobación de la codificación del Acuerdo de Integración Subregional Andino denominado "Acuerdo de Cartagena", que señala como objetivo primero la promoción del desarrollo equilibrado y armónico entre los países miembros de la CAN en condiciones de equidad, por lo que el Acuerdo propende a disminuir la vulnerabilidad externa y a mejorar la posición de los integrantes del acuerdo andino en el contexto económico internacional.

La Decisión 563, documento fundamental de la integración regional, crea la Comunidad Andina; norma la integración del Sistema Andino de Integración; establece la conformación y funciones del Consejo Presidencial Andino, del Consejo Andino de Ministros de Relaciones Exteriores, de la Comisión de la Comunidad Andina, de la Secretaría General de la CAN, del Tribunal de Justicia y del Parlamento Andino.

Establece instituciones consultivas y financieras y los mecanismos de solución de controversias. Se refiere además a temas de comercio, como el arancel externo común y el comercio intrasubregional de servicios, entre otros, y fija cláusulas de salvaguardia de competencia comercial y de calificación del origen de las mercaderías. La Decisión 563 contiene 139 artículos, cinco disposiciones transitorias y dos anexos.

## 7. INSTRUMENTOS JURÍDICOS DE REGULACIÓN DEL MERCOSUR

## 7.1. EL PROTOCOLO DE COLONIA PARA LA PROMOCIÓN Y PROTECCIÓN RECÍPROCA DE INVERSIONES EN EL MERCOSUR (MERCOSUR/CMC/DEC N° 11/93)

Este Protocolo destinado a regular las inversiones en el Mercosur tiene un componente muy similar a la de los BITs, aún cuando, contiene cláusulas adaptadas para el ámbito subregional y los objetivos concretos del Tratado de Asunción, constitutivo del Mercosur.

En líneas generales, los llamados BITs comprenden calificaciones amplias de inversión - tanto inversión extranjera directa como de portafolio - y de inversor - personas físicas o jurídicas con o sin fines de lucro - y están caracterizados por garantizar a los inversores extranjeros: a) el derecho de un tratamiento justo y equitativo y plena protección y seguridad; b) el derecho a recibir el mismo tratamiento que los inversores nacionales (cláusula de trato nacional)[8], c) el derecho a recibir una indemnización en caso de medidas de expropiación directa e indirecta, d) el derecho a la libre transferencia de rentas, y e) el derecho a recibir el tratamiento dispensado a las inversiones procedentes del país que goce de un tratamiento más favorable (cláusula de la nación más favorecida[9]). Todos estos acuerdos se caracterizan por prever disposiciones en materia de resolución de controversias, a través de la vía arbitral.

---

[8] La cláusula de trato nacional implica que toda ventaja concedida a los inversores nacionales debe otorgarse también a los inversores extranjeros.

El Protocolo de Colonia no escapa a estos patrones. Así por ejemplo, el artículo 4 previene sobre la imposibilidad de nacionalizar o expropiar la inversión extranjera, a menos que razones de utilidad pública, con una base no discriminatoria y bajo el debido proceso legal así lo determinen. Caso contrario, todo ello deberá ser acompañado por una compensación pecuniaria adecuada. Esta tendrá su correlato en el valor real de la inversión expropiada. También en este artículo rige el principio de la Nación más favorecida a los fines indemnizatorios, en relación directa con el trato dado a las reparaciones otorgadas para el caso a los inversores nacionales.

En este artículo se observa la posibilidad de una rápida, eficaz y razonable aplicación de una compensación por los llamados "riesgos políticos", cuestión fundamental que hace a la protección del inversor extranjero.

Por su parte, el artículo 5 otorga al inversor extranjero plenos poderes para las transferencias de las inversiones y sus ganancias, reglando una importante cantidad de situaciones, como son las rentas, honorarios y regalías, ventas y liquidaciones, remuneración del personal nacional de la inversión, entre otras.

Dichas transferencias deberán hacerse sin demora, al tipo de cambio vigente en el mercado a la fecha, evitándose así un tratamiento burocrático del asunto.

El artículo 6 prevé el instituto de la subrogación para el caso que un contratante desinteresare a un inversor con base en una garantía que hubiese asumido, a fin de perseguir el recupero correspondiente en salvaguarda de sus derechos crediticios.

En nombre de la equidad y buena fe contractual, el artículo 7 autoriza la aplicación de otras normas de la legislación de una Parte contratante, o del Derecho Internacional, o bien emergentes de un acuerdo entre un inversor y el contratante en cuyo territorio se realizó la inversión, que sean en sí más favorables o beneficiosas para esa Parte que las contenidas en el Protocolo.

En lo relativo a la solución de controversias entre las Partes, el Protocolo remite a lo resuelto en el Protocolo de Brasilia para la Solución de Controversias, o eventualmente a lo previsto en el Tratado de Asunción.

Luego el artículo 9 describe el procedimiento a seguir, para el caso de una controversia suscitada entre el inversor extranjero y un Estado parte:

---

[9] La cláusula de la nación más favorecida es definida como aquella según la cual en aquellos supuestos en que una parte contratante otorga un tratamiento más favorable a las inversiones provenientes de un tercer Estado, la otra parte contratante se beneficiará también de esos nuevos términos más favorables. El tratamiento de nación más favorecida está limitado en los casos de procesos de integración regional.

*"1. Toda controversia relativa a las disposiciones del presente Protocolo entre un inversor de una Parte Contratante y la Parte Contratante en cuyo territorio se realizó la inversión será, en la medida de lo posible, solucionada por consultas amistosas.*

*2. Si la controversia no hubiera podido ser solucionada en el término de seis meses a partir del momento en que hubiera sido planteada por una u otra de las partes, será sometida a alguno de los siguientes procedimientos, a pedido del inversor;*

*i) a los tribunales competentes de la Parte Contratante en cuyo territorio se realizó la inversión: o*

*ii) al arbitraje internacional, conforme a lo dispuesto en el Párrafo 4 del presente Artículo: o*

*iii) al sistema permanente de solución de controversias con particulares que, eventualmente, se establezca en el marco del Tratado de Asunción.*

*3. Cuando un inversor haya optado por someter la controversia a uno de los procedimientos establecidos en el Párrafo 2 del presente Artículo la elección será definitiva.*

*4. En caso de recurso al arbitraje internacional, la controversia podrá ser llevada, a elección del inversor:*

*a) al Centro Internacional de Arreglo de Diferencias Relativas a Inversiones (C.I.A.D.I.), creado por el "Convenio sobre Arreglo de Diferencias relativas a las Inversiones entre Estados y Nacionales de otros Estados", abierto a la firma en Washington el 18 de marzo de 1965, cuando cada Estado Parte en el presente Protocolo haya adherido a aquel. Mientras esta condición no se cumpla, cada Parte Contratante da su consentimiento para que la controversia sea sometida al arbitraje conforme con el reglamento del Mecanismo Complementario del C.I.A.D.I. para la administración de procedimientos de conciliación, de arbitraje o de investigación:*

*b) a un tribunal de arbitraje "ad-hoc" establecido de acuerdo con las reglas de arbitraje de la Comisión de Naciones Unidas para el Derecho Mercantil internacional (C.N.U.D.M.I.).*

*5. El órgano arbitral decidirá las controversias en base a las disposiciones del presente Protocolo, al derecho de la Parte Contratante que sea parte en la controversia, incluidas las normas relativas a conflictos de leyes, a los términos de eventuales acuerdos particulares concluidos con relación a la inversión, como así también a los principios del derecho internacional en la materia.*

*6. Las sentencias arbitrales serán definitivas y obligatorias para las partes en la controversia. Cada Parte Contratante las ejecutará de conformidad con su legislación".*

El artículo 10 establece que el Protocolo regirá para todas las inversiones realizadas antes o después de su entrada en vigor, pero no se aplicará a las controversias o reclamos surgidos con anterioridad a la misma.

Los artículos 11 y 12 son de forma, y, en el anexo, los países del MERCOSUR se reservan una lista con excepciones al tratamiento nacional de las inversiones relativas a determinados sectores, lo que sin lugar a dudas implica la posibilidad de una fluida operatividad del acuerdo.

El anexo finaliza señalando que los países contratantes harán todos los esfuerzos posibles por eliminar excepciones, disponiéndose reuniones semestrales para controlar el seguimiento del proceso de eliminación de las mismas.

## 7.2. EL PROTOCOLO DE BUENOS AIRES SOBRE PROMOCIÓN Y PROTECCIÓN DE INVERSIONES PROVENIENTES DE ESTADOS NO PARTES DEL MERCOSUR (MERCOSUR/CMC/DEC N° 11/94)

Este instrumento diseñado para regir las inversiones procedentes de Estados No partes establece los máximos estándares de tratamiento permitidos para este tipo de inversores[10]. Es una suerte de BIT modelo que pretende armonizar las legislaciones en materia de inversiones extranjeras de los países miembros del Mercosur, cumpliendo para esto con el mandato del art. 1° del Tratado de Asunción. En los considerandos del Protocolo se expresa que: *"destacando la necesidad de armonizar los principios jurídicos generales a aplicar por cada uno de los Estados Partes a las inversiones provenientes de Estados No Partes del Mercosur... a los efectos de no crear condiciones diferenciales que distorsionen el flujo de inversiones".*

El art. 1° dispone que *"Los Estados Partes se comprometen a otorgar a las inversiones realizadas por inversores de Terceros Estados un tratamiento no más favorable que el que se establece en el presente Protocolo".*

Evidentemente, al tiempo que el Protocolo de Buenos Aires entre en vigor, todo Estado miembro que suscriba un BIT con un tercer Estado que conceda mayores garantías y protección de las admitidas incurrirá en responsabilidad internacional al infringir una obligación pactada y asumida en dicho instrumento. Esto aún no ha sucedido puesto que todavía no cuenta con las cuatro ratificaciones necesarias para entrar en vigor. En efecto, Brasil es el Estado que no ha depositado aún su respectivo instrumento de ratificación[11].

---

[10] Este Protocolo destinado a reglar las inversiones extra - zona, contiene similares previsiones a las del Protocolo de Colonia antes analizado.

[11] El artículo 3° del Protocolo establece la obligación de los Estados partes de intercambiar información sobre las negociaciones futuras y las que se hallaren en curso sobre convenios de promoción y protección recíproca de inversiones con Terceros Estados y de consultarse con carácter previo sobre toda modificación sustancial al tratamiento general convenido en el Artículo 2° del Protocolo.

El artículo 2 define la "inversión" como todo tipo de activo invertido directa o indirectamente por inversores de un Tercer Estado en el territorio de un Estado parte, de acuerdo con su legislación. Seguidamente describe las inversiones en términos semejantes a los del Protocolo de Colonia.

Define al "inversor" como toda persona física, nacional de un Estado parte o Tercer Estado. Las disposiciones de los convenios a celebrar no se aplicarán a las inversiones realizadas en el territorio de un Estado parte por personas físicas que sean nacionales de Terceros Estados, si tales personas, a la fecha de la inversión, residieren o se domiciliaren, conforme la legislación vigente, en forma permanente en dicho territorio, a menos que se compruebe que los recursos relacionados con estas inversiones provienen del exterior.

Asimismo, es "inversor" la persona jurídica constituida en relación con las leyes de un Estado parte o del Tercer Estado y que tenga su sede en el territorio de su constitución.

Además, se incluye a toda persona jurídica establecida de conformidad con la legislación de cualquier Estado parte que esté efectivamente controlada por personas físicas o jurídicas de acuerdo con la descripción efectuada más arriba. De esta forma, se ofrece un trato nacional a las inversiones extra-región. Hay dos excepciones: una de ellas es que los Estados parte no extenderán a los inversores de Terceros Estados los beneficios de preferencias que resulten de su participación en una zona de libre comercio, unión aduanera, mercado común o acuerdo regional y, tampoco a lo referido a beneficios impositivos.

Respecto de las compensaciones por expropiaciones o en caso de repatriación de beneficios obtenidos por las inversiones, se adopta igual criterio que el del Protocolo de Colonia.

¿Qué ocurre con los mecanismos de resolución de controversias en relación con una inversión efectuada extra - zona por un Estado parte y un Tercer Estado? ¿Y con las diferencias planteadas entre un inversor de un Tercer Estado y un Estado receptor?

En el primer caso, y tratándose de disputas entre dos países soberanos, se otorga supremacía a la negociación diplomática. Si pasado un plazo prudencial no es posible arribar a una solución, se da paso al arbitraje internacional.

Si bien el Protocolo no lo prevé, es innegable que se puedan utilizar todos los medios afines para la solución de controversias, inclusive hasta el planteamiento del tema en la Corte Internacional de Justicia.

Para los litigios entre inversor extranjero y Estado receptor, se reitera lo previsto por el Protocolo de Colonia.

## 7.3. NATURALEZA Y EFECTOS JURÍDICOS DE LOS PROTOCOLOS DE COLONIA Y DE BUENOS AIRES

El Protocolo de Colonia y el de Buenos Aires constituyen las fuentes de la regulación jurídica de la protección del inversor extranjero en el MERCOSUR.

En una primera aproximación, cabría afirmar que tanto uno como el otro, al haber sido adoptados con anterioridad a la entrada en vigencia del Protocolo de Ouro Preto, tienen la naturaleza jurídica de un tratado internacional y no de una resolución obligatoria de una organización internacional, sin perjuicio de revestir la forma de Decisión del Consejo del Mercado Común (CMC).

Esto es así porque durante el llamado "período de transición" y hasta la existencia del Protocolo de Ouro Preto, los órganos del MERCOSUR carecían de potestades normativas susceptibles de crear derechos y obligaciones para los Estados parte.

El artículo 16 del Tratado de Asunción, hoy derogado pero en vigor en el momento de conclusión de los referidos Protocolos, afirma que *"durante el período de transición, las Decisiones del Consejo del Mercado Común y del Grupo Mercado Común serán tomadas por consenso y con la presencia de todos los Estados parte"*. No se pronuncia por tanto, sobre los efectos obligatorios de las Decisiones para los Estados miembros - en contraposición véase el artículo 42 del Protocolo de *Ouro Preto* que establece expresamente el carácter obligatorio de las mismas: *"Las normas emanadas de los órganos del MERCOSUR previstos en el Artículo 2 de este Protocolo tendrán carácter obligatorio (...)"*.

Los propios Protocolos de Colonia y de Buenos Aires se encargan de especificar lo anteriormente comentado en sus artículos 12 y 4 respectivamente, al afirmar que son *"parte integrante del Tratado de Asunción"*.

De este modo, la adhesión por parte de un Estado al Tratado de Asunción implicará *ipso iure* la adhesión al/los Protocolo/s, lo cual confirma su vocación de derecho originario, y por consiguiente, su naturaleza convencional.

Debemos ahora determinar los efectos de tales Protocolos. Respecto del Protocolo de Colonia debemos tener en cuenta que desplegará toda su eficacia en la medida en que haya sido ratificado, publicado y desarrollado normativamente en los respectivos ordenamientos jurídicos nacionales.

Pero la conclusión no puede ser la misma para el Protocolo de Buenos Aires, toda vez que el mismo establece los parámetros generales de tratamiento a los inversores provenientes de terceros Estados, lo que, de algún modo, hace generar a los terceros Estados, y no tan solo a los inversores de terceros Estados, una serie de expectativas legítimas.

En este sentido, podemos pensar la posibilidad que el Protocolo de Buenos Aires sea un tratado creador de derechos a terceros Estados, de conformidad con lo previsto en los artículos 36 y 37 de la Convención de Viena sobre el Derecho de los Tratados.

Las condiciones estipuladas por la citada Convención para que un tratado pueda innovar positivamente la esfera jurídica de terceros Estados son: 1) que exista una disposición expresa en el sentido de crear estipulaciones a favor de terceros; 2) que los Estados parte hayan tenido intención de conferir un derecho a un tercer Estado; 3) que el tercer o terceros Estados asientan al beneficio concedido, sea de forma expresa o tácita, y, 4) que el tercer Estado cumpla las condiciones que se estipulen en el tratado para el ejercicio del derecho.

Las mencionadas condiciones no se cumplen en el Protocolo de Buenos Aires, ya que de su lectura surge que no puede afirmarse concluyentemente que los Estados parte hayan tenido la intención de crear derechos para terceros Estados, voluntad que, en cualquier caso, no consta de forma expresa en el texto del Protocolo.

La intención de los Estados parte puede determinarse en base a otras frases y afirmaciones expresas recogidas a lo largo del texto del instrumento. En el preámbulo del Protocolo, los Estados parte reconocen que *"(...) la promoción y la protección de inversiones sobre la base de acuerdos con terceros Estados (...) incrementará la prosperidad de los cuatro países miembros"*. Además, el artículo 2 dispone *"(...) el tratamiento general a convenir por cada Estado parte con terceros Estados (...)"*.

De esta forma, concluimos que la intención de los Estados parte fue la de configurar el Protocolo de Buenos Aires como un acuerdo marco para la celebración de TBI entre los Estados del MERCOSUR individualmente considerados y terceros Estados.

Vistas las cosas de este modo, podríamos afirmar que el Protocolo de Buenos Aires se diferencia del de Colonia, en el sentido que aquél primero no pretende innovar el *status* jurídico de los inversores extranjeros, sino que tan sólo enumera una serie de obligaciones de resultado que los Estados parte deben alcanzar con libertad de medios, en sentido sustantivo, pero mediante el cauce formal de la conclusión con terceros Estados de TBI.

En concreto, las obligaciones de resultado consisten en no otorgar, a las inversiones realizadas por inversores de terceros Estados, un trato más favorable al establecido en el Protocolo: los parámetros y criterios de tratamiento a los inversores extranjeros adoptan el carácter, en los términos del artículo 2 del Protocolo, de *"bases normativas"* más allá de las cuales los Estados parte se comprometen a no reconocer a los inversores ni beneficios ni mayores derechos.

De esta forma, concluimos que el Protocolo de Buenos Aires no es más que el punto de partida para un ulterior desarrollo normativo de rango convencional.

## 7.4. INVERSIONES EN LOS ACUERDOS DE COMPLEMENTACIÓN ECONÓMICA (ACE)

Los Acuerdos de Complementación Económica comprenden las siguientes materias:

a)      **Acuerdos cuya aplicación en materia de inversión se rigen por sus respectivas legislaciones nacionales:**

Y en el cual podemos mencionar los siguientes:

### 7.4.1.  ACE N° 23 (CHILE-VENEZUELA)

**Artículo 20.-** Los países signatarios promoverán el desarrollo de inversiones destinadas al establecimiento y constitución de empresas en sus territorios, tanto con capital de uno o ambos países como con la eventual participación de terceros.

**Artículo 21.-** Los países signatarios, con la participación de sus respectivos sectores privados, propiciarán el desarrollo de acciones de complementación económica en las áreas productivas de bienes y servicios.

**Artículo 22.-** Los países signatarios, dentro de sus respectivas legislaciones sobre inversión extranjera, otorgarán los mejores tratamientos a los capitales del otro país signatario, ya sea éste el correspondiente al capital nacional o extranjero.

### 7.4.2.  ACE N° 24 (CHILE-COLOMBIA)

**Artículo 20.-** Los países signatarios promoverán el desarrollo de inversiones destinadas al establecimiento y constitución de empresas en sus territorios, tanto con capital de uno o ambos países como con la eventual participación de terceros.

**Artículo 21.-** Los países signatarios con la participación de sus respectivos sectores privados, propiciarán el desarrollo de acciones de complementación económica en las áreas productivas de bienes y servicios.

**Artículo 22.-** Los países signatarios, dentro de sus respectivas legislaciones sobre inversión extranjera otorgarán los mejores tratamientos a los capitales del otro país signatario, ya sea este el correspondiente al capital nacional o extranjero.

### 7.4.3.  ACE N° 32 (CHILE-ECUADOR)

**Artículo 19.-** Los países signatarios promoverán el desarrollo de inversiones destinadas al establecimiento y constitución de empresas en sus territorios, tanto con capital de uno o ambos países como con la eventual participación de terceros.

**Artículo 20.-** Los países signatarios con la participación de sus respectivos sectores privados, propiciarán el desarrollo de acciones de complementación económicas en las áreas productivas de bienes y servicios.

**Artículo 21.-**. Los países signatarios, dentro de sus respectivas legislaciones sobre inversión extranjera otorgarán los mejores tratamientos a los capitales del otro país signatario, ya sea éste el correspondiente al capital nacional o extranjero.

**b)** **Acuerdos en los cuales aparte de hacer referencia a la aplicación de la legislación nacional, propician la protección de inversiones y la firma de acuerdos de inversión:**
En este ámbito se encuentran los siguientes Acuerdos:

### 7.4.4. ACE N° 38 (CHILE-PERÚ)

**Artículo 21.-** Los Países Signatarios propiciarán las inversiones y el establecimiento de empresas, tanto con capital de ambos países como con la participación de terceros.

**Artículo 22.-** Para tal fin, los Países Signatarios dentro de sus respectivas legislaciones sobre inversión extranjera, otorgarán trato nacional, a las inversiones del otro País Signatario. Asimismo, estudiarán la posibilidad y conveniencia de la celebración de un Convenio para evitar la Doble Tributación.

### 7.4.5. ACE N° 58 (MERCOSUR-PERÚ)

**Artículo 28.-** Las Partes Signatarias propiciarán la realización de inversiones recíprocas, con el objetivo de intensificar los flujos bilaterales de comercio y de tecnología, conforme sus respectivas legislaciones nacionales.

**Artículo 29.-** Las Partes Signatarias examinarán la posibilidad de suscribir nuevos Acuerdos sobre Promoción y Protección Recíproca de Inversiones. Los Acuerdos Bilaterales suscritos al presente entre las Partes Signatarias mantendrán su plena vigencia.

**Artículo 30.-** Las Partes Signatarias examinarán la posibilidad de suscribir nuevos Acuerdos para evitar la doble tributación. Los Acuerdos Bilaterales suscritos al presente, mantendrán su plena vigencia.

**c)** **Acuerdos donde se dispone que esta materia se rige por Acuerdos de Promoción y Protección Recíproca de Inversiones, así como también propicia la suscripción de acuerdos para evitar la Doble Tributación:**
En el cual destacan Acuerdos como por ejemplo:

### 7.4.6. ACE N° 35 (CHILE-MERCOSUR)

**Artículo 41.-** Los acuerdos bilaterales sobre promoción y protección recíproca de las inversiones, suscritos entre Chile y los Estados Partes del MERCOSUR, mantendrán su plena vigencia.

**Artículo 42:** A fin de estimular las inversiones recíprocas, las Partes Signatarias procurarán celebrar acuerdos para evitar la doble tributación. Nada de lo dispuesto en el presente Acuerdo afectará los derechos y obligaciones de cualquiera de las Partes que se deriven de cualquier convenio tributario suscrito o que se suscriba a futuro.

### 7.4.7. ACE N° 36 (BOLIVIA-MERCOSUR)

**Artículo 35.-** Las Partes Signatarias procurarán estimular la realización de inversiones recíprocas, con el objetivo de intensificar los flujos bilaterales de comercio y de tecnología, conforme sus respectivas legislaciones nacionales.

**Artículo 36.-** Las Partes Signatarias examinarán la posibilidad de suscribir Acuerdos sobre Promoción y Protección Recíproca de Inversiones. Los Acuerdos Bilaterales suscritos al presente entre las Partes Signatarias mantendrán su plena vigencia.

**Artículo 37.-** Las Partes Signatarias examinarán la posibilidad de suscribir Acuerdos para evitar la doble tributación. Los Acuerdos Bilaterales suscritos al presente, mantendrán su plena vigencia.

### 7.4.8.   ACE Nº 59 (ECUADOR-COLOMBIA-VENEZUELA-MERCOSUR)

**Artículo 29.-** Las Partes Signatarias procurarán estimular la realización de inversiones recíprocas, con el objetivo de intensificar los flujos bilaterales de comercio y de tecnología, conforme sus respectivas legislaciones nacionales.

**Artículo 30.-** Las Partes Signatarias examinarán la posibilidad de suscribir nuevos Acuerdos sobre Promoción y Protección Recíproca de Inversiones. Los acuerdos bilaterales suscritos entre las Partes Signatarias a la fecha de este Acuerdo, mantendrán su plena vigencia.

**Artículo 31.-** Las Partes Signatarias examinarán la posibilidad de suscribir nuevos Acuerdos para evitar la doble tributación. Los acuerdos bilaterales suscritos entre las Partes Signatarias a la fecha de este Acuerdo, mantendrán su plena vigencia.

# CAPÍTULO II

## TÓPICOS FUNDAMENTALES DE LA INVERSIÓN EXTRANJERA DIRECTA EN EL CONTEXTO ACTUAL

*"El endeudamiento aflictivo de América Latina acumulado en periodos anteriores está absorbiendo los ingresos corrientes de capital en grado creciente y también los ingresos de exportación, formándose así un círculo vicioso, en el cual el refinanciamiento de la deuda está elevando siempre más la misma".*

Aníbal Pinto.

## 1.    NOTA PRELIMINAR

En este capítulo se analizan las circunstancias en que se produce la liberalización de la inversión extranjera directa y su ingreso en los diversos países atendiendo a las directivas para el tratamiento de las inversiones propuestas por el Banco Mundial (BM) y el Tratado de Libre Comercio de América del Norte (TLCN). Las relaciones económicas entre el comercio y la inversión, los métodos para fomentar las inversiones, y las modalidades de inversión extranjera implementadas en nuestro país son también objeto de estudio en el presente capítulo.

Conscientes de la necesidad de trazar mecanismos que mejoren las posibilidades del país en el contexto de la economía global en general es que se analizan los principios del consenso de Washington y las medidas económicas para su aplicación en América Latina. Por último, un aspecto relevante son los contratos de estabilidad jurídica.

## 2.    LA LIBERALIZACIÓN DE LA INVERSIÓN EXTRANJERA DIRECTA

Durante la década de los 50 y la mayor parte de la década de los 60, tanto las naciones industrializadas como aquellas en desarrollo alentaron el ingreso de la IED, colocando pocas trabas para la operación de empresas extranjeras en sus territorios. Fue éste un periodo de rápido crecimiento de la inversión a nivel mundial, largamente dominado por empresas norteamericanas, las cuales eran las únicas empresas multinacionales.

En los años 60, en medio de una abundancia de capital en el mundo, los parámetros legales que habían regido el tratamiento de la IED fueron reemplazados por una gama de regímenes nacionales. Este fue un cambio hacia un tratamiento más restrictivo, pero incluyó una política más agresiva de incentivos para la inversión extranjera, sugiriendo en realidad el establecimiento de políticas dualistas hacia la colocación de capitales en algún país extranjero, que por un lado intentaban atraerla mientras que por el otro la restringían y trataban de controlar, con el objeto de hacerla contribuir al logro de una serie de objetivos económicos nacionales (especialmente la generación de empleo, el equilibrio comercial y una posición ventajosa en la cuenta corriente de la balanza de pagos).

La recesión mundial ocurrida en los años 1980-1982 y la escasez de capital crearon el escenario para un nuevo e imprevisto cambio en el contexto internacional de inversiones. Un nuevo pragmatismo en la actitud de los países en desarrollo hacia las inversiones y la limitada, pero activa, apertura de China al capital extranjero contribuyeron a intensificar la competencia por los capitales internacionales.

En los años 80 se inició una pugna internacional por la IED, incluyendo las denominadas "guerras de incentivos" impulsadas por algunas naciones industrializadas y entidades subnacionales, especialmente Irlanda, Gran Bretaña y varios estados de Estados Unidos. A mediados de los 80, el deseo de atraer el capital extranjero desplazó claramente a las posturas restrictivas en el mundo industrializado: en 1984, Canadá promulgó una nueva ley para su agencia de inversiones (FIRA), otorgándole un claro mandato de atraer inversiones; dos años más tarde, Australia, el otro gran baluarte del nacionalismo económico entre los países de la OCDE, levantó sus principales restricciones de la IED.

En la segunda mitad de los años 80, algunos de los más extremos defensores del controlismo respecto de la IED, tales como India, Argelia y Yugoslavia, comenzaron a abrir sus economías al capital extranjero. En 1990, Checoslovaquia, Vietnam y la Unión Soviética, asumieron el liderazgo en la liberalización del sector externo de las economías socialistas de corte más ortodoxo. Varios países latinoamericanos, afligidos por la crisis de la deuda externa, emprendieron modestas pero traumáticas reformas en la segunda mitad de la década (bajo los auspicios del Plan *Baker*) para reintegrarse finalmente a los circuitos financieros mundiales, inducidos por los incentivos del Plan *Brady* (1989), al comienzo de los 90. Dominados por la iniciativa del FMI de rechazar a la intervención económica el Estado y preconizar una irrestricta competencia, las naciones latinoamericanas abandonaron el nacionalismo económico, que habían enarbolado por dos décadas, para recibir otra vez a la IED, en medio de dramáticos procesos de desregulación de mercados y privatización de empresas del sector público.

La liberalización de la IED luego de haberse iniciado en algunas universidades norteamericanas, se esparce por el mundo en los años 80, con la elección de gobiernos conservadores en Gran Bretaña, Estados Unidos, Alemania y Canadá, y su subsiguiente influencia en la OCDE, el Banco Mundial (BM) y el Fondo Monetario Internacional (FMI). Este clima liberal ocasiona una transformación global en teorías y políticas económicas. El pensamiento liberal preconiza la economía de la oferta y la privatización de las empresas públicas en las naciones industriales y prescribe el desmantelamiento del sector público, de la planificación estatal y de la reglamentación de las actividades económicas en el mundo en desarrollo. Una de las premisas básicas del liberalismo es que no existe ninguna diferencia esencial entre el funcionamiento de las economías industriales y aquellas en desarrollo, y que ambas requieren fundamentalmente la operación de mercados libres y una irrestricta competencia para alcanzar y sostener el crecimiento y la eficiencia.

Entre las principales recomendaciones de política económica del liberalismo para los países en desarrollo, se encuentran las siguientes:

1.  Desregulación de la economía, incluyendo la supresión de controles de precios, controles financieros y subsidios, para corregir una asignación de recursos severamente distorsionada;

2.  Expansión de las exportaciones, para aprovechar la liberalización del comercio mundial y maximizar los beneficios derivados de las ventajas nacionales comparativas;

3.  Privatización, consistente en vender a inversionistas nacionales y extranjeros las empresas del Estado, con el objeto de mejorar su productividad y aliviar la carga financiera del Estado;

4.  Reforma de las leyes laborales, acabando con ciertas formas de protección de los trabajadores (tales como estabilidad en el empleo, beneficios sociales obligatorios y apoyo a los sindicatos) que supuestamente ahuyentan a los inversionistas; y

5.  Apertura de la economía a la IED, para que esta traiga una saludable dosis de competencia al mercado nacional, así como capitales y nuevos conocimientos gerenciales, técnicos y comerciales.

La apertura a la IED se encuentra medularmente conectada, en algunos casos en una relación complementaria, con las demás recomendaciones. En esta perspectiva se entiende el énfasis que ha recibido en la práctica. De 102 leyes o reglamentos sobre IED promulgados en el mundo en desarrollo en 1993, 101 incluían medidas de liberalización; mientras que en 1994, 108 de 110 disposiciones legales implementaban esta tendencia[12].

Las Directivas del Banco Mundial para el tratamiento de la inversión extranjera (1992) y las disposiciones sobre inversión del Tratado de Libre Comercio de Norteamérica (TLCN) reflejan los principios y normas básicos abogados por el liberalismo para el tratamiento de la IED.

En Latinoamérica, la aplicación de políticas liberales vino acompañada, en la segunda mitad de los años 80 y comienzos de los 90, de diferentes grados de recuperación de una prolongada crisis que había tenido devastadores efectos en los niveles de vida populares. El regreso del capital extranjero y la reaparición de una cantidad limitada de puestos de trabajo de baja remuneración,

---

[12] Informe de la UNCTAD sobre políticas de inversión 1995.

después de varios años de contracción de mercado y creciente desempleo, fueron elementos suficientes para encender un ingrediente de esperanza en las masas, que las llevó a aceptar en calidad de costos inevitables, fenómenos tales como el debilitamiento de la protección del Estado a los trabajadores y grandes aumentos de precios en productos y servicios esenciales.

3.     LA RELACIÓN ECONÓMICA ENTRE COMERCIO E INVERSIÓN

La globalización ha impulsado a los Estados a modificar su tratamiento legislativo con respecto al comercio y a la Inversión Extranjera Directa. Las nuevas relaciones comerciales han exigido que los Estados adopten una política económica hacia el exterior en donde el comercio internacional es el eje del desarrollo. Para esto los Estados han tenido que asumir la obligación de eliminar las restricciones arancelarias y para arancelarias al comercio, se han comprometido a adoptar políticas macroeconómicas rígidas que procuren la estabilidad de sus economías y a no intervenir de manera distorsionante en el comercio mundial.

Las grandes líneas de producción que mantienen las empresas multinacionales han sobrepasado sus mercados internos, de allí que requieran del libre comercio para colocar sus bienes en otras plazas comerciales. Estas corporaciones buscan oportunidades de negocios a lo largo del planeta procurando instalar sus industrias en lugares que por su situación geográfica, por sus ventajas comparativas y por su tratamiento favorable al comercio internacional les permitan continuar su crecimiento. Precisamente esto ha generado que los Estados busquen incentivar a estas empresas a instalarse dentro de sus fronteras y así mejorar su nivel de crecimiento.

El Banco Mundial en su Informe sobre el Desarrollo Mundial que incluye los años 1999-2000, ha destacado que los métodos más eficaces para fomentar las inversiones son los siguientes: a) La adopción de políticas complementarias de capital humano; b) la liberalización de las políticas comerciales y la creación de un conjunto estable de derechos y; c) La asignación de responsabilidades a los inversionistas extranjeros.

Según el informe del Banco Mundial la relación entre comercio e inversión está dada por el hecho de que ambos conceptos constituyen el eje sobre el cual se asienta el desarrollo sostenido de las naciones; en el contexto de una economía cerrada al comercio global es difícil que un inversionista decida invertir puesto que los resultados de su inversión dependerán únicamente de sus ventas en el mercado doméstico o local, en cambio, una economía abierta al comercio internacional elimina este tipo de limitaciones. Por otra parte, los procesos de inversión favorecen el aumento de los índices de producción, lo que en el largo plazo contribuye a incrementar las exportaciones de los países.

La composición y evolución del comercio exterior no son resultado de las llamadas ventajas comparativas, sino de factores estructurales y de organización de la producción, por esta razón el libre comercio trae consigo el incremento de la heterogeneidad tecnológica y de la oferta intra e intersectorial, y por ello la dependencia de insumos y bienes de capital importados.

La inversión foránea puede ser vista como un complemento necesario para lograr el desarrollo económico de las naciones, por las siguientes razones:

a) Implica aporte de capital, necesario en países en los que la capacidad de ahorro interno es muy pequeña;

b) Aporta tecnología, elemento hoy indispensable en las políticas de desarrollo;

c) Califica la mano de obra local y contribuye en la promoción de exportaciones;

d) Contribuye con el desarrollo e integración de áreas aisladas pobres, especialmente en el caso de la minería;

e) Permite que los mercados nacionales se integren de una forma más efectiva a la economía mundial.

A pesar que el interés de los inversionistas extranjeros sigue centrándose en las economías más sólidas de la región, se puede apreciar un incremento gradual del interés por parte de los países más pequeños; el dominio comercial generalizado de las empresas estadounidenses tiende a equilibrarse respecto de otros países desarrollados por la masiva llegada de corporaciones europeas, básicamente empresas españolas, inglesas y francesas; las inversiones destinadas al ámbito de las actividades manufactureras han cedido lugar a las inversiones en servicios, principalmente actividades como por ejemplo: telecomunicaciones, comercio, energía y finanzas.

## 3.1. FLUJOS DE INVERSIÓN ENTRE LA UNIÓN EUROPEA Y AMÉRICA LATINA

Para América Latina (AL), la inversión directa de Europa constituyó la principal fuente de inversiones a partir de 1998, superando a la inversión proveniente de Estados Unidos y el Japón. Las inversiones europeas crecieron a partir de 1996 y alcanzaron en los últimos años la suma de 35 mil millones de dólares, mientras las inversiones de Estados Unidos promediaron los 20 mil millones de dólares; y las japonesas, los 5 mil millones.

Estas inversiones europeas se han localizado, fundamentalmente, en el MERCOSUR (44% Brasil y 24% Argentina) aprovechando las oportunidades que surgieron de los programas de privatización; en Chile (7%), a través de la compra de importantes grupos privados locales con fuerte presencia en la región; y México (8%), sobre todo en actividades manufactureras de exportación (automóviles y electrónica) y en servicios financieros.

La inversión europea en México es sumamente baja, si se tiene en cuenta el tamaño relativo de la economía mexicana, debido a la fuerte presencia de Estados Unidos y Asia en la industria maquiladora de frontera y al relativamente menor impulso privatizador. Los altos niveles de contenido nacional exigidos por el NAFTA han limitado el ingreso de capitales europeos al mercado mexicano.

En el caso de la Comunidad Andina de Naciones (CAN), las inversiones europeas fueron un tanto menor en comparación con el resto de países de la región (14% como bloque) e ingresaron por el proceso de privatización de los servicios públicos e infraestructura, y en actividades de extracción de recursos naturales y energéticos. En el caso de América Central y el Caribe (2%), las inversiones de la UE también fueron impulsadas por el proceso de privatización en estos países.

La mayor parte de la inversión europea de la década de los 90 ingresó a la región bajo la modalidad de fusiones y adquisiciones, no tanto como resultado de proyectos nuevos, tal como si se observa en el caso de Estados Unidos, cuya inversión en proyectos nuevos fue mayor que la compra de activos existentes.

Los principales países inversores de la UE fueron España, Reino Unido, Países Bajos, Francia, Italia, Portugal y Alemania. Casi la mitad de las inversiones entre 1992 y el 2000 provinieron de España, que desarrolló un proceso de internacionalización de sus empresas a través de las compras de activos existentes. Telefónica de España, Repsol-YPF, Endesa y los bancos Santander Central Hispano (BSCH) y Bilbao Vizcaya Argentaria (BBVA) fueron los principales inversionistas en la región y en muchos sectores y países. Para el conjunto de estas empresas, América Latina representó cerca de la tercera parte de los beneficios netos previstos en el 2001. La crisis argentina de 2001 resultado de la liberalización dispuesta por el FMI generó una gran incertidumbre en la región y, por lo tanto, el retiro de inversiones, especialmente en el rubro de servicios financieros.

En el caso del Reino Unido, las inversiones se concentraron en el sector manufacturero, y en los sectores de energía y de servicios durante la década de los 90. En la manufactura, son notorias las inversiones en la industria de bienes de consumo no duraderos y en la industria química, entre las que destacan las efectuadas por empresas como *Unilever* y *British* Americana *Tobaccos*, que se establecieron en AL durante los años del proceso de industrialización por sustitución de importaciones.

En los años 90, estas empresas aplicaron una estrategia de expansión basada en la adquisición de empresas locales y en la realización de nuevas inversiones a fin de incorporar tecnología de punta a sus filiales latinoamericanas, principalmente a aquellas que abastecen a grandes mercados, como Argentina, Brasil y México. Resaltan las inversiones en telecomunicaciones (*Vodafone Air*

*Touch, British Telecom y Nacional Gris Plc*), finanzas (*HSBC Holding Plc*) y en petróleo e hidrocarburos, estas últimas a cargo de *BP Amoco* y la británica-holandesa *Shell*.

Después ingresaron a AL firmas alemanas, belgas, francesas y británicas en el área de los servicios públicos e infraestructura. Estas inversiones se destinaron al sector no transable de la economía latinoamericana, su impacto comercial de corto y mediano plazo fue muy limitado.

Si se tiene en cuenta que la IED elige un determinado país motivado por tres razones: i) acceder a una fuente de recursos naturales, ii) abastecer al mercado local o regional, y iii) "tercerizar" y hacer más eficiente su producción mundial, se puede decir que la inversión europea cubrió en mayor o menor medida éstas tres estrategias, aunque fue claramente la segunda, es decir, la de abastecer al mercado local o regional, la que primó en la segunda mitad de la década de los 90.

La mayor parte de la inversión europea se dirigió a la compra de activos locales de empresas de América del Sur, en los subsectores de telecomunicaciones, electricidad, comercio minorista y servicios financieros. En cambio, la inversión estadounidense ha tendido a adoptar la tercera estrategia, es decir, invertir en el sector manufacturero de México y América Central para competir más eficazmente en su mercado de origen con las importaciones asiáticas de productos como vehículos, aparatos eléctricos y prendas de vestir.

En el caso de las inversiones en el sector manufacturero, se identifica dos estrategias: i) mayor eficiencia a nivel mundial y ii) acceso al mercado local y regional. En ambos casos, este crecimiento se enmarca dentro de una estrategia mundial por la cual las empresas manufactureras invierten en otros países para construir un Sistema Internacional de Producción Integrada, que aprovecha los menores costos y, en algunos casos, las facilidades de acceso a mercados ampliados o subregionales. El desarrollo de estos sistemas internacionales de producción tiene sus raíces en el cambio tecnológico, la liberalización de las políticas económicas y el aumento de la competencia; ello ha llevado a las empresas trasnacionales a emplazar las distintas partes de sus procesos de producción en todo el mundo, aprovechando las diferencias en costos, recursos, logística y mercados que puedan detectar a nivel mundial.

Para la economía receptora, en algunos casos este tipo de inversión significaría la creación de nuevos activos y no sólo la compra de los ya existentes, una mejora de la competitividad internacional del país pues crece la capacidad exportadora de productos más elaborados, de mayor valor agregado y/o contenido tecnológico, una mayor capacitación del personal y la ampliación de la base productiva de las empresas locales capaces de competir en los mercados internacionales.

En el caso de las inversiones en el sector servicios, prima la estrategia de acceso al mercado local o ampliado (subregional), ya que se aprovechó la liberalización de los mercados, los cambios en las regulaciones, el proceso de privatización y el desarrollo tecnológico. Estas inversiones han significado mayoritariamente la compra de activos ya existentes y no nuevas inversiones. El aporte de estas actividades se mide en términos de la competitividad sistemática de la economía (tarifas de servicios públicos relativamente más competitivas, mayores niveles de cobertura de estos servicios, solidez del sistema financiero local, menor costo del dinero) y no tanto en términos de competitividad internacional (o mayor capacidad de exportación). Debido a su pobre contribución a las exportaciones (a excepción de las inversiones en el sector turismo) y a su gran demanda de importaciones (maquinaria, equipos, capitales, etc.), este proceso tiende a generar un déficit considerable en las cuentas externas.

La especialización productiva promedio de los países sudamericanos continuó sesgada hacia la exportación de recursos naturales o productos manufactureros basados en ellos, mientras México, Centroamérica y el Caribe experimentaron una transformación hacia la exportación de productos manufacturados no basados en recursos naturales, incluso de manufactura de mediana y alta tecnología, como la derivada de la industria automotriz, la electrónica, la farmacéutica, etc.

En resumen, la mayor parte de las inversiones europeas que arribaron a Sudamérica en los 90 pueden tipificarse como inversiones que no causaron impacto sobre la competitividad internacional de la región, ya que se destinaron mayoritariamente a los rubros de servicios públicos, servicios financieros, etc. No obstante, estas inversiones deberán tener repercusiones sobre la competitividad sistémica en el mediano y largo plazo.

## 4. MODALIDADES DE INVERSIÓN EXTRANJERA DIRECTA

Dentro de una economía nacional la inversión extranjera puede presentarse de distintas formas. Este hecho hace que el desarrollo logrado a través de la inversión y el nivel de compromiso de ésta con el país receptor de la inversión varíen en función de la modalidad que se adopte. Dentro de las principales modalidades de inversión extranjera directa que se pueden presentar se encuentran las siguientes:

### 4.1. LA BÚSQUEDA DE NUEVOS ACTIVOS

Dentro de este esquema la inversión extranjera se instala en el país receptor a fin de crear nuevas empresas distintas a las ya existentes en esa economía. Según el modelo descrito el inversionista aporta sus capitales y/o sus conocimientos tecnológicos con el propósito de instalar y desarrollar una nueva organización empresarial. Esta forma de inversión se presenta principalmente en los países desarrollados, en los mercados asiáticos y en el caso de América Latina recientemente se ha difundido en los países de América Central y el Caribe. Desde el punto de vista económico esta modalidad de inversión es la que representa para los países la mejor forma de inversión ya que trae consigo la creación de nuevas empresas que a su vez genera nuevos empleos[13].

## 4.2.   LOS PROCESOS DE PRIVATIZACIÓN

Mediante esta modalidad la inversión extranjera adquiere activos de propiedad del Estado que son objeto de procesos de privatización. Este tipo de proceso de inversión ha ocurrido principalmente en los países en vías de desarrollo, principalmente en las naciones sudamericanas. Es importante señalar que el proceso peruano se ha basado esencialmente en esta modalidad. El escenario político, macroeconómico e internacional en que ocurre la transferencia de empresas, el tipo de contratantes, las obligaciones que se contraen entre el sector público y el sector privado son sin duda determinantes. La privatización debe ser parte de un proyecto integral, que ante todo implique la generación de empleo productivo. Las políticas macroeconómicas, al igual que los bajos tipos de interés, que contribuyen a dicho propósito, deben ser puestas en vigor, ya que como afirma *Joseph Stiglitz "sin las adecuadas estructuras legales e instituciones del mercado, los nuevos propietarios de las empresas privatizadas podrán tener un incentivo para deshacer los activos más que para utilizarlos como bases para expandir la industria"[14]*.

## 4.3.   LAS FUSIONES Y ADQUISICIONES

En este supuesto el inversionista extranjero no adquiere activos del Estado, sino de los particulares que intervienen en el mercado. Este sistema no tiene como finalidad la creación de nuevos activos, simplemente lo que se hace es cambiar la titularidad que ostenta el propietario de los activos preexistentes. Esta modalidad de inversión ha sido frecuentemente utilizada en los países más desarrollados especialmente en años recientes. Sólo durante el año 1997 las fusiones y adquisiciones representaron las 3/5 partes de los flujos de inversión producidos, siendo poco significativa su utilización en la región de Latinoamérica.

En el Perú no existen normas de control de fusiones y adquisiciones de empresas, con excepción del caso del sector eléctrico. Así, de acuerdo a lo establecido en el Decreto Supremo N. 27-95-ITINCI, publicado el 19 de octubre de 1995, la Comisión de Libre Competencia del INDECOPI podrá intervenir en los casos en que se produzcan adquisiciones o fusiones entre empresas

---

[13] La Inversión Extranjera en América Latina y El Caribe – Informe 1999 – CEPAL.

[14] *"El FMI se limita a dar por sentado que los mercados surgen rápidamente para satisfacer cualquier necesidad, cuando en realidad muchas actividades estatales surgen porque los mercados no son capaces de proveer servicios esenciales"*. STIGLITZ, J. E. *El malestar en la globalización*. p. 91 y ss.

generadoras, transmisoras o distribuidoras de electricidad dentro de un mismo Sistema Interconectado.

Debemos resaltar que la fusión y adquisición de empresas por operadores transnacionales, ha conducido a que mercados que fueron desintegrados verticalmente al momento de la privatización o que la legislación posterior abrió a la competencia, hayan vuelto a integrarse sin que existan leyes al respecto para evitarlo. Esto se advierte en el sector eléctrico y de telecomunicaciones en más de un país de la región.

En otros casos, pese a que la legislación admite la entrada de nuevos actores al mercado, en la práctica ello no ocurre por la magnitud de los costos hundidos, es decir, las gigantescas inversiones que requiere el poder competir con la empresa actualmente dominante en el mercado. Así ocurre claramente en la telefonía básica, donde existe un operador dominante, o en el mercado de la generación cuando las centrales eléctricas son agrupadas bajo una sola empresa en lugar de separadas horizontalmente entre distintos propietarios. Los avances tecnológicos, especialmente en telecomunicaciones (telefonía móvil) pero también en el sector eléctrico (centrales eléctricas de ciclo combinado), han permitido crear productos y servicios a costos muchos más bajos e introducir competencia en los mercados.

## 5. LA INSERCIÓN DEL PERÚ EN LA ECONOMÍA GLOBAL

En 1990 Perú inició su proceso de reinserción al sistema financiero internacional en un contexto local caracterizado por la presencia de instituciones financieras frágiles y un sistema democrático y político inestable que llevaron al país a afrontar una de las peores crisis económicas de su historia republicana. El gobierno de los 90 exigía la instauración de un nuevo orden financiero de acuerdo con las exigencias internacionales de ese entonces, se argumentaba que el sistema económico (llevado a cabo durante la década de los 70 y 80) al propugnar un control estatal de la actividad económica nacional, lo que hacía era limitar la participación de la inversión extranjera en la actividad económica y que, con algunos matices originados por los distintos gobiernos de dichas décadas, erraron en impulsar un desarrollo económico basado en un modelo de industrialización hacia adentro por sustitución de importaciones.

El cambio de actitud de los años 90 respecto a décadas anteriores obedecía a diversos factores, tales como la interdependencia económica internacional, que impedían que un país pudiera desarrollar sin interrelacionarse con otras economías; la supremacía a nivel mundial de economías de mercado y la legítima creencia en que el desarrollo económico sólo podía alcanzarse mediante la reactivación de la economía y el incremento de la inversión productiva.

El Perú se sumó así a la relación de países de América Latina que renunciaba a las políticas preconizadas por la CEPAL y adoptaba lo que para ese entonces se conoció como la receta de Washington. Los defensores del liberalismo difundieron la implantación del libre mercado en el Perú. Para esto se ampararon en diversos planteamientos como por ejemplo, los contenidos en el informe sobre el Desarrollo Mundial de 1991, elaborado por el Banco mundial, en donde se dice que: *"La inversión extranjera directa ha contribuido a transferir tecnología y estimulado el crecimiento de las exportaciones en países tales como Brasil y México. Ahora bien, los beneficios resultantes de la inversión extranjera dependen fundamentalmente de las políticas del país receptor. Por ejemplo es probable que en un sector protegido la inversión extranjera directa ocasione pérdidas netas en vez de incrementar el bienestar"[15].*

Es dentro de un contexto internacional de promoción del libre mercado que el Estado Peruano inició, con la colaboración de diversos organismos internacionales, modificaciones en la legislación nacional, que incluyen, entre otros, el régimen legal de inversión extranjera, el inicio del proceso de privatización de las empresas estatales y la adecuación de las normas de derecho internas a los estándares mínimos sugeridos por los organismos multilaterales.

Según el artículo 66° de la Constitución de 1993, se promueve la inversión privada incluso en los sectores que siempre han sido reservados para el Estado. Las restricciones en ciertas actividades económicas referidas a la explotación de nuestros recursos han sido levantadas; salvo aquellas que tienen su base en el interés público. Estas comprenden las vinculadas a minerales, tierras, bosques, agua y aquellos recursos naturales y fuentes de energía que son protegidos por razones de interés público y seguridad nacional.

Desde 1996 los flujos de inversiones se han visto reducidos sustancialmente, así mientras que entre los años 1992 y 1995 el stock de inversiones registradas se incrementó en un 129%, entre 1996 y 1999 aumentó tan solo el 15.99%. La principal razón de este fenómeno estriba en que los ingresos de flujos de inversión al Perú han estado impulsados principalmente por los procesos de privatización de las empresas del Estado. Luego que dicho proceso fue detenido, el flujo de inversiones se redujo drásticamente.

Las conclusiones que pueden obtenerse, además de la relacionada con la disminución de los flujos de inversión productiva a partir de 1997 son las siguientes:

a) La inversión de más de US$ 2,000 millones de dólares realizada por Telefónica de España por la compra del 35% del capital social de CPT y de Entel Perú, entre otras inversiones, convierten a

---

[15] Banco Mundial. *Informe sobre el desarrollo mundial.* 1991. p.103.

España en el principal inversionista en el Perú. Sólo esa inversión ha representado a 1999 el 22.85% del total de las inversiones registradas.

b) La Unión Europea y USA son, luego de España, los principales inversionistas en el Perú.

c) Los inversionistas provenientes de los acuerdos subregionales (CAN y MERCOSUR) sólo constituyen, para 1999, el 4.1 % de la inversión registrada en el Perú.

Un aspecto de crítica al proceso de liberalización de los regímenes de inversión en el Perú es el referido al destino de las inversiones. La inversión directa es un elemento de desarrollo en la medida en que propicie un crecimiento de las exportaciones de los países. Los principales destinos de inversión extranjera han sido sectores de la economía peruana con poca participación en las exportaciones. Excepto en el caso específico de la minería, la inversión foránea que ha ingresado al Perú no se ha dirigido a sectores que posean un nivel exportador importante. Las principales inversiones se han orientado al sector de servicios, siendo casi nula la inversión en el sector agrícola, en el sector pesquero y en el del turismo, los cuales representan la principal fuente de ingresos por exportaciones, luego de la minería.

La inversión permite que las empresas incrementen sus índices de producción, lo que trae como resultado que se generen una mayor oferta de empleo y que se incremente la producción de bienes nacionales destinados al mercado interno o a la exportación. En economías como la peruana donde el mercado interno es muy reducido, el poder de compra de los usuarios es limitado; los bienes producidos como consecuencia de la inversión extranjera directa por lo general serán destinados a la exportación. Si la inversión extranjera no generase ninguno de los beneficios anotados anteriormente, o si se dirigiese exclusivamente hacia sectores que promueven un desarrollo primario exportador, ésta será ineficiente desde el punto de vista de lograr un desarrollo sostenido.

Tanto el Banco Mundial en su informe sobre el desarrollo para 1990, como la CEPAL en su informe sobre inversiones de 1999, coinciden en que los países en vías de desarrollo deben buscar esquemas de desarrollo que les permitan alejarse de modelos primario exportadores desarrollando una industria exportadora a través de la transferencia de tecnología que le proporciona la IED.

En la década de los 80 los flujos de IED que llegaron al Perú se destinaron principalmente a actividades productivas en los sectores primario exportadores o en el sector manufacturero, en ese entonces, la distribución de inversión extranjera en el sector primario fue de 36% mientras que para el sector de manufactura se registró un 35% de las inversiones[16].

---

[16] Tanto el sector primario como el sector manufacturero redujeron su porcentaje de recepción de la IED a niveles sorprendentes. Hasta 1990 ambos en conjunto recibían casi el 70% de la IED que ingresaba al país, para 1999, ambos sectores habían reducido su participación en un 50%. Luego

Concordante con lo expuesto podemos arribar a las siguientes conclusiones:

a) La inversión extranjera directa que capta el Perú se orienta, a la fecha actual, a sectores que no generan bienes manufacturados destinados a la exportación, ya que la misma se dirige principalmente al sector servicios. b) Cuando la inversión extranjera directa se dirige a sectores productivos, estos están relacionados con modelos primario exportadores.

La modificación del contexto actual de la IED exige del Estado una visión conjunta a futuro que busque definir cuáles son los sectores que han de constituir la columna vertebral del desarrollo sostenido del país, para luego, incentivar a los inversionistas a canalizar sus flujos de inversión hacia esos sectores.

## 6.    CRÍTICA A LOS PRINCIPIOS DEL CONSENSO DE WASHINGTON

El modelo de liberalización que rige en el Perú tiene como pilar la incorporación al texto de la Constitución Política del Estado vigente de principios relacionados al pluralismo económico, la libre competencia, la iniciativa privada, etc., los que fueron establecidos a fin de orientar los mecanismos económicos del libre mercado en general. La liberalización se basó en la puesta en vigor de los principios del Consenso de Washington[17], se pensó que éstos servirían de guía en el sentido de cómo habría de orientarse la actividad económica del país en su conjunto.

---

de la liberalización de la economía peruana, los flujos de inversiones se orientaron hacia sectores que fueron privatizados por el Estado y, después, se dirigieron hacia sectores que potencialmente eran más atractivos para el inversionista. El sector energético adquirió preponderancia para el inversionista dentro de los sectores receptores de la IED, asimismo, el rubro de servicios incrementó su importancia al pasar de un 13% a un 41%. Ello tuvo como origen la participación española en el sector comunicaciones y la fuerte inversión que se dio a mediados de la década de los 90 en el sector financiero.

[17] *"Las políticas del Consenso de Washington perseguían casi un único objetivo: reducir el papel del Estado. Incluso la estabilización macroeconómica no apuntaba a dar al gobierno un papel más activo en la estabilización de la economía, sino a restringir su papel mediante el recorte de gastos. El énfasis puesto en el impuesto al valor agregado (IVA) – sin exceptuar los alimentos y ni siquiera los medicamentos – como fuente de ingresos tributarios también limitaba la función del gobierno en la redistribución. Podemos afirmar que los mercados privados no desempeñaron el papel estabilizador que les atribuían los fundamentalistas del mercado. Las fuerzas del mercado por sí solas nunca han garantizado automáticamente la estabilidad económica. Lo único que sorprende es que estos resultados hayan sido al parecer tan inesperados para los defensores del consenso de Washington. Uno de los problemas fundamentales de las políticas del consenso de Washington era su visión estrecha de las cosas: se centraban en la eficiencia económica, con la esperanza de que los demás problemas sociales se resolvieran en algún otro contexto. El consenso de Washington consideraba que el Estado era parte del problema del desarrollo, y a menudo parecía abogar por un Estado minimalista".* STIGLITZ, Joseph E. *El rumbo de las reformas. Hacia una nueva agenda para América Latina.* p. 27.

La finalidad que guía la liberalización de la economía mundial, en la perspectiva de los más activos promotores del proceso (el gobierno estadounidense, el FMI y el BM), es la de establecer mercados con mínimas barreras de entrada y salida. Las medidas económicas a que se refieren estos principios fueron elaboradas para su aplicación a los países de América Latina, convirtiéndose con los años en un programa general. De acuerdo con esta noción, los principios que deben regir la reglamentación internacional de la IED son los siguientes: a) Libre acceso al mercado. b) Tratamiento de la nación más favorecida. c) Tratamiento nacional. d) Libre elección de forma de inversión. e) Reglas transparentes. f) Normas internacionales para el arreglo de disputas.

El núcleo ideológico liberal denominado el Consenso de Washington ha elaborado instrumentos con relación a la inversión extranjera, los mismos que son auspiciados o influenciados por el BM y/o el gobierno norteamericano, así por ejemplo: la Convención sobre Arreglo internacional de disputas sobre inversión (1965) y dos instrumentos, las Directivas del Banco Mundial para el Tratamiento de la inversión extranjera directa (1992) y las normas del Tratado de Libre Comercio de América del Norte (TLCN) en lo referente a inversión (1993). El Acuerdo sobre Medidas de Inversión relacionadas con el Comercio de la Ronda Uruguay (1993) fue influenciado por Estados Unidos, pero en menor grado que las directivas y las normas del TLCN, debido a que en el amplio marco multilateral del GATT, se incluyó las recomendaciones propugnadas por el liberalismo moderado de la Unión Europea, así como algunas objeciones de los países en desarrollo.

Hacia finales de los años 80, en el marco de los principios del Consenso de Washington, el BM inició el estudio de los regímenes nacionales para la IED, con el objeto de identificar los principios básicos de un derecho internacional de la inversión extranjera. En 1992 el BM preparó las Directivas para el Tratamiento de la IED, las cuales fueron recomendadas a los Estados miembros por el Comité de Desarrollo del organismo (*World Bank*, 1992). Estas directivas, aluden a la protección y a los estándares de tratamiento que debe recibir la inversión extranjera (más no al comportamiento que deben tener los inversionistas), y persiguen servir de modelo para la legislación nacional, así como para los acuerdos bilaterales de inversión. Las recomendaciones y observaciones plasmadas por el BM en las directivas son las siguientes:

1.     Los regímenes nacionales para la IED deben orientarse hacia la libre admisión de la misma.

2.     Estos regímenes deben ser transparentes, estables y de evolución predecible.

3.     Deben simplificarse los procedimientos de admisión y establecerse una sola dependencia a cargo de la IED, investida de muy pocas facultades discrecionales.

4. Los inversionistas extranjeros deben recibir el mismo tratamiento que los nacionales, en materias como la concesión de licencias y autorizaciones requeridas por la legislación.

5. La remesa de capitales y utilidades no debe estar sujeta a ninguna restricción.

6. Los requerimientos de desempeño para la IED resultan usualmente contraproducentes para los objetivos de los Estados anfitriones.

En 1992, el gobierno estadounidense aplicó medidas aún más liberales hacia la IED que las Directivas: las normas sobre inversión del Tratado de Libre Comercio de América del Norte (TLCN) que reúne a Estados Unidos, Canadá y México. El TLCN no contiene ninguna cláusula que se refiera a los objetivos de desarrollo de los Estados miembros ni a las actividades de las empresas multinacionales (EMs), sancionando implícitamente una pérdida de control de los gobiernos anfitriones sobre las decisiones de las transnacionales que afectan sus economías. El capítulo 11 del TLCN, dedicado a las inversiones, revela el predominio del enfoque estadounidense a la IED más que ningún otro instrumento internacional (aunque con algunas concesiones a Canadá y México). El principio de la nación más favorecida se extiende al tratamiento de toda IED, las inversiones provenientes de los Estados miembros reciben tratamiento nacional. En caso de presunta discriminación, los inversionistas de los Estados miembros están facultados para recurrir a un arbitraje de cumplimiento obligatorio. México se compromete a eliminar el proceso de examen y selección para la admisión de inversiones y a restringir el examen de adquisiciones de empresas nacionales por inversionistas extranjeros. Canadá, por su parte, continua el proceso de examen pero apuntando sobre todo a adquisiciones de gran envergadura. Se reduce en general las restricciones a la IED en sectores tradicionalmente sensibles tales como minería, agricultura, pesca, servicios financieros, transporte, industria automotriz y la mayor parte de industrias manufactureras. Se garantiza la capacidad de efectuar pagos externos tanto a los inversionistas de los Estados miembros como de terceros países. Se prohíbe, finalmente, la imposición de requerimientos de desempeño a los inversionistas extranjeros (por primera vez, en un acuerdo multilateral) y se detalla varios requerimientos específicamente proscritos, que son los siguientes:

1. Exportación de un porcentaje determinado de productos o servicios.

2. Mantenimiento de un determinado nivel de contenido local en los productos.

3. Compra de productos o servicios producidos en el territorio del país anfitrión

4. Establecimiento de cualquier tipo de relación entre el volumen o valor de las importaciones y el volumen o valor de las exportaciones de la empresa.

5. Restricción de la venta de productos o servicios en el territorio del país anfitrión.

6.      Transferencia de tecnología a los nacionales del país anfitrión.

7.      Desempeño como proveedor exclusivo a un mercado determinado.

La eliminación de los aranceles y de otras barreras comerciales que permiten el libre intercambio siguiendo las leyes del mercado, las privatizaciones y la desregulación de los mercados forman parte de los postulados a que se refieren los principios del consenso de Washington.

Algunas objeciones a la liberalización económica propugnada por los defensores del consenso de Washington, se fundan en el hecho de que ésta no aseguraría el otorgamiento de beneficios equitativos para los participantes durante y después de las inversiones, se afirma, por ejemplo que al trabajo no le está permitido desplazarse libremente de un país a otro, como sí suele ocurrir con el capital, debido a las restricciones que establecen las normas migratorias de cada nación, las mismas que son aún más rigurosas en los países desarrollados.

Según Ocampo[18], los problemas fundamentales del Consenso de Washington radican en cuatro áreas: a) su concepto restringido de estabilidad macroeconómica, un tema sobre el cual se han logrado algunos avances en los últimos años; b) su falta de atención al papel que pueden cumplir las intervenciones de política en el sector productivo para inducir la inversión y acelerar el crecimiento; c) su inclinación a sostener una visión jerárquica de la relación entre las políticas económicas y sociales, que adjudica a las segundas un valor subordinado, y por último, d) su tendencia a olvidar que son los ciudadanos quienes deben elegir las instituciones económicas y sociales que prefieren.

## 7.      LOS CONVENIOS DE ESTABILIDAD JURÍDICA

Los convenios de estabilidad jurídica (CEJ) en el Perú han sido diseñados para fomentar la inversión privada, tanto nacional como extranjera. Los (CEJ) recientes se han circunscrito a otorgar garantías de estabilidad tributaria, cambiaria, laboral y de tratamiento a la inversión, a diferencia de los convenios existentes en décadas anteriores a la de los 90 que fueron de naturaleza concesional. Estos convenios se dieron en el contexto de la inserción de la economía peruana a la economía internacional, fundándose en el hecho de que permitirían la apertura de la economía, su desregulación y la búsqueda de la inversión privada como el principal vehículo para el crecimiento económico sostenido. En el ámbito del fomento de la inversión privada, además de estos convenios, el Perú suscribió el MIGA y el OPIC, entre otros. Todos estos mecanismos buscaban disminuir los riesgos sobre la evolución de las reglas del contrato y compensar las debilidades de estabilidad macroeconómica e institucional.

[18] OCAMPO, José Antonio. *Más allá del Consenso de Washington: Una agenda de desarrollo para América Latina.* CEPAL - SERIE Estudios y perspectivas. Publicación de las Naciones Unidas. N.26. México D.F. 2005. p.8.

En líneas generales existen dos tendencias comunes: la primera es el incremento de las medidas liberalizadoras a favor del mercado, y la segunda corresponde a la suscripción de medidas de protección a la inversión extranjera. Las inversiones asociadas a los CEJ han tenido implicancias tanto sobre la inversión, como la actividad económica, el empleo y la recaudación fiscal.

## 7.1. MARCO CONCEPTUAL

A inicio de la década de los 90 y bajo el auspicio de organismos multilaterales como el Fondo Monetario Internacional, el Banco Mundial y el Banco Interamericano de Desarrollo, el Perú puso en ejecución un programa de reformas estructurales destinado a impulsar el uso de mecanismos de mercado, abrir oportunidades de inversión al sector privado (nacional y extranjero) y reorientar el rol del Estado en la economía.

Estas transformaciones fueron aplicadas durante un proceso que comprendía la eliminación de las barreras estructurales y de mercado (reformas de primera generación), para luego continuar con los incentivos orientados a fomentar la inversión privada (reformas de segunda generación).

En el marco de las reformas de segunda generación y como parte del conjunto de mecanismos diseñados para generar condiciones favorables a la inversión privada, se crearon los convenios de estabilidad jurídica, así como otros mecanismos complementarios que buscaban garantizar la seguridad jurídica en el tratamiento de la inversión, principalmente a través de la suscripción de acuerdos internacionales de protección a la inversión extranjera.

Desde el punto de vista jurídico, los convenios de estabilidad jurídica son Contratos-Ley mediante los cuales ninguna de las partes involucradas puede modificar unilateralmente las garantías y obligaciones establecidas en dicho convenio; más bien se establece un mecanismo de solución de controversias dentro del mismo convenio. De esta forma se trata de otorgar a los convenios de estabilidad jurídica la atribución de generar credibilidad, que sería el eje central de la promoción de la inversión privada en un contexto de debilidad institucional.

El derecho adquirido en el contrato no puede ser afectado por una ley, aún más, teniendo en cuenta que en algunas legislaciones, como es el caso del Perú, estos contratos tienen rango constitucional, en este caso cualquier ley que se dicte modificando unilateralmente sus condiciones sería inconstitucional, pudiendo plantearse las acciones que la Constitución prevé para tales casos. Además de existir la prohibición de no modificarse legislativamente.

Los CEJ firmados en el Perú durante la década de los 90 son compromisos entre el Estado[19] y los inversionistas privados a través de los cuales el primero se compromete a respetar ciertas garantías y el segundo a ejecutar un monto mínimo de inversión en un periodo preestablecido.

---

[19] El artículo 30º del D.L 662 señaló a la Comisión Nacional de Inversiones y Tecnologías

Para Rodrigo Prado *"a través de los Convenios de Estabilidad Jurídica se busca garantizar la vigencia e invariabilidad del régimen legal y/o tributario objeto del Convenio, de manera que los inversionistas obtengan la seguridad jurídica y estabilidad que les permita planificar adecuadamente sus inversiones a largo plazo"*[20]. Es decir, se garantiza a los beneficiarios (suscriptores) de los Convenios que, a pesar de que en ejercicio de su poder de gobierno, las autoridades competentes modifiquen con posterioridad a la firma del Convenio y de manera general las normas vigentes en ese momento, para ellos se continuarán aplicando ultra-activamente las disposiciones existentes al momento de celebrarse el Convenio respectivo, esto es, las que conocía y analizó el inversionista, para adoptar su decisión de invertir.

Tanto las garantías como el monto de inversión son variables en función de quien suscribe el contrato; es decir, si son inversionistas o empresas receptoras de la inversión. En este último caso, las garantías establecidas corresponden a la estabilidad de los regímenes de Impuesto a la Renta, de la contratación laboral y de los beneficios fiscales a la exportación. Con respecto al monto mínimo de inversión, se exige que la empresa garantice que el total de las nuevas inversiones sea mayor al 50% de su capital más reservas y que éstas sean destinadas a la ampliación de la capacidad productiva o al mejoramiento tecnológico.

## 7.2. ANTECEDENTES DEL CONTRATO LEY

En nuestra legislación ha existido antecedente de esta clase de contratos. En este sentido se pueden mencionar las Leyes N° 9140, 13275, 23407 y, en años recientes, la Ley General de Minería, aprobada por el Decreto Legislativo N° 109, disponiendo su artículo 157° -a fin de promover la inversión y facilitar el financiamiento de los proyectos mineros con una determinada capacidad inicial mínima o de hacer ampliaciones destinadas a llegar a esa capacidad- que: *"el Poder Ejecutivo queda autorizado para asegurar contractualmente el régimen de beneficios que se indica en este artículo (estabilidad tributaria, ampliación de tasa anual de castigos, reevaluación, reducción de la tasa de impuesto a la renta, etc.)"*.

Estas disposiciones fueron dadas como instrumentos de política económica, destinadas a incentivar la inversión en los sectores correspondientes.

La Ley 13770 promulgada el 30 de Noviembre de 1959, reglamentada por el D.S. 04 del 26 de abril de 1960 denominada Ley de Promoción Industrial, planteó los conceptos de fomento vía exoneración tributaria y arancelaria, estando sujeto a que la actividad industrial esté orientada a la

---

Extranjeras (Conite) como representante del Estado en la firma de los referidos convenios.

[20] RODRIGO PRADO, Luís C. Promoción a la inversión en la actividad minera: los contratos de estabilidad. En: *Sociedad Nacional de Minería, Petróleo y Energía*. Vol. VIII, N° 9. 1999. p. 41.

producción de determinados tipos de productos. Aquí se encuentran los contratos para la concesión de las exoneraciones tributarias y franquicias.

La Ley 16900[21] suspendió los regímenes liberatorios de impuestos a la importación y derechos aduaneros; sin embargo no afectó los beneficios concedidos vía contrato, por la Ley 9140, ciñéndose al compromiso del Estado de mantener la vigencia y estabilidad legal de las normas que contenían beneficios tributarios.

Es con el Decreto Ley 18350[22] destinado al desarrollo industrial, que se introducen una serie de beneficios basados en una nueva segmentación a las empresas, asignándoles diversos tipos de incentivos tributarios (a la importación, vía reducción porcentual en el pago de aranceles; a la reinversión, vía la exoneración total del impuesto a la renta por la reinversión del saldo de su renta neta, aplicable tanto a industriales como a personas naturales que deseen invertir el 50% de su renta neta; la capitalización, para el caso de reinversiones en las propias empresas en el término de tres años, a fin de que no pagaran impuesto a la renta; las utilidades reinvertidas en otras empresas industriales pagarían un porcentaje de acuerdo a la prioridad de la empresa que reciba la inversión. El goce de los beneficios estaban condicionados a Resoluciones confirmatorias del Ministerio de Economía y Finanzas, previo dictamen de la Dirección General de Industria y de la Dirección General de Comercio), incentivos crediticios de la banca estatal de fomento (intereses con tasas preferenciales, plazos de amortización y de gracia para bienes de capital), incentivos administrativos y tecnológicos, incentivos por descentralización (esta norma hacía referencia a los contratos celebrados al amparo de las leyes 9140 y 13270, cuya vigencia estaba garantizada hasta el término de su vencimiento, luego de lo cual las empresas que los suscribieron deberían adecuarse al régimen del nuevo ordenamiento).

El régimen establecido por el D.L. 18350, va a desarrollarse durante todo el periodo del gobierno militar (1968-1975-1979), estando vigente hasta el año 1982, en que se promulga la Ley General de Industrias, Ley 23407[23]. Este dispositivo, al igual que su antecesora contempla el caso del beneficio tributario otorgado por reinversión, pero con el matiz de concederse no una exoneración

---

[21] Ley publicada el 6 de marzo de 1968.

[22] Promulgado el 27 de julio de 1970, modificado por D.L. 19262 del 6 de enero de 1972.

[23] Promulgada el 28 de mayo de 1982 y reglamentada sucesivamente por el D.S. 039-82-ITI/IND, norma que precisa la entrada en vigencia de las disposiciones de carácter tributario de la Ley 23407; el D.S. 052-82-ITI/IND, reglamento de las disposiciones de carácter tributario contenidas en la Ley General de Industrias, y, el D.S. 074-72-ITI/IND, modificatorio de algunas disposiciones de carácter tributario contenidas en la Ley General de Industrias.

en el pago del Impuesto a la Renta, sino un crédito contra el mismo, por las reinversiones efectuadas, de acuerdo a las normas que regían el sistema tributario. Se fija una serie de parámetros porcentuales a las reinversiones que fueran a efectuarse en la propia empresa, en otra empresa industrial, o por persona natural, teniendo en cuenta, la zonificación en la que se efectuara la reinversión.

La Ley 23407 prescribe la obligación de capitalizar la renta invertida, no estando la misma sujeta al Impuesto a la Renta. Asimismo, se introduce la figura de las solicitudes de otorgamiento de beneficios, la misma debe estar seguida de un programa de reinversión, el que es aprobado por el Ministerio de Industria, Turismo e Integración con confirmación del Ministerio de Economía, Finanzas y Comercio. Ambas solicitudes, ameritan el pronunciamiento de cada Ministerio vía resolución aprobatoria y confirmatoria. Otro aspecto de la presente norma en lo referente a Promoción Industrial, es el que se establecen, vía distintos dispositivos, las causales de pérdida de los beneficios tributarios concedidos por reinversión. Esta Ley establece sub-regímenes de promoción industrial tanto por zonificación cuanto por el tipo de empresa.

Con la Ley de Industrias, se implementó una medida como el CERTEX el mismo que se aplicó para la exportación de productos no tradicionales y cuyo objetivo era el de reintegrar aquellos tributos indirectos que gravaban la producción, el mayor uso de materia prima e insumos nacionales; el mayor nivel de integración y de valor agregado. De esta forma se buscaba permitir a la industria nacional competir favorablemente en el mercado externo mediante el desarrollo de una política de subsidios con la cual se intentó hacer más competitivos los productos peruanos tanto en calidad como en precios. Después se va a consolidar el régimen del CERTEX con la dación del Decreto Legislativo 291 promulgado el 20/07/1984, el mismo que va a uniformar los dispositivos sobre el régimen de incentivos tributarios a la exportación no tradicional vigente hasta el 28 de mayo de 1982.

La Ley de Industrias establece en su artículo 131 lo siguiente:

*"Artículo 131: Autorízace al Poder Ejecutivo a celebrar con empresas industriales, directamente o a través de las entidades gremiales que las representan, convenios destinados a garantizar el goce de los beneficios tributarios que esta Ley concede por un plazo de diez años para las empresas existentes, para las empresas que se constituyan a partir de la vigencia de esta Ley, el plazo de convenio de estabilidad tributaria vencerá el 31 de diciembre del año 2000".*

La Ley 23407 fue reglamentada en lo que a sus dispositivos de orden tributario respecta por varias normas: El D.S. 052-82-ITI/IND, reglamenta las medidas de reinversión, fijando los límites máximos de reinversión en las distintas zonas geográficas y para cada tipo de industrias. Incluye el procedimiento para gozar del beneficio tributario de reinversión de utilidades. El D.S.

074-82-ITI/IND, realiza algunas modificaciones respecto de las disposiciones reglamentarias contenidas en la Ley General de Industrias, abunda en lo que respecta a la celebración de los convenios destinados a garantizar el goce de los beneficios tributarios. Precisa que los citados convenios garantizarán el goce de los reintegros tributarios a la exportación no tradicional, así como la forma para determinar dichos reintegros y su porcentaje.

En 1988 se expidió el D.S. 005-88-ICTI/CO, por el cual se reglamenta el artículo 51 de la Ley de Industrias, dispositivo que establece la relación de bienes susceptibles de ser incluidos en un programa de reinversión de utilidades.

A partir de 1990, se detiene la suscripción de los contratos de estabilidad tributaria firmados al amparo del artículo 131 de la Ley 23407. En el ámbito tributario la aplicación de incentivos como la exoneración fue retirándose de los dispositivos legales, dando paso a una fase de cancelación de beneficios por el cumplimiento de plazos de vigencia y a la actual estructura de incentivos orientada a la inversión extranjera en el proceso productivo, donde si bien se ha tratado de que predomine un marco de seguridad y estabilidad jurídica que garantice el desarrollo del tráfico comercial, en la práctica ello también ha implicado exoneraciones o medidas desgravatorias.

### 7.3. NATURALEZA JURÍDICA DEL CONTRATO LEY

La figura del contrato-ley fue regulada por primera vez en el artículo 1357° del Código Civil de 1984, después se elevan a rango constitucional, al referirse a ellos la actual Constitución en su artículo 62°.

La Exposición de Motivos del Código Civil que expresa las razones para incorporar en la legislación esta figura dice: *"Una de las más novedosas instituciones del nuevo Código es el llamado contrato-ley o ley-contrato, en virtud del cual y mediante normas preestablecidas el Estado otorga garantías y seguridades a través de la relación contractual, cuyas estipulaciones no pueden modificarse sin que medie la voluntad común de las partes".*

En cuanto al supuesto en que la ley autoritativa para celebrar convenios de estabilidad fuese derogada, este hecho no podría afectar los Convenios ya celebrados, en razón que estos han adquirido validez propia y deben ser respetados en los términos en que han sido expresados.

Esta afirmación, en el caso del Perú, tiene amparo constitucional, al señalarse, en el artículo 62° 2do. Párrafo de la carta magna de 1993, que: *"mediante contratos-ley, el Estado puede establecer garantías y seguridades. No pueden ser modificados legislativamente, sin perjuicio de la protección a que se refiere el párrafo precedente".*

Según Manuel de la Puente y Lavalle el artículo 62° de la Constitución es incompatible con el artículo 1355° del Código Civil que establece: *"la ley por consideraciones de interés social,*

*público o ético, puede imponer reglas o establecer limitaciones al contenido de los contratos".*
Es decir, las reglas y limitaciones se aplican no sólo a los contratos por celebrarse sino también a los ya celebrados, sin que esto signifique, por indicación expresa del artículo III del Título Preliminar, que la ley tenga efectos retroactivos[24].

En la legislación del Perú, el Decreto Legislativo 757 (Ley Marco para el Crecimiento de la Inversión Privada) dispone en su artículo 39° que: *"los Convenios de Estabilidad Jurídica tienen la calidad de contratos con fuerza de Ley, de manera que no pueden ser modificados o dejados sin efecto unilateralmente por el Estado. Tales contratos tienen carácter civil y no administrativo, y sólo podrán modificarse o dejarse sin efecto por acuerdo entre las partes".*

Al determinar la naturaleza jurídica de los Convenios de Estabilidad Tributaria, *Mavel Allpas* los sitúa en el campo del Derecho Civil -deslindando su vinculación con el campo administrativo-, de acuerdo con el Código Civil de 1984 (Art. 1357), y, sobre la base de los siguientes presupuestos:

*"1. En el contrato administrativo, el Estado ingresa a una relación contractual en un nivel superior que le permite modificar el contrato suscrito, por las mismas razones por las cuales lo suscribió, esto es, el interés público.*

*2. En el contrato civil el Estado se sitúa en igual nivel que el co-contratante, al cual le ofrece una mayor seguridad en cuanto a dejar la posibilidad de modificar las condiciones del contrato en la medida de lo establecido por él mismo.*

*3. Mediante los contratos de estabilidad tributaria se busca la seguridad necesaria para que el inversionista pueda destinar su capital en sectores productivos sin el temor que el Estado pueda modificar las "reglas de juego".*

*4. Los Contratos de Estabilidad Tributaria son contratos civiles regidos por las normas civiles contempladas en el Código Civil de 1984, entre ellas el artículo 1353, en el cual se señala que*

[24] *"Cuando se discutía en el Congreso Constituyente Democrático el que después fue el artículo 62° de la Constitución, se advirtió a su Comisión de Constitución que una declaración de rango constitucional contenida en la segunda parte de dicho artículo en el sentido de que los términos contractuales no pueden ser modificados por leyes u otras disposiciones de cualquier clase, daría lugar a que los jueces, por respeto al principio de la jerarquía de las normas, se vieran obligados a preferir el proyectado artículo constitucional sobre el artículo III del Título Preliminar y el artículo 1355° del Código Civil, lo que determinaría un indeseable desconcierto en la administración de justicia. Además habría lugar a la acción de inconstitucionalidad contra estos artículos, lo que sería aún menos deseable. Pese a esta advertencia, el Congreso Constituyente Democrático aprobó el artículo 62° con el texto proyectado, aduciéndose que el principio de la libertad de contratar declarado por la nueva Carta Magna, que garantiza que las partes puedan pactar válidamente según las normas vigentes al tiempo del contrato, justifica que los contratos así pactados no puedan ser modificados por leyes posteriores a su celebración".* DE LA PUENTE Y LAVALLE, Manuel. La libertad de contratar. En: *Revista de derecho Themis.* PUCP. 1996. N° 33. p. 9.

*todos los contratos de derecho privado, inclusive los innominados quedan sometidos a las reglas generales contenidas en esa sección, salvo cuando resulta incompatible con las reglas pactadas en cada contrato"*[25].

Según la doctrina: *"el contrato ley es una institución que surge de la necesidad del Estado de dotar de seguridad jurídica a los inversionistas privados. Su origen tiene relación tanto con la facultad del Estado de modificar el marco legal aplicable a sus relaciones con los particulares, como a la necesidad de aliviar el riesgo no comercial que surge de la doctrina de las cláusulas exorbitantes en el derecho administrativo".*

## 7.4.  LOS CONVENIOS DE ESTABILIDAD JURÍDICA Y EL CONTRATO LEY

Uno de los objetos fundamentales que identifican al contrato ley es la estabilización del marco jurídico aplicable a la relación jurídica patrimonial creada por el contrato administrativo.

De este principio ha devenido la creación de una modalidad especial de contratos leyes cuyo objeto se limita a alcanzar, total o parcialmente, dicha estabilización. Se trata de convenios mediante los cuales el Estado estabiliza el orden jurídico al momento de realizarse la inversión privada, no en el contexto de una relación jurídica patrimonial con el Estado sino en el contexto del crecimiento de dicha inversión privada.

Los convenios de estabilidad jurídica, incorporados a nuestro ordenamiento jurídico por el Decreto Legislativo 662, Ley de Estabilidad Jurídica a las Inversiones Extranjeras, extendido a las inversiones nacionales por le Decreto Legislativo 757, Ley Marco para la Inversión Privada, y reglamentado por el Decreto Supremo 162-92-EF, constituyen una modalidad singular de contratos-ley, cuyo efecto es conferir al inversionista, por excepción y bajo determinados requisitos establecidos por la ley, la ultractividad al régimen legal que regía al momento de suscribirse el convenio en las materias sobre las cuales se otorga la estabilidad.

En ese sentido, los términos contractuales establecidos en los CEJ reflejan los derechos que el inversionista tenía de conformidad con el régimen legal vigente al momento de la suscripción del convenio. Tal como lo establece uno de los considerandos del Decreto Legislativo 662, se otorga un régimen de estabilidad jurídica a los inversionistas mediante el reconocimiento de ciertas garantías que les aseguren la continuidad de las reglas establecidas, para lo cual el Estado puede celebrar con dichos inversionistas convenios de estabilidad jurídica, siempre y cuando los mismos se obliguen a cumplir con determinados requisitos establecidos por la normatividad vigente.

De otro lado, el artículo 39° del citado Decreto Legislativo 757, establece que: *"los convenios de estabilidad jurídica se celebran al amparo del artículo 1357° del Código Civil y tiene la calidad*

---

[25] ALLPAS, Mavel. *Convenios de estabilidad tributaria*. Tesis. PUCP. 1988. p.76.

*de contratos con fuerza de ley, de manera que no pueden ser modificados o dejados sin efecto unilateralmente por el Estado. Tales contratos tienen carácter civil y no administrativo y sólo podrán modificarse o dejarse sin efecto por acuerdo entre las partes".*

Este principio se encuentra desarrollado en el artículo 26º del Decreto Supremo 162-92-EF, Reglamento de los Regímenes de Garantía a la Inversión Privada, el cual establece que los convenios de estabilidad jurídica tienen, entre otras, las siguientes características: a) Son contratos de derecho civil, por lo cual se rigen por las disposiciones del Código Civil y b) tienen fuerza de ley entre las partes, de tal modo que no pueden ser modificados en forma unilateral por causa alguna en tanto se encuentren vigentes.

De lo expuesto, se advierte que los convenios de estabilidad jurídica celebrados por el Estado, además de constituir en sí mismos una seguridad para los inversionistas, en la medida que estabilizan el marco legal aplicable al momento de celebrarse el convenio, son regidos por el derecho privado, motivo por el cual puede afirmarse que reúnen todos los elementos para ser caracterizados como contratos-leyes.

## 8. ANÁLISIS COMPARATIVO DE LAS NORMAS DE INVERSIÓN EXTRANJERA

Si bien existen políticas de inversión que se extienden a varios países, el análisis comparativo de la legislación vigente sobre la inversión privada demuestra que el diseño y delimitación del conjunto de incentivos no siempre ha respondido a las peculiaridades institucionales y a las necesidades de cada país.

Estas diferencias se pueden agrupar en tres categorías: a) tratamiento de la inversión, b) protección de la inversión y c) incentivos ofrecidos.

Teniendo en comparación lo avanzado en la materia en el Perú, Chile y Colombia, se puede citar algunas diferencias importantes. Por ejemplo, en el caso del tratamiento de la inversión, Colombia aún mantiene restricciones para el ingreso de la inversión privada en algunos sectores.

En lo que se refiere a la protección de la inversión extranjera hay diferencias en las normas constitucionales en todos los casos, sobre la prohibición a la expropiación. Perú y Chile preceptúan que en caso se realice ésta, debe existir una justa compensación a pagar por adelantado. En Colombia, no está regulada la figura de la compensación, pero el gobierno nunca ha aplicado la figura de la expropiación desde que se han establecido las normas de expropiación.

Las mayores diferencias ocurren en los incentivos utilizados por cada país para atraer las inversiones. En este campo es clara la diferencia de Chile con los demás países, pues dispone de una serie de incentivos como la capacitación de los trabajadores y el financiamiento de proyectos de alta tecnología. Además se encuentra en la búsqueda de un mayor desarrollo regional dentro de un territorio, para lo cual no sólo tiene incentivos especiales para ciertas zonas, como las zonas francas, existentes también en Perú y Colombia, sino también incentivos para aquellas empresas que decidan trasladarse fuera de la Región Metropolitana, manteniendo una serie de incentivos para algunas zonas que desea desarrollar.

## 9.   EL CONTRATO DE ESTABILIDAD JURÍDICA EN CHILE

Desde hace tres décadas Chile tiene una economía abierta al comercio y a la inversión. Existe un libre acceso de la inversión a los sectores productivos excepto algunas actividades estratégicas (exploración y explotación de litio, de hidrocarburos líquidos y gaseosos, producción de energía nuclear para fines pacíficos, entre otras), así como al mercado cambiario. En este último caso, los inversionistas pueden elegir la mejor tasa de convertibilidad en el mercado cambiario formal.

La principal ley sobre la inversión extranjera es el Decreto Legislativo 600 (DL 600), por la cual se establecen los términos y las condiciones a los que se acogen los flujos de capital extranjero. Existe además el artículo 47° de la Ley Orgánica Constitucional del Banco Central de Chile (Conocido también como capítulo XIV del Compendio de Normas sobre Cambios Internacionales), que regula todos los aportes de capital en divisas que provengan del exterior siempre que excedan los US $10,000 mil dólares.

El Estatuto de la Inversión Extranjera o Decreto Ley 600, desde su promulgación en 1974, ha sido el principal mecanismo mediante el cual han ingresado capitales extranjeros al país y está basado en dos principios fundamentales: la no-discriminación y la no-discrecionalidad de procedimientos. Entre 1974 y el 2001, US$ 48,500 millones de inversión fueron materializados.

Por mandato constitucional, el principio de la no-discriminación garantiza a todas las personas, sin distinción de nacionalidad, la no-discriminación arbitraria en el trato que debe dar el Estado y sus organismos en materia económica. Mientras que la no-discrecionalidad garantiza la existencia de procedimientos claros, conocidos y transparentes, que aseguren un tratamiento justo e igualitario al inversionista extranjero.

Al elegir el DL. 600 como mecanismo para invertir en Chile, el inversionista suscribe un contrato-ley con el Estado de Chile. El monto mínimo de inversión para acceder a la firma de este contrato es de US$ 1 millón de dólares para nuevos proyectos financiados con divisas y créditos asociados, y de US$ 25 mil dólares cuando la inversión involucre bienes físicos, tecnología, capitalización de beneficios o capitalización de créditos. En este caso, un primer derecho es que el inversionista extranjero estabiliza el impuesto efectivo total a la tasa de 42%. Este porcentaje incluye la tasa del impuesto de primera categoría (15%), un impuesto a las remesas (20%) y una sobretasa a las remesas (7%). Las tasas de Impuesto a la Renta y remesas se mantienen en 15% y 20%, respectivamente, para el resto de empresas que no suscribieron el contrato-ley.

El contrato garantiza primero, la estabilización de los regímenes aduaneros y del impuesto al valor agregado durante la internación de la inversión en activos físicos y, segundo, la estabilidad del Impuesto a la Renta por 10 o 20 años. El inversionista puede elegir, en cualquier momento, renunciar a la estabilidad del Impuesto a la renta, pero sin poder regresar a ella.

Este contrato es un contrato-ley, por tanto, lo pactado en el contrato no puede modificarse sin el acuerdo de las partes, ni siquiera dictando una ley general de la República. No obstante, si con posterioridad a la suscripción del contrato ley se dictasen disposiciones más favorables o convenientes para el inversionista extranjero que las establecidas en el contrato, estas podrán aplicársele. Esto es una diferencia respecto de la legislación peruana, cuya única posibilidad de acceder a una disposición más favorable sería renunciando a la estabilidad acordada.

El Estatuto de la Inversión Extranjera (D.L N° 600), además de establecer un tratamiento adecuado, tiene normas de estabilidad en el tiempo. Bajo el D.L N° 600, hasta junio del año 2000, habiendo transcurrido 26 años de aplicación de las mismas normas jurídicas, se habían firmado alrededor de 6,000 contratos.

Según el D.L N° 600, entre los derechos del inversionista extranjero se encuentran los siguientes:

a) Derecho de ingresar el monto de la inversión al país en tres años, pudiendo ser ocho años si es un proyecto minero o industrial por un monto de US$ 50 millones de dólares o más, o hasta 12 años si es un proyecto minero que requiere exploración.

b) Derecho para solicitar que se le apliquen normas más favorables a las existentes a la firma del contrato, que sean dictadas posteriormente.

Existe la libre repatriación del capital, pero no antes de un año de ingresado por la vía del DL N° 600, estando libre de toda contribución, impuesto o gravamen, hasta por el monto de la inversión materializada. Se regula también las libres remesas de utilidades sin sujeción a plazo alguno, una vez que se han pagado los impuestos correspondientes. El inversionista extranjero goza también del derecho de elegir el régimen tributario y de abrir una cuenta corriente en el extranjero (cuenta *off-shore*) cuando las inversiones se realicen en proyectos industriales o extractivos y sean superiores a US$ 50 millones.

Chile no utiliza subsidios o beneficios tributarios para apoyar actividades productivas o atraer nuevas inversiones, pero sí provee incentivos para ciertas áreas geográficas del país y respecto de nuevos sectores económicos, particularmente el de las nuevas tecnologías. Los inversionistas -

nacionales o extranjeros- que lo deseen pueden acceder a programas gubernamentales para promover la capacitación y el entrenamiento de sus trabajadores y para incrementar su productividad industrial.

## 10.   EL CONTRATO DE ESTABILIDAD JURÍDICA EN COLOMBIA

Dentro del conjunto de reformas estructurales que se implementó en Colombia a comienzos de los años 90, se eliminaron las restricciones sectoriales a la inversión extranjera, con limitadas excepciones, y se redujeron considerablemente los trámites para invertir en el país. Se modificó el estatuto cambiario a través de la Ley de 1991. Esta reforma se caracterizó por fomentar un régimen más abierto del que predominó a fines de los años 80.

Los principios básicos sobre los que se apoya el nuevo régimen son: igualdad, universalidad y automaticidad. En virtud del principio de universalidad se eliminaron las restricciones a la inversión extranjera en sectores como infraestructura, comunicaciones, generación y distribución de energía, entre otros. Con el principio de automaticidad quedaron sin efecto las autorizaciones previas, las cuales fueron reemplazadas por un registro ante el Banco de la República que sirve para garantizar los derechos cambiarios.

De otra parte, se eliminaron los topes máximos al giro de utilidades y reembolsos de capital, y se estableció una garantía de estabilidad de los derechos cambiarios.

El principio de igualdad prohíbe la discriminación entre inversionistas nacionales y extranjeros. Para disminuir la incertidumbre en materia tributaria, mediante la Ley 223 de 1995 se establecieron contratos de estabilidad tributaria. A través de este mecanismo los contribuyentes, ya sean nacionales o extranjeros, suscriben un contrato con el Estado por 10 años, en el cual se pacta una tasa de impuesto a la renta superior en 2% a la tarifa general vigente al momento de la suscripción del contrato. Cualquier incremento en la tasa después de la suscripción del contrato no se aplica para los contribuyentes sometidos a este régimen especial.

Con el objeto de reducir trámites, en 1996 se expidió el Decreto 1295 mediante el cual se eliminó autorizaciones previas en servicios públicos, hidrocarburos y minería, y se introdujeron normas que flexibilizan la inversión en portafolio.

Entre los aspectos que afectan de forma negativa a la inversión extranjera está la norma prevista en la Constitución Política colombiana respecto a la expropiación sin indemnización, que figura en el ordenamiento jurídico colombiano desde 1936, pero que nunca se ha aplicado y que no tiene requisitos simples para su aplicación. Ocurre lo mismo con la derogación de los contratos de estabilidad jurídica en el año 2000, con la expedición de la Ley 633.

La política de promoción a la inversión que se aplica en la actualidad está basada en incentivos de corte transversal, y la provisión de información y oportunidades de inversión.

Colombia ofrece un paquete de incentivos que se aplican a la inversión en general. Entre estos incentivos destacan los tributarios y de procedimiento aplicados en las zonas francas. Estas son áreas geográficas establecidas para promover el procesamiento industrial de bienes y servicios, específicamente para exportaciones.

Otro incentivo es el tratamiento especial aplicado a la importación-exportación a las importaciones temporales, a los grandes usuarios y al leasing internacional.

Además, se están reglamentando las zonas económicas especiales de exportación, que constituyen un incentivo a las exportaciones y se convierten en una herramienta atractiva para los potenciales inversionistas. Mediante su creación se establece un régimen excepcional que se aplicará en determinadas áreas geográficas del territorio nacional, con el objetivo de atraer nueva inversión con vocación exportadora, que genere beneficios como aumento de los niveles de empleo, transferencia de tecnología y desarrollo económico regional.

## 11. EL CONTRATO DE ESTABILIDAD JURÍDICA EN PERÚ

Desde 1991, el Perú aplica una política de régimen abierto a la inversión, de libre acceso al mercado cambiario, entre otros. Además de permitir el acceso, las normas buscan facilitar el ingreso de la inversión privada disminuyendo los requerimientos administrativos como la aprobación especial o registros, el monto mínimo requerido de IED, entre otros factores. La Ley que norma la inversión extranjera es el Decreto Legislativo N° 662 (Ley de Promoción de la Inversión Extranjera). El D.L. N° 757 hace extensivo estos beneficios a la inversión nacional.

En las décadas anteriores a los 90 la política peruana estaba orientada a otorgar beneficios tributarios para atraer inversión; esta política de incentivos se cambió a comienzos de los 90 a partir de la promulgación del D.L N° 662, otorgándose desde entonces convenios de estabilidad jurídica a nacionales y extranjeros que no otorgan ningún beneficio sino que simplemente garantizan contractualmente por 10 años (o más en casos de concesiones) a los inversionistas y a las empresas receptoras de la inversión estabilidad en los regímenes de impuesto a la renta, entre otros. Cabe notar que al firmar estos convenios, las empresas o inversionistas no pueden acogerse a los beneficios que se pudieran generar en el futuro por cambios en los regímenes estabilizados.

La Constitución protege al inversionista extranjero contra el trato discriminatorio y la expropiación (excepto en casos de interés público, o de seguridad nacional). En caso de darse el último escenario, se exige el pago de la justa compensación por adelantado y la expropiación debe ser resultado del debido proceso. Asimismo, asegura la libre remisión de utilidades y el acceso al tipo de cambio más favorable para conversiones de moneda.

En el tema del trato nacional, el Perú ofrece mayores garantías que los estándares y que el promedio ofrecido en los países de la APEC y los miembros de la OECD. En particular, el trato nacional a la inversión extranjera es respaldado por la Constitución[26].

Por su parte, la no-discriminación es garantizada mediante la Constitución, ya que ésta vela por la reciprocidad contra las prácticas discriminatorias de otros, lo cual es fortalecido con la suscripción de convenios de inversión bilaterales.

La repatriación y convertibilidad se garantiza mediante los convenios de estabilidad jurídica en el Perú. La expropiación y su correspondiente compensación son contempladas en la Constitución. Así, se establece (similar al caso de Chile) el requerimiento de que la compensación debe ser pagada por adelantado. El Perú ofrece acceso a la legalidad local y a otros mecanismos de solución de conflictos.

## 12. MARCO LEGAL DE CONVENIOS DE ESTABILIDAD JURÍDICA EN PERÚ

En el Perú, los CEJ están regulados por dos tipos de normas: El primero comprende los dispositivos legales que establecen las condiciones generales a todos los sectores de la economía tales como: a) El Régimen de Estabilidad Jurídica a la Inversión Extranjera (D. Leg. N° 662) que otorga un régimen de estabilidad jurídica a los inversionistas extranjeros. b) la Ley Marco para el Crecimiento de la inversión Privada (D. Leg. N° 757) que tiene por objeto garantizar la libre iniciativa y las inversiones privadas efectuadas o por efectuarse, en todos los sectores de la actividad económica. c) Decreto Legislativo N° 758, que establece las normas para la promoción de la inversión privada en obras de infraestructura y/o de servicios públicos, autorizando el otorgamiento de concesiones a personas jurídicas, nacionales o extranjeras, para la construcción, reparación, conservación y explotación de obras de servicios públicos. El segundo corresponde a los dispositivos legales aplicables a determinados sectores tales como: a) el Texto Único Ordenado de la Ley General de Minería (Decreto Supremo N° 014-92-EM), y el Decreto Supremo 04-94-EM que aprueba el modelo de contrato de garantías y medidas de promoción a la inversión minera. b) La Ley de Concesiones Eléctricas, que norma las actividades relacionadas con la generación, transmisión, distribución y comercialización de la energía eléctrica (Decreto Ley N° 25845). c) La Ley Orgánica de Hidrocarburos (Ley N° 26221) que otorga a los contratistas la garantía de estabilidad tributaria y la Ley General de Industrias (Ley N° 23407).

---

[26] El Perú se unió al foro de la APEC en noviembre de 1998 a fin de lograr el mejor desempeño en estos estándares.

Este marco legal tenía como objetivo fomentar la inversión en el país mediante el establecimiento de una serie de derechos a favor del inversionista tanto nacional como extranjero, y la posibilidad de suscripción de convenios de estabilidad jurídica que garantizan la estabilidad del régimen tributario vigente al momento de su firma por un periodo de 10 años. Asimismo, se estableció que para que los inversionistas pudieran acceder a este beneficio, estos debían comprometerse a ejecutar un mínimo de inversión.

Un indicador de la inestabilidad en la política fiscal que se ha venido apreciando en los últimos años son las variaciones en la tasa del impuesto a la renta y el Impuesto Mínimo a la Renta.

La tasa de Impuesto a la Renta se mantuvo estable, en 30% sobre la renta neta, hasta finales de la década de los 90, pero en el año 2001 y en el año 2002 ésta tasa sufre alteraciones. El Impuesto Mínimo a la Renta tuvo vigencia desde 1993 a 1997. Este garantizaba un nivel mínimo de recaudación al afectar sólo a las empresas que declaraban pérdida o a aquellas que teniendo renta neta positiva registraban una utilidad menor al 6.67% de sus activos netos. La tasa del Impuesto Mínimo a la Renta de 1993 a 1996 fue de 2.0 % de los activos y posteriormente fue reducida a 1.5% y finalmente derogada en mayo de 1997.

En virtud de la firma del convenio por parte del inversionista, la empresa receptora de la inversión goza automáticamente del derecho a suscribir un convenio para garantizar la estabilidad en los regímenes de contratación de trabajadores y de la estabilidad en cualquiera de los regímenes especiales orientados exclusivamente a la exportación. El artículo 40° del D.L. N° 757 establece la posibilidad de que las empresas receptoras de inversión puedan incluir dentro de sus convenios la garantía de estabilidad del Impuesto a la Renta a cambio de que el monto total de las nuevas inversiones recibidas por la empresa sea mayor al 50% de su capital más reservas y se oriente a la capacidad productiva o al mejoramiento tecnológico. Asimismo, se podrá celebrar tales convenios cuando trate la transferencia de más del 50% de las acciones de las empresas comprendidas en la actividad empresarial del Estado.

Los convenios de estabilidad jurídica suscritos por los inversionistas garantizan lo siguiente[27]:

- Tratamiento de igualdad, por el cual la legislación nacional no discrimina a los inversionistas en empresas, en términos de su condición de nacional o extranjero.

- Estabilidad del régimen del Impuesto a la Renta, aplicable al inversionista (remesas de dividendos) vigente al momento de suscripción del convenio.

- Estabilidad del Régimen de libre disponibilidad de divisas y de remesa de utilidades, dividendos y regalías en el caso de capitales extranjeros.

---

[27] Artículo 12°, D.L. N° 662, Artículo 38° y 40°, D.L. N° 757.

Por su parte, los CEJ suscritos con las empresas receptoras de inversión estabilizan lo siguiente:

- Estabilidad de los regímenes de contratación laboral vigentes al momento de suscripción del convenio.

- Estabilidad de los regímenes de promoción de exportaciones que sean de aplicación al momento de suscribirse el convenio.

- Estabilidad del régimen de Impuesto a la Renta vigente al momento de suscripción del convenio (sólo en los casos del artículo 40° del D.L. N° 757).

En contrapartida, los inversionistas deberán cumplir con los siguientes requisitos (de acuerdo al artículo 2° de la Ley 27342, que modificó el artículo 11° del D.L N° 662).

- Los inversionistas deberán comprometerse a efectuar como mínimo aportes dinerarios canalizados a través del sistema financiero nacional, al capital de una empresa establecida o por establecerse, o realizar inversiones de riesgo que formalice con terceros por un monto que no sea inferior a US$ 10 millones[28] para los sectores de minería e hidrocarburos, y no menor a US$ 5 millones[29] para los demás sectores.

- El monto referido en el párrafo anterior también será de aplicación en el caso de los convenios de estabilidad jurídica que se celebren con empresas titulares de contratos de concesión suscritos al amparo del D.L. N° 839 y normas modificatorias y ampliatorias.

En el caso de las empresas receptoras de inversión, estas deben cumplir al menos uno de los siguientes requisitos:

- Que uno de sus accionistas haya suscrito el correspondiente convenio de estabilidad jurídica.

- Que los aportes a recibir constituyan un incremento del 50% con relación al monto total de capital y reservas, y sean destinados a incrementar la capacidad productiva o al desarrollo tecnológico de la empresa (sólo en los casos del artículo 40° del D.L. N° 757).

- Que se trate de la transferencia de más del 50% de las acciones de una empresa en proceso de privatización (sólo en los casos del artículo 40° del D.L. N° 757).

En el año 2000, a través de la Ley 27342, se realizan algunas modificaciones aplicables a los convenios de estabilidad jurídica. Una de estas modificaciones es que el Impuesto a la Renta se estabiliza añadiéndose a la tasa vigente dos puntos porcentuales, excepto a las concesiones

---

[28] El monto mínimo de inversión se elevó a US$ 10 millones en septiembre del 2000 a través de la Ley 27342. Anteriormente, el monto mínimo de inversión requerido fue de US$ 2 millones.

[29] El monto mínimo de inversión se elevó a US$ 5 millones en septiembre del 2000 a través de la Ley 27342. Anteriormente, el monto mínimo de inversión requerido fue de US$ 2 millones.

vinculadas al gas natural. La sobretasa de 2% fue derogada por la Ley 27514 publicada el 28 de agosto del 2001. Finalmente, mediante la Ley 27391 se eliminó la restricción de extender los beneficios de los convenios en el caso de reorganización de la empresa.

La IED que se ha registrado en el Perú ha utilizado de manera significativa la suscripción de Contratos de Estabilidad Jurídica (CEJ) con el Estado, referidos al tratamiento tributario, a la estabilidad de los regímenes de disponibilidad de divisas, la remisión de utilidades y capitales, la convertibilidad de la moneda y con respecto al trato nacional. En ellos se establecen cláusulas con compromisos de inversión, lo que permite hacer una proyección de futuras inversiones bajo el supuesto de que sólo estas inversiones se realizarían. Los sectores con mayores montos de inversión comprometidas son comunicaciones (2,408 millones de dólares), energía (1,426 millones de dólares), finanzas (1,145 millones de dólares) y minería (1,008 millones de dólares).

# CAPÍTULO III

## MARCO JURÍDICO DE LA INVERSIÓN EXTRANJERA EN LOS PAÍSES DE AMÉRICA LATINA

> *"Promover la inversión privada, a través de un modelo que responda a los intereses del país y del desarrollo descentralizado, incluye el respeto, de los suscriptores de este Contrato Social, a los compromisos asumidos en el proceso de privatización; así mismo implica la redefinición hacia el futuro de los elementos involucrados en este proceso, con el objeto de promover la participación del*

*capital nacional y garantizar la adecuada y eficiente prestación de los servicios públicos, a tarifas razonables".*

Acuerdo de Gobernabilidad – Nov. 1999.

## 1. NOTAS PRELIMINARES

El estudio del marco jurídico de la inversión extranjera directa presupone el examen de los antecedentes normativos y de la reglamentación vigente por el cual se resaltan las actividades económicas hacia las cuales se ha orientado la IED y las garantías otorgadas a los capitales; el tratamiento legal de las inversiones, especialmente en países como Brasil, Argentina, Ecuador y Venezuela, países en los cuales se han producido sustanciales cambios en la forma de regular las inversiones especialmente respecto de los requisitos de desempeño y los contratos de estabilidad jurídica. Se ha elaborado una crítica al marco legal peruano de aplicación de políticas macroeconómicas y promoción de la inversión privada incluyendo las garantías que al respecto contempla la vigente Constitución Política del Perú, las garantías que rigen la inversión privada y también las que regulan la propiedad privada, el régimen tributario de las empresas, las reformas constitucionales de orden económico, etc.

## 2. TRATAMIENTO DE LA INVERSIÓN EXTRANJERA EN AMÉRICA LATINA

Las naciones latinoamericanas han mostrado tradicionalmente una gran sensibilidad frente a la injerencia económica y política de potencias extrarregionales debido a la naturaleza de su pasado colonial y a su coexistencia hemisférica con una potencia como lo es Estados Unidos, al mismo tiempo que una tendencia a afirmar sus derechos soberanos ante influencias extranjeras. Estas características se pusieron de manifiesto en la segunda mitad del siglo XIX, con la formulación y defensa de la Doctrina Calvo (planteada por un ilustre jurista argentino, que establece que las compañías extranjeras deben resolver sus disputas dentro de los países latinoamericanos haciendo uso de la legislación y tribunales del país anfitrión, sin acudir a la protección diplomática de sus países de origen). A partir del siglo XX, cuando Estados Unidos consiguió reemplazar a Gran Bretaña como la gran potencia externa hegemónica en la región, el nacionalismo latinoamericano empezó a predominar en América Latina.

Después de la segunda guerra mundial el nacionalismo latinoamericano alcanzó un significativo grado de madurez, especialmente en su dimensión económica, permitiéndole ejercer una activa influencia sobre las nuevas naciones independientes del mundo. La Comisión Económica para América Latina de las Naciones Unidas (CEPAL), creada en Santiago de Chile en 1949, se haría cargo de difundir la teoría de los términos de intercambio y de abogar por la estrategia de la sustitución de importaciones como una salida del subdesarrollo. Dicha Comisión argumentaba que la exportación de productos primarios era una inapropiada política para los países en desarrollo, condenada por la dinámica de los precios del comercio internacional, la CEPAL propugnó la vía del desarrollo a través de una rápida industrialización, la cual podría concretarse atrayendo el capital y la tecnología de las empresas multinacionales a la producción local, con el incentivo de mercados nacionales altamente protegidos. En las décadas del 50 y 60, la adopción de esta estrategia por un gran número de países fue un elemento determinante para el auge de la IED en el mundo en desarrollo.

La estrategia de sustitución de importaciones aplicada durante los años 70 aunque no generó grandes beneficios permitió sí superar las dificultades de la balanza de pagos, mejorar la distribución de la riqueza entre la población, y algunos avances en la industrialización[30].

La presencia de otros importantes factores indujo a los países latinoamericanos a adoptar una postura restrictiva frente a la IED. Entre estos factores figuran, desde finales de los años 60, la reacción europea controlando a las EMs estadounidenses y alentando la formación de grandes multinacionales europeas. Otro elemento importante fue la ideología del Nuevo Orden Económico Internacional, la cual en los años 70, en su empeño por redistribuir los beneficios del funcionamiento de la economía internacional hacia los países en desarrollo, colocó la reglamentación internacional de las EMs como un componente central de su programa de acción.

A escala mundial, un nuevo enfoque de la IED cobró forma en los años 70. En su modalidad más restrictiva, el nuevo enfoque fue liderado por América Latina y otros países en desarrollo, en especial el Grupo Andino (GRAN) con su Tratamiento común al capital extranjero (Decisión 24 de 1970), Perú (con varias leyes sectoriales promulgadas entre 1970 y 1972), México (Ley de Inversiones extranjeras de 1973) e India (el Acta de Regulación de operaciones de cambio, FERA, de 1973). Muy pronto, los principales países anfitriones del mundo industrial siguieron el ejemplo: Australia con el Acta de expropiación de empresas extranjeras de 1972 y Canadá con el Acta de examen de la inversión extranjera de 1973[31].

---

[30] La industrialización sustitutiva aumentó la elasticidad de las importaciones y no modificó significativamente la composición de las exportaciones ni la propensión a exportar debido a que la industria era generada con insumos importados siendo muy escasos los insumos locales para la exportación. La participación de los bienes de capital e intermedios en el total de las importaciones aumentó (66.5% en 1954, 79.9% en 1960, 81.8% en 1970, 86.0% en 1980, 89% en 1985 y 86% en 1987), mientras los productos tradicionales han predominado en el total de los volúmenes exportados (84.2% en 1953, 90% en 1961, 90.8% en 1964, 87.8% en 1974, y 72% en 1987).

[31] Entre los países en desarrollo, los países latinoamericanos se perfilaron como los más restrictivos hacia la IED. El tratamiento latinoamericano incluía requerimientos de desempeño para las EMs, en cuanto a empleo y accionariado local, así como en cuanto a límites para los

En la mayor parte de la década del 70, la tendencia en Latinoamérica como en el resto del mundo en desarrollo fue hacia mayores restricciones, acompañada frecuentemente por anulación de contratos y nacionalizaciones. Comprensiblemente, los flujos de la IED declinaron. Hacia fines de la década, una disposición más pragmática, reflejada sobre todo por Brasil y su modelo de desarrollo asociado comenzó a obtener ascendencia internacional, involucrando un mayor énfasis en los incentivos para la IED y una mayor flexibilidad en la aplicación de las normas, con el objeto de privilegiar ciertas metas nacionales tales como la transferencia de tecnología y la promoción de exportaciones.

La crisis de la deuda de los años 80, que fue primordialmente una crisis latinoamericana, trajo un abrupto término a los modelos de desarrollo nacionalista de la región, suprimiéndoles el financiamiento externo que de forma intensiva venían utilizando para sus designios industriales. La crisis de la deuda fue inicialmente percibida como una sucesión de problemas de liquidez de los países deudores, pero es hacia mediados de los 80, que la percepción cambió, atribuyéndose las causas de la crisis al intervencionismo y proteccionismo de los modelos latinoamericanos de desarrollo. El énfasis de las soluciones pasó, de programas de estabilización de corto plazo, auspiciados por el FMI y diseñados para corregir los desequilibrios de balanza de pagos, a programas de ajuste estructural de mediano plazo, en los cuales se intentaba modificar los patrones de producción y la forma de inserción internacional de las economías de los países deudores a partir de un esquema de inserción económica comparable al que efectuó el Perú en los 90. En ese contexto Washington inició sus esfuerzos para reformar las economías latinoamericanas con los incentivos del Plan *Baker* (1985). Más tarde, el Plan *Brady*, incluía condonación parcial y conversión de parte de la deuda a bonos garantizados por el FMI y el BM. Hacia finales de la década, varias economías latinoamericanas estaban en proceso de reforma liberal y en los años 90, la inversión extranjera volvió a la región en términos radicalmente diferentes a los que prevalecían en las dos décadas precedentes.

La completa transformación de las políticas económicas en América Latina se vio facilitada por los efectos sociales de la prolongada crisis de la deuda, los cuales acabaron de desacreditar las estrategias de sustitución de importaciones y llegaron aún a afectar la legitimidad de las élites y

---

pagos y remesas de capital y utilidades; escrutinio de la transferencia de tecnología; una gran cantidad de sectores cerrados al capital extranjero; y diversos mecanismos locales y regionales de solución de controversias. América Latina prefería claramente el crédito externo a la IED para financiar su desarrollo económico (evitando así la presencia y los designios extranjeros en el manejo del capital y aprovechando la abundante oferta de crédito comercial a partir de 1973). La región escogió una vía de desarrollo estrechamente asociada con el crédito externo, especialmente proveniente de los bancos internacionales, en la cual el Estado adoptó un papel central como regulador, inversionista y empresario.

partidos políticos, considerados por el FMI responsables, en última instancia, de los desaciertos económicos y de la ineficiencia y corrupción de los órganos del Estado (en el caso de Perú, durante la década de los 90, se apeló a consideraciones de este tipo para quebrantar el orden constitucional e imponer un gobierno de corte totalitario que otorgó casi todos los poderes al órgano ejecutivo en detrimento del recorte de las facultades que corresponden al poder legislativo y de la conducción de un poder judicial impuesto a la medida de intereses gubernamentales). Esta situación hizo posible la ascendencia de nuevas o renovadas fuerzas políticas, a las que no les fue difícil efectuar una clara ruptura con las estrategias y políticas del pasado.

Algunas otras causas a nivel global, aparte de la crisis de la deuda, que contribuyeron a modificar en los años 80 el clima hacia la inversión en América Latina y el mundo entero son:

a)    La recesión mundial de 1980-1982 y la consiguiente escasez de capitales de inversión.

b)    Un inusitado consenso liberal entre los países de la OCDE, debido al predominio de las orientaciones políticas propugnadas por los gobiernos de Estados Unidos e Inglaterra.

c)    El desencadenamiento de una activa competencia por la IED, tanto entre países industriales como entre países en desarrollo, intensificada por la entrada de nuevos competidores, los ex países socialistas y China, que ofrecían una fuerza de trabajo barata, relativamente eficiente y disciplinada.

d)    La decadencia de la fuerza ideológica y el valor asignado a la intervención del Estado en la economía y a la planificación económica.

e)    La nueva percepción de ciertos países en desarrollo, cuyas empresas estaban convirtiéndose crecientemente en EMs (según UNCTAD de las 100 mayores EMs en 1995, 50 tenían su sede principal en Asia y América Latina)[32].

## 3.    LA INVERSIÓN EXTRANJERA EN PERÚ

### 3.1.    ANTECEDENTES

La inversión extranjera directa en el país inicialmente se orientó a las actividades comerciales y extractivas (minería, petróleo, caucho) y de agro-exportación (algodón, caña de azúcar, lana y café). Luego en la producción de harina de pescado y finalmente de modo predominante en la industria manufacturera.

[32] La internacionalización de las compañías latinoamericanas fue iniciada por Argentina antes de la segunda guerra mundial. A finales de los años 80, recién se volvió una tendencia importante para las compañías de otros países de la región, tales como Brasil, México, Colombia y Venezuela. Las compañías chilenas sólo comenzaron a internacionalizarse en los años 90 (al abrírseles esta posibilidad por un cambio en la legislación), aunque a un ritmo acelerado. Las EMs brasileñas, mexicanas y venezolanas han tendido a concentrarse en Estados Unidos, en tanto que la inversión argentina, chilena y colombiana se ha mantenido principalmente dentro de la región.

En esta evolución, la inversión procedente de Estados Unidos de Norteamérica desplazó a la del Reino Unido que fue la predominante hasta las primeras décadas del siglo XX.

En la década de 1930 debido a la difícil situación creada por la crisis mundial iniciada en 1929 y a pesar de la hegemonía de los Estados Unidos de Norteamérica, en el país se registró una brusca caída de la inversión extranjera norteamericana de 143 en 1929 a 71 millones de dólares en 1943, es decir en un 50%; para luego registrar una importante evolución en las décadas posteriores hasta situarse en cerca de 800 millones de dólares en 1973.

A partir de la década del 50, la industria manufacturera registra una cada vez más importante participación en la economía del país. Así por ejemplo en 1950 contribuyó a generar el 19% de la producción de bienes y servicios, incrementándose hasta el 25,1% en 1975; año a partir del cual disminuye hasta alcanzar una contribución en la producción de 22,5% en 1985.

Lo contrario ocurre con el sector agricultura, que de una participación de 23,7% en 1950 disminuye sostenidamente hasta el 11,5% en 1985.

La importancia que va adquiriendo la industria manufacturera durante el periodo mencionado, puede establecerse a partir del número de empresas extranjeras que ingresan a este sector, ya sea mediante la modalidad de inversión directa y la compra de empresas. Así, de un total de 242 empresas que registran su ingreso al país bajo la primera modalidad hasta fines de la década del 60, el 14,5% (35) lo hacen antes de 1950; el 13,2 por ciento (32) en la década del 50 y el 67,7% (164) en la década del 60. En el segundo caso, el mayor número de empresas ingresantes por adquisición se registran en las décadas del 60 y 50.

El gobierno militar (1968-1975) mediante una serie de leyes sectoriales, sobre todo en industria, minería, pesquería y telecomunicaciones, estableció rígidos controles a la IED, asignando un rol prominente a las empresas estatales e incluyendo normas de reducción gradual del accionariado extranjero, que eventualmente convertirían a comunidades de obreros en los mayores accionistas en las empresas grandes y medianas.

En general, a través de la década del 70 hubo ausencia de interés de los inversionistas extranjeros por Perú. Se le consideraba un país de mercado pequeño con un gobierno bastante restrictivo hacia la inversión directa e inestable en sus políticas económicas.

Los problemas de la deuda y sus consecuencias para Perú, desde fines de los años 70 hasta comienzos de los 90, fueron prolongados en América Latina. En 1985, por ejemplo, los salarios de los empleados públicos representaban solamente 35% de su nivel de 1970; por otro lado, el descuido de la salud pública se reflejó en el hecho que las enfermedades respiratorias aumentaron su incidencia en 1200% entre 1975 y 1985.

El gobierno del Perú, siguiendo las directivas del FMI, comenzó a liberalizar la economía en 1990 con un drástico programa que incluyó la eliminación de subsidios, reducción del gasto público y reforma del sistema tributario. A comienzos de 1991 se levantaron las principales restricciones a la inversión extranjera (Decreto Supremo 003-91), mientras que en septiembre del mismo año se promulgó un nuevo régimen para la IED (Decreto 662). En noviembre de 1991, el Ejecutivo promulgó más de 100 decretos, haciendo uso de un mandato del Congreso que lo autorizaba a legislar directamente acerca de la inversión privada. El Decreto 755 eliminó todos los controles estatales sobre el mercado de valores. El Decreto 757 estableció las reglas fundamentales para la inversión privada, tanto nacional como extranjera, permitiendo a los inversionistas en general ganar acceso a sectores que habían estado reservados para el Estado. Este mismo Decreto suprimió también el derecho de los trabajadores de solicitar la indexación de sus salarios a la tasa de inflación. El Decreto 704 estableció una gama de zonas francas (turísticas, industriales, de libre comercio y zonas especiales de desarrollo), ofreciendo incentivos tributarios a la inversión extranjera en las empresas del Estado. En 1992, los regímenes de estabilidad jurídica para la IED fueron reglamentados por el Decreto 162-92 de Economía y Finanzas.

## 3.2. REGLAMENTACIÓN VIGENTE

La Constitución Política del Perú establece que la inversión nacional y la extranjera están sometidas a las mismas condiciones. El marco legal de tratamiento a las inversiones extranjeras en el Perú se basa en el principio de trato nacional. Las inversiones foráneas son permitidas sin restricciones en la gran mayoría de actividades económicas y no requiere de autorización previa por su condición de extranjera. La adquisición de acciones de propiedad de inversionistas nacionales es completamente permitida, tanto a través del mercado bursátil como a través de operaciones extra bursátiles. Todos estos aspectos son parte de la tendencia que la Constitución le otorga al régimen económico el cual sustenta su desarrollo a partir de favorecer la entrada de capitales extranjeros al país.

De acuerdo a los compromisos asumidos en la Organización Mundial del Comercio (OMC), se ha establecido que ningún mecanismo de selección ni requisito de rendimiento es aplicado o exigido a la inversión extranjera por su condición de tal. En los casos de inversiones que gozan de beneficios derivados de la suscripción de CEJ con el Estado, los requerimientos son los mismos que aquellos planteados para inversionistas nacionales[33].

---

[33] En relación a la propiedad, los extranjeros, sean personas naturales o jurídicas, están en la misma condición que los peruanos. Sin embargo, dentro de cincuenta kilómetros de las fronteras, los extranjeros no pueden adquirir ni poseer minas, tierras, bosques, aguas, combustibles ni fuentes de energía, directa ni indirectamente, individualmente ni en sociedad, bajo pena de perder, en beneficio del Estado, el derecho así adquirido. Se exceptúa los casos de necesidad

La inversión extranjera en nuestro país se enmarca en las siguientes leyes[34]:

1)  Ley marco para el crecimiento de la inversión privada. Decreto Legislativo N. 757.

2)  Régimen de estabilidad jurídica a la inversión extranjera. Decreto Legislativo N. 662.

3)  Ley de promoción de la inversión privada de las empresas del Estado. Decreto Legislativo N. 674.

4)  Reglamento de la Ley de promoción de la inversión privada en las empresas del Estado. Decreto Supremo N. 070-92-PCM.

5)  Reglamento de los Regímenes de garantía a la inversión privada. D.S. N. 162-92-EF.

6)  Ley N. 27342 - Ley que regula los convenios de estabilidad jurídica al amparo de los Decretos Legislativos N. 662 y 757.

7)  Ley que modifica el régimen de suscripción de CEJ. Ley N. 27514.

8)  Decisión 291 del Acuerdo de Cartagena: Régimen Común de Tratamiento a los Capitales Extranjeros y sobre Marcas, Patentes, Licencias y Regalías, establecido el 22 de marzo de 1991 en Lima, Perú.

La Ley de Fomento a las Inversiones Extranjeras, aprobada por el D.Leg. N° 662 de 1991, establece el principio de igualdad entre el capital nacional y el extranjero[35]. La inversión foránea

---

pública expresamente declarada por decreto supremo aprobado por el Consejo de Ministros conforme a ley (Artículo 71° de la Constitución Política vigente).

[34] Adicionalmente podemos resaltar las siguientes leyes:
    a) Decreto Legislativo para la promoción de las inversiones privadas en la infraestructura de servicios públicos, Decreto Legislativo N. 758.
    b) Reglamento de los beneficios tributarios para la inversión privada en obras públicas de infraestructura y de servicios públicos. Decreto Supremo N. 132-97-EF.
    c) Ley de incentivos a las concesiones de obras de infraestructura y de servicios públicos. Ley N. 26885.
    d) Texto Único de Procedimientos Administrativos de la Agencia de Promoción de la Inversión Privada-PROINVESION-. Decreto Supremo N. 191-2003-EF.
    e) Estatuto del Fondo de Promoción de la Inversión Privada y de su Dirección Ejecutiva. Decreto Supremo N. 060-97-PCM.

[35] Se le permite al inversionista extranjero transferir al exterior, sin ningún tipo de autorización, en divisas libremente convertibles -previo pago de los impuestos de Ley-; el íntegro de sus capitales y utilidades provenientes de las inversiones realizadas en el país. Cuentan con acceso a créditos internos de corto, mediano y largo plazo. Ha quedado eliminado todo tipo de autorización gubernamental a fin de que procedan el ingreso de inversión extranjera en el Perú, los contratos de transferencia de tecnología y los de derechos de propiedad industrial. Ello no implica que pueda obviarse el registro de estos actos en CONITE, dado que este permite hacer valer los derechos del inversionista extranjero, sobre todo en lo que respecta a su derecho de remesa.

puede realizarse en cualquiera de las áreas de la actividad económica, sin requerir autorización previa alguna por razón de su procedencia externa. Las inversiones, una vez efectuadas, deben ser registradas ante la Comisión Nacional de Inversiones y Tecnologías Extranjeras (CONITE).

La IED puede desarrollarse libremente acogiéndose a cualquiera de los modelos empresariales reconocidos por la Ley, bajo las siguientes formas: inversión extranjera directa, como aportación al capital social; inversiones para el desarrollo de *joint ventures* contractuales; inversiones en bienes y propiedades situados dentro del territorio nacional; inversiones en cartera; las contribuciones tecnológicas intangibles; cualquier otra modalidad de inversión que contribuya al desarrollo del país como las sumas pagadas por la transferencia de acciones de nacionales a extranjeros. En lo que respecta a los flujos de capital que canalizan las empresas extranjeras hacia sus filiales en el país, cabe destacar que éstos no se encuentran registrados en tanto no sean incorporados al capital asignado a dichas sucursales. En ninguno de los casos se incorpora inversión de cartera, pues éstos no están dentro de la concepción de IED que implica control de la operación por parte de la casa matriz a través de una subsidiaria en el país receptor.

La CONITE reconoce como inversión extranjera las aportaciones efectuadas bajo las siguientes formas: moneda libremente convertible canalizada a través del sistema financiero, bienes y equipos, capitalización de deudas, reinversión de utilidades, aportes tecnológicos intangibles y otras que contribuyan al desarrollo del país[36].

El registro de la inversión en CONITE no es obligatorio, pero cuando este trámite se lleva a cabo produce costos adicionales que parcialmente pueden ser considerados innecesarios. En la actualidad se reconoce el derecho a la libre utilización y conversión de monedas para todo tipo de inversiones, estén o no registradas en CONITE. Varios inversionistas han decidido registrar su inversión, por la seguridad que ofrece el registro[37].

---

[36] La ley reconoce ciertos derechos al inversionista extranjero: libertad de comercio e industria, y la libertad de exportación e importación, trato no discriminatorio frente al inversor nacional, libre remesa de utilidades o dividendos, libre reexportación de su capital, acceso irrestricto al crédito interno, libre contratación de tecnología y remesa de regalías, libertad para adquirir acciones de propiedad de inversionistas nacionales, posibilidad de contratar en el extranjero seguros para la inversión y capacidad para suscribir con el Estado convenios de estabilidad jurídica. El inversionista extranjero tiene derecho a utilizar el tipo de cambio más favorable existente en el mercado para el tipo de operación que se trate y la posibilidad de remesar libremente al exterior las utilidades o dividendos, previo pago de los impuestos que le correspondan.

[37] Este registro debe efectuarse previamente al inicio de sus actividades, así mismo, es requisito importante que cualquier aporte se canalice a través del Sistema Financiero Nacional. Aparte del registro y la canalización de los aportes, la normatividad no estipula ningún otro requisito para el ingreso de capitales extranjeros en nuestro país.

En el ámbito mundial, la expansión de las inversiones se da a través de procesos de adquisición o fusiones empresariales, y los inversionistas a veces prefieren acceder a mercados mediante la compra de activos tangibles e intangibles ya existentes. Otros consideran que esos derechos podrían ser usados como garantías financieras permitiendo alcanzar acuerdos para facilitar la inversión en el país. Se incide también acerca de la necesidad de suscribir convenios de doble tributación con los países de donde proceden los mayores flujos de inversión, para así contribuir a la permanencia e incremento de estas inversiones; sin embargo, todo esto ameritaría un estudio exhaustivo de las circunstancias y consecuencias que ha de traer la transmisión de derechos, del alcance de los (CEJ) y el carácter de los convenios de doble tributación.

En abril de 1991 el Congreso ratificó la suscripción del Acuerdo Constitutivo de la Agencia Multilateral de Garantía a las Inversiones (MIGA) del Banco Mundial; en la actualidad, se vienen desarrollando inversiones al amparo de las coberturas extendidas por esta institución, en los sectores minero y financiero. El Perú ha suscrito el Convenio Constitutivo del Centro Internacional de Arreglo de Diferencias Relativas a Inversiones (CIADI), por el cual las eventuales diferencias con el Estado en materia de inversiones pueden ser sometidas a este tribunal arbitral.

El Estado, en virtud de la Ley de Fomento de la Inversión Extranjera y de la Ley Marco de Crecimiento de la Inversión Privada, otorga garantías de estabilidad jurídica a los inversionistas nacionales y extranjeros y a las empresas en las que invierten mediante la suscripción de convenios que tienen carácter de contrato-ley, sujetos a las disposiciones generales sobre contratos establecidas en el Código Civil. Las principales características de estos convenios son un tratamiento de igualdad independientemente de su condición de nacional o extranjero, estabilidad del régimen del impuesto a la renta vigente en el momento de firma del convenio, estabilidad del régimen de libre disponibilidad de divisas y de libre remesa de utilidades, dividendos, regalías y otros ingresos percibidos.

El Estado protege los derechos de propiedad intelectual e industrial, los derechos de los inversores extranjeros se sujetan a las mismas condiciones que se aplican a los nacionales. Los contratos de uso de tecnología, patentes, marcas u otros elementos de la propiedad industrial, así como de asistencia técnica, ingeniería básica y de detalle, gerencia y franquicia, son negociados libremente por las partes y más tarde registrados ante el Instituto Nacional de Defensa de la Competencia y de la Protección de la Propiedad Intelectual (Indecopi). La remesa de regalías se efectúa libremente, previo pago de los impuestos correspondientes, a través del sistema financiero nacional que informará posteriormente al CONITE con fines estadísticos.

El Estado reconoce las siguientes garantías a la empresa receptora de la inversión: a) Estabilidad de los regímenes de contratación laboral vigentes al momento de suscripción del convenio; b) Estabilidad de los regímenes de promoción de exportaciones que puedan aplicarse al momento de suscribirse el convenio; y c) Estabilidad del Régimen del Impuesto a la Renta.

Los convenios de estabilidad jurídica pueden ser subscritos por inversores y empresas receptoras de inversión, tanto en el caso de constitución de nuevas empresas como en el de ampliación de capital social de empresas establecidas, así como por inversionistas y empresas participantes en los procesos de privatización y concesiones. Para ello el inversionista debe cumplir con uno de los tres compromisos de inversión señalados: a) Efectuar, en el plazo de dos años, aportes de capital por una cantidad no menor de US$ 5 millones de dólares en cualquier sector de la economía, con excepción de los sectores minería e hidrocarburos; b) Efectuar, en el plazo de dos años, aportes de capital por un monto no menor de US$ 10 millones de dólares en los sectores minería e hidrocarburos y generar exportaciones por un valor mayor de US$ 2 millones de dólares; c) Adquirir más del 50% de las acciones de una empresa en proceso de privatización; d) Efectuar aportes de capital a la empresa beneficiaria de un contrato de concesión[38].

En 1993 la inversión extranjera, directa y en portafolio, iniciaría un crecimiento considerable en el país, atraída sobre todo por un tratamiento extremadamente liberal. La IED fue ulteriormente estimulada, en 1994, por la fase más intensa del programa de privatización (alcanzando 900 millones de dólares), pero exhibió un incremento aún mayor en 1995 (2,300 millones de dólares), convirtiendo al Perú en el mercado más dinámico para la IED en la región. En marcado contraste con el crecimiento de estas cifras y otros indicadores macroeconómicos, los salarios reales en el país representaban en 1994 solamente 47% de su nivel de 1980.

La IED que entra al Perú debe ser registrada en la Comisión Nacional de Inversión Extranjera y Tecnología (CONITE), la cual la autoriza automáticamente. La IED no requiere de ninguna otra aprobación, excepto en el caso de la inversión en bancos que debe ser autorizada previamente por la Superintendencia de Banca y Seguros (SBS). El Decreto 757 reduce los trámites burocráticos para la IED al mínimo. La inversión extranjera puede ingresar en distintas formas, inclusive en la forma de tecnología. No existen restricciones para la adquisición de compañías nacionales. Al

---

[38] La empresa receptora de inversión, por su parte, debe cumplir con los requisitos siguientes: a) Que uno de sus accionistas haya suscrito el correspondiente convenio de estabilidad jurídica; b) En el caso de que se solicite la estabilidad tributaria, que las aportaciones a recibir representen un incremento del 50% con relación a la cantidad total de capital y reservas y sean destinados a incrementar la capacidad productiva o el desarrollo tecnológico de la empresa; c) En el caso de una empresa en proceso de privatización, debe tratarse de una transferencia de más del 50% de sus acciones. d) Que se trate de una sociedad beneficiaria de un contrato de concesión.

haberse eliminado los obstáculos para la IED en los sectores de energía, telecomunicaciones, ferrocarriles, electricidad, servicios sanitarios, propiedad agrícola y bienes inmuebles, todos los sectores de la economía han quedado abiertos al capital extranjero.

Los inversionistas nacionales y extranjeros reciben el mismo tratamiento, en concordancia con el régimen común del GRAN y tal como lo muestra el D.Leg. 757, que señala las normas fundamentales tanto para la inversión privada nacional como la extranjera. Los inversionistas extranjeros tienen un acceso irrestricto al crédito nacional e internacional, pueden contratar seguros de inversión en el exterior (con organismos tales como la Agencia Multilateral de Garantías del BM o el Ministerio de Comercio Exterior e Industria del Japón), y están en condiciones de suscribir convenios de estabilidad jurídica con el gobierno. Este peculiar elemento del régimen peruano ofrece estabilidad al inversionista extranjero en cuanto a la reglamentación del mercado de cambio y al régimen de impuestos empresariales en los casos de proyectos de un mínimo de dos millones de dólares o de medio millón de dólares, acompañados por ciertos niveles de exportaciones y generación de empleo. De esta manera, puede constituir un requerimiento de desempeño proscrito por el GATT[39].

En cuanto a las medidas de promoción, se produjo una disminución de los incentivos fiscales, como resultado de la simplificación del sistema tributario. El más importante incentivo en este rubro es la opción de estabilidad en el régimen de impuestos empresariales, dentro de los CEJ. Sin embargo, existen exenciones tributarias completas o parciales para las empresas extranjeras que se establecen en las zonas francas industriales, de libre comercio o especiales de desarrollo, las cuales constituyen en realidad plataformas de exportación, con escasos vínculos con el mercado nacional. Otros incentivos para la exportación son los mismos para las empresas nacionales o extranjeras. Existen también incentivos especiales para proyectos mineros y de hidrocarburos, así como para la IED en zonas de selva frontera.

## 3.3. CRÍTICA AL MARCO LEGAL PERUANO DE APLICACIÓN DE POLÍTICAS MACROECONÓMICAS Y LA PROMOCIÓN DE LA INVERSIÓN PRIVADA

---

[39] Los inversionistas pueden remesar libremente al exterior capitales, dividendos, regalías y pagos por tecnología. No existen controles de cambio para nacionales ni extranjeros. Los contratos de tecnología deben ser registrados en el Instituto Nacional de Defensa de la Competencia y Protección de la Propiedad Intelectual (INDECOPI), estando prohibida la inclusión de cláusulas relacionadas con la fijación de precios, restricciones cuantitativas o pagos de regalías por no utilizar patentes y marcas de fábrica. No existen restricciones en cuanto a contratos de tecnología entre empresas matrices y subsidiarias. Finalmente, en el campo de la contratación laboral, los trabajadores extranjeros pueden representar hasta 20% de la fuerza de trabajo de una empresa (un incremento con relación al tope anterior de 10%).

Para elaborar un estudio de las normas que regulan las garantías para la inversión privada en el Perú y otros tópicos como la remesa de utilidades al exterior, la creación de nuevas empresas estatales o el régimen tributario de las empresas, debemos examinar los aspectos siguientes:

### 3.3.1. LAS GARANTÍAS A LA PROPIEDAD PRIVADA EN EL PERÚ

El artículo 70° de la Constitución Política del Perú garantiza la inviolabilidad de la propiedad privada. Este derecho asiste también a los extranjeros con la única excepción de algunas clases de bienes (minas, aguas, combustibles) ubicados dentro de cincuenta kilómetros de las fronteras.

El derecho de propiedad es el núcleo de un sistema que, es de economía social de mercado y que promueve la libre competencia, principios reconocidos en los artículos 58° y 61° de la Constitución. Es decir, la propiedad privada en nuestro país es el eje central del sistema económico que consagra nuestra Constitución.

El artículo 70° de la Constitución señala que el Estado sólo puede expropiar mediante un proceso judicial, previo mandato de la ley y previo pago de la correspondiente indemnización, la misma que debe incluir una compensación por el eventual perjuicio. El monto de esta indemnización puede ser contestado dentro del mismo proceso judicial de expropiación.

La decisión constitucional de que la propiedad no satisfaga únicamente los intereses privados de sus titulares, sino que al propio tiempo sirva a los intereses de la colectividad, sin necesidad de apelar para ello a una intervención pública de naturaleza expropiatoria, se corresponde, con el moderno Estado social de Derecho en el que ha de tener primacía real los intereses generales sobre los intereses individuales o particulares, y a ello debe responder la Constitución puesto que toda la riqueza del país en sus distintas formas sea cual fuere su titularidad está subordinada al interés general; de un Estado en el que todos los poderes públicos, lejos de permanecer neutrales, indiferentes o pasivos ante la libre y soberana voluntad de los particulares, estén obligados por un mandato constitucional expreso a promover las condiciones para que la libertad y la igualdad del individuo y de los grupos en que se integra sean reales y efectivas.

Esto significa que todo acto que de algún modo afecte la propiedad privada, como el caso de la expropiación, debe emanar de la voluntad del Estado de introducir verdaderas reformas en materia de inversión y crecimiento previniendo que sean el resultado de acuerdos originariamente pactados sobre todo al tiempo de pagar un justiprecio que en nombre de una justa indemnización diste del valor del bien expropiado o que permitan justificar la intangibilidad de activos mal habidos.

### 3.3.2. LAS GARANTÍAS QUE RIGEN LA INVERSIÓN PRIVADA

Todo el marco legal vigente, empezando por la Constitución y los Tratados Internacionales suscritos por el Perú, está diseñado para proteger la propiedad privada en general y para promover la inversión privada sin discriminación. El artículo 58° de la Constitución Política del Perú reconoce que la iniciativa privada es libre y que se ejerce en una economía social de mercado; el artículo 59° señala que el Estado garantiza la libertad de empresa; y el artículo 62° garantiza la libertad de contratar, precisando éste último que los términos contractuales no pueden ser modificados por ley. Por su parte, el artículo 63° de la Constitución señala expresamente que la inversión nacional y extranjera se sujetan a las mismas condiciones.

Todos estos principios constitucionales se desarrollan con precisión en la Ley Marco para el Crecimiento de la Inversión Privada (D.Leg. 757, publicado en el diario oficial El Peruano el 13 de noviembre de 1991). Esta Ley reconoce la garantía de libre iniciativa privada, el sistema de economía social de mercado y la obligación de promover y vigilar la libre competencia. En particular, esta Ley señala en su artículo 8° que el Estado garantiza la propiedad privada y en su artículo 10° que el Estado garantiza el derecho de las empresas a acordar libremente la distribución del íntegro de sus utilidades y el derecho de los inversionistas a recibir la totalidad de las utilidades que les corresponda. Esta Ley reconoce y desarrolla garantías constitucionales de aplicación general, tales como los principios de legalidad y publicidad en materia tributaria, y; de legalidad, simplicidad y transparencia en los procedimientos administrativos.

Con la finalidad de complementar el marco jurídico para propiciar la inversión privada y crear las condiciones adecuadas para fomentar un mayor flujo de inversiones extranjeras, se ha facilitado al inversionista el acceso a mecanismos de carácter multilateral, bilateral e interno que otorgan garantías y protección a su inversión[40].

En diciembre de 1992, se suscribió el Convenio Financiero sobre Incentivos a las Inversiones, con el Gobierno de los Estados Unidos. De conformidad con dicho convenio, la *Overseas Private Investment Corporation* (OPIC), viene emitiendo seguros, reaseguros o garantías para cubrir inversiones norteamericanas en el Perú.

En cuanto a la resolución de conflictos con el Estado, se admite la posibilidad de que éstos sean dirimidos ante tribunales arbitrales, tanto nacionales como extranjeros.

Al amparo de la Constitución y de la Ley Marco para la Inversión Privada, el Estado - tal como lo señalásemos - otorga garantías de estabilidad jurídica a los inversionistas extranjeros y a las

---

[40] En abril de 1991, el Congreso ratificó la suscripción del Acuerdo Constitutivo de la Agencia Multilateral de Garantía a las Inversiones (MIGA) del Banco Mundial; en la actualidad, inversiones, principalmente, en el sector minero y financiero, se vienen desarrollando al amparo de las coberturas extendidas por el MIGA.

empresas en que ellos invierten, mediante la suscripción de convenios que tienen carácter de contrato-ley, y que se sujetan a las disposiciones generales sobre contratos establecidas en el Código Civil. Con la suscripción de estos convenios, el Estado garantiza al inversionista estabilidad en los regímenes de contratación laboral, de promoción de exportaciones y del régimen del Impuesto a la Renta[41].

### 3.3.3. LA RESTRICCIÓN DE REMESA DE UTILIDADES AL EXTERIOR

Según la normatividad de Perú no está permitida la restricción de remesa de utilidades al exterior. De acuerdo con el artículo 64° de la Constitución la libre tenencia y disposición de moneda extranjera se encuentra garantizada por el Estado. Además, de acuerdo con la Ley de Fomento y Garantías a la Inversión Extranjera (Decreto Legislativo N° 662, publicado en el diario oficial El Peruano el 02 de septiembre de 1991), el Estado garantiza el derecho de los inversionistas extranjeros a transferir al exterior, en divisas libremente convertibles, sin autorización previa de ninguna autoridad del Gobierno Central u organismos públicos descentralizados, Gobiernos Regionales o Gobiernos Municipales, previo pago de los impuestos de ley, lo siguiente:

a)      El íntegro de sus capitales provenientes de las inversiones registradas ante el Organismo Nacional Competente (CONITE), incluyendo la venta de acciones, participaciones o derechos, reducción de capital o liquidación parcial o total de empresas; y,

b)      El íntegro de los dividendos o las utilidades netas comprobadas provenientes de su inversión así como las contraprestaciones por el uso o disfrute de bienes ubicados físicamente en el país, registrada ante CONITE y de las regalías y contraprestaciones por el uso y transferencia de tecnología.

En relación a la tributación, no hay impuestos de retención sobre los beneficios, ganancias y dividendos remitidos al exterior que se originen de inversiones extranjeras. El inversionista no está obligado a invertir ni reinvertir sus utilidades en el país receptor. Las inversiones y reinversiones son principalmente fuente de generación de empleo, importa entonces la forma en que se concretan los contratos de inversión, sus alcances, y las condiciones que ha de formular el Estado antes de prohibir la restricción de remesas de utilidades.

---

[41] El trato discriminatorio entre la inversión nacional y la extranjera se encuentra prohibido en el Perú. Tanto la Constitución en su artículo 63° como la Ley Marco para el Crecimiento de la Inversión Privada y la Ley de Fomento y Garantías a la Inversión Extranjera (Decreto Legislativo N° 662, publicado en el diario oficial El Peruano el 02 de setiembre de 1991), prohíben expresamente el trato diferenciado entre capital nacional y extranjero. Los inversionistas extranjeros y las empresas en las que éstos participan tienen los mismos derechos y obligaciones que los inversionistas y empresas nacionales.

Importante significado, dentro de los aspectos que se negocian en el ALCA lo tiene lo referente a las transferencias financieras. El objetivo, presente en el tratamiento del tema, tiene que ver con permitir que los inversionistas no encuentren límites para transferir cualquier tipo y cantidad de capital en moneda libremente convertible. Se incluirían lo siguiente: ganancias, rentas, dividendos, intereses, aportes de capital y todo tipo de pagos asociados a las inversiones.

La posibilidad de que los inversores realizaran sin trabas este tipo de operaciones tiene también relación con el contenido amplio que se le atribuye al concepto de inversiones, donde se incluyó todo tipo de movimientos financieros. Sin embargo, la necesidad de establecer regulaciones a los movimientos especulativos de capital no es abordada. En realidad, la negociación de este tema alienta la inversión de tipo especulativo, donde los capitales extranjeros puedan entrar a un mercado y luego salir rápidamente si la economía se desestabiliza, contribuyendo a episodios de crisis.

### 3.3.4. EL CONGELAMIENTO DE LOS DEPÓSITOS EN MONEDA EXTRANJERA

El Estado del Perú garantiza la libre tenencia y disposición de moneda extranjera a través del Artículo 64° de la Constitución Política del Perú, por lo tanto el Estado no puede disponer el congelamiento de los depósitos en moneda extranjera.

Limitar los depósitos en moneda extranjera crearía un clima de inestabilidad nada propicio ni para la inversión ni para el aumento del ahorro. Es claro que limitaciones a los ahorros en moneda extranjera mermarían el crecimiento de la oferta de fondos prestables por parte de las entidades financieras, lo que va a afectar el crédito para las empresas. Además, si los agentes económicos anticipasen una congelación de depósitos, se daría un retiro de depósitos y fuga de capitales, lo que afecta tanto la solidez de los bancos como el tipo de cambio y determina un incremento de la tasa de interés, restricciones al crédito y mayor endeudamiento de muchas empresas lo que indudablemente golpea el sector real de la economía. En general, el congelamiento de los depósitos contrae la demanda agregada y afecta la credibilidad del sistema de pagos y de la moneda nacional.

La globalización exige un vínculo permanente con los países del exterior respecto al intercambio monetario; congelar los depósitos en moneda extranjera traería consigo un aislamiento del país frente a la comunidad global. En los tiempos de hoy no pueden haber economías autárquicas o autosuficientes sino más bien abiertas y todo esto tiene que aunarse a un manejo de las inversiones en aras del bien común. La inversión bien llevada sea que fuere en el mercado local o internacional tiene que dirigirse a evitar por ejemplo la especulación derivada de los procesos inflacionarios.

### 3.3.5. DE LA CREACIÓN DE NUEVAS EMPRESAS ESTATALES

El gobierno puede crear nuevas empresas estatales pero con limitaciones. De acuerdo a la legislación vigente sí se pueden crear nuevas empresas estatales, siempre que exista alto interés público o manifiesta conveniencia nacional y que se haga de manera subsidiaria. La Constitución Política del Perú señala en su artículo 60° que el Estado puede realizar subsidiariamente actividad empresarial, directa o indirectamente, siempre que cuente con autorización expresa por mandato de una ley expresa y en los casos en que exista alto interés público o manifiesta conveniencia nacional.

Por su parte, la Ley N° 27170, Ley del Fondo Nacional de Financiamiento de la Actividad Empresarial del Estado (FONAFE), encarga a este Fondo la tarea de normar y dirigir la actividad empresarial que con carácter de subsidiario realice el Estado.

Debemos resaltar que por carácter de subsidiario se entiende que el Sector Público podrá realizar actividades empresariales o de provisión de algún bien o servicio en aquellos casos en los cuales el sector privado haya decidido no participar, con la finalidad de asegurar estándares mínimos de vida para la población de las zonas más alejadas del país. La participación del Estado como promotor de la actividad empresarial en países fueren desarrollados o no, es fundamental, por lo que no puede asignársele un carácter subsidiario. La creación de nuevas empresas estatales siempre que sean competitivas no es incongruente con el propósito de promover una economía abierta al mercado global, por el contrario crear nuevas empresas estatales invirtiendo capitales en éstas para modernizar la gestión pública puede sin duda mejorar el circuito de la competitividad, puede también regular el mercado eficientemente, El crecimiento en general requiere que el Estado invierta más en sus empresas públicas y les otorga mejores condiciones para su operatividad y de capacidad innovadora a sus bienes e infraestructura.

Adicionalmente a lo señalado en el artículo 60° de la Constitución Política del Perú en relación con el impedimento para que el Estado realice actividades empresariales (salvo en casos excepcionales), el artículo 61° de la Constitución Política del Perú señala que el Estado facilita y vigila la libre competencia; y combate toda práctica que la limite.

### 3.3.6. RÉGIMEN TRIBUTARIO DE EMPRESAS QUE HAN SUSCRITO CONTRATOS DE ESTABILIDAD JURÍDICA

En uso de las facultades conferidas por la Constitución Política, y al amparo de la Ley de Fomento de la Inversión Extranjera (D.Leg. 662 de 1991) y de la Ley Marco de Crecimiento de la Inversión Privada, el Estado otorga garantías de estabilidad jurídica a los inversionistas extranjeros y a las empresas en que ellos invierten, mediante la suscripción de convenios que tienen carácter de contrato-ley, y que se sujetan a las disposiciones generales sobre contratos establecidas en el Código Civil.

En los convenios de estabilidad jurídica se garantiza principalmente: el tratamiento igualitario a los inversionistas extranjeros; la estabilidad del Régimen de Impuesto a la Renta vigente al momento de suscripción del convenio; y la estabilidad del Régimen de libre disponibilidad de divisas y de remesa de utilidades, dividendos y regalías.

Específicamente, en virtud de la estabilidad del régimen tributario que se garantiza, el inversionista extranjero no se verá afectado con una tasa mayor que aquella considerada en el convenio correspondiente, de manera tal que si el impuesto a la renta de cargo de la empresa aumentara, se reducirá la tasa que afecte al inversionista extranjero en la parte necesaria para permitir que la utilidad de la empresa, que finalmente sea de libre disposición para él, sea por lo menos igual a la garantizada.

Como se puede apreciar la norma está dirigida a impedir que las posibles variaciones habidas en el impuesto a la renta a pagar puedan reducir las utilidades de la inversión al límite de constituir un monto inferior al que se garantiza.

### 3.3.7. ACERCA DE LOS LÍMITES AL TAMAÑO DE LAS EMPRESAS

La Constitución y la legislación vigente promueven la leal y honesta competencia. El Gobierno no puede fijar o limitar el tamaño, el crecimiento o la forma societaria de una empresa, tal como lo señala el marco constitucional y la legislación de competencia en el Perú recogida principalmente en el D.Leg. 701 del 5/11/1991 que elimina las prácticas monopólicas, controlistas y restrictivas de la competencia.

En el Perú sólo se regula la conducta de una empresa en el mercado, no su tamaño, origen, nacionalidad o estructura. La Constitución en su artículo 61°, si bien no prohíbe la existencia de monopolios en el Perú, sí sanciona cualquier práctica abusiva o conducta concertada que restrinja las opciones en el mercado. En la actualidad estas sanciones son drásticas y pueden llegar a multas de hasta US$ 1 millón de dólares a los infractores. Para ello se creó el Instituto Nacional de Defensa de la Competencia y Protección de la Propiedad Intelectual (Indecopi), cuya función básica es lograr que la leal y honesta competencia contribuya a generar bienestar para todos[42].

Una excepción a esta regla se da en el caso del mercado eléctrico, para el que rigen regulaciones para los procesos de fusiones y concentraciones. En este caso se consideró poco probable que pudieran generarse condiciones de competencia efectiva en las etapas de transmisión y

---

[42] Las normas que promueven y garantizan la libre competencia sancionan el abuso de la posición de dominio en el mercado, previa investigación de la práctica por la Comisión de Libre Competencia del INDECOPI.

distribución. El caso es diferente en la etapa de generación, en la que existen diferentes operadores que compiten por costos y participan de un mercado que es administrado por el Comité de Operaciones Especiales del Sistema (COES). Un operador que participa en alguna de las etapas con 15% en el caso de operaciones de integración horizontal y 5% en el caso de integración vertical, debe contar con la aprobación de la Comisión de Libre Competencia del INDECOPI, la cual tiene como función analizar el impacto en las condiciones de competencia del mercado del mayor grado de concentración como resultado del proceso de fusión o concentración. Los criterios que utiliza la Comisión son similares a los que aplican otras agencias de competencia en países que también cuentan con este tipo de regulaciones. No existen regulaciones al tamaño de las empresas en otros sectores de la economía.

El artículo 61° de la Constitución Política no prohíbe la existencia de monopolios, y no obstante sanciona prácticas abusivas que disminuyan las posibilidades de los operadores en el mercado. La Ley no prohíbe ni el monopolio ni el oligopolio en sí mismos. Únicamente prohíbe las prácticas monopólicas[43]. Un monopolio u oligopolio puede existir en la economía sin que ello implique una infracción. Por ejemplo, una empresa que alcanza una posición de dominio en el mercado, por medio de una libre competencia, no puede ser sancionada ni dividida.

## 4. MARCO LEGAL DE LA INVERSIÓN EXTRANJERA EN BRASIL

Entre 1967 y 1973, dirigida por una tecnocracia civil, la economía brasileña creció a un promedio anual de 11%. En este periodo, el país consolidó un peculiar modelo de tratamiento al capital extranjero que demostró ser muy efectivo para mejorar las tasas de crecimiento económico y desarrollo industrial. A diferencia de la mayor parte de América Latina, Brasil mostraba una actitud favorable frente al capital extranjero. En vez de colocar severas restricciones de carácter general a la IED en rubros como el derecho de establecimiento o la transferencia de tecnologías, la producción para mercados externos o la contratación de personal local. El Estado negociaba con las EMs tratando de persuadirlas para que asumieran papeles positivos para el desarrollo nacional, utilizando como argumentos para este fin los vastos recursos y el mercado del país, la relativamente dócil fuerza de trabajo nacional, y un extenso conjunto de empresas públicas encaminadas a apoyar al sector privado a través de la provisión de infraestructura, servicios e

---

[43] El D.Leg. 701 puso en vigencia la norma que elimina las prácticas monopólicas y restrictivas de la libre competencia denominada "Ley Antimonopolios" la cual contempla dos categorías de infracciones: i) el abuso de posición de dominio en el mercado; y ii) las prácticas restrictivas de la libre competencia. Esta norma ha sido objeto de algunas modificaciones contenidas en el D.Leg. 788 y 807. Esta Ley se inspira en las normas que regulan la libre competencia en la Comunidad Económica Europea y en las regulaciones adoptadas por la Decisión 285 del Acuerdo de Cartagena (Pacto Andino), publicada el 4 de abril de 1991.

insumos a bajos precios. En muchos casos, por ejemplo en la industria petroquímica, las EMs eran alentadas a asociarse con el Estado y con inversionistas nacionales, configurando lo que se denominó alianzas tripartitas[44].

En Brasil hubo un comportamiento generalizado hacia la modernización, pero la expansión de la capacidad productiva ocurrió en un conjunto relativamente pequeño de ramas, casi todas productoras de bienes de consumo. A diferencia de lo ocurrido en el resto de América Latina, el avance de la apertura económica transformó el mercado brasileño en un estímulo en sí mismo, que atrajo a las transnacionales.

En Brasil se observa una menor fragilidad microeconómica, por la baja penetración de importaciones en relación con los demás países, y el mayor tamaño relativo de sus empresas. El modelo de estabilización brasileño ha tenido que convivir permanentemente con tasas de interés muy superiores a las del resto de los países.

En 1990 Brasil inició la liberalización de la economía brasileña, reduciendo el gasto público, intentando empezar un programa de privatización y moderando las reglas para el capital extranjero. Este país derogó la Ley de Informática, abrió los mercados de capital a la inversión extranjera, eliminó los requerimientos de contenido local y los impuestos progresivos a las remesas de utilidades, y liberalizó las normas de propiedad intelectual para facilitar la transferencia de tecnología.

A partir de 1995, Brasil empezó un consistente programa de reformas dirigidas a eliminar las restricciones principales a la IED[45].

---

[44] A partir de 1982, Brasil, que ostentaba la más cuantiosa deuda externa del mundo en desarrollo, comenzó a padecer problemas de pagos que sofocaron su crecimiento. Los militares, sin embargo, continuaron llevando adelante el programa de transición a un gobierno civil que habían iniciado en 1979; la transición se efectuó en 1985. En 1988, el Congreso aprobó una nueva Constitución. En ella se reflejó la actitud hacia la IED de la mayoría de los partidos políticos, bastante más restrictiva que la del gobierno militar. La Constitución estableció una rigurosa definición de empresa nacional e impuso limitaciones a las empresas extranjeras, privándolas de acceso a varios sectores económicos. Se aprobó también una Ley de Informática, que restringía sustancialmente las actividades de las empresas extranjeras en sectores como el *hardware* y *software* de computadoras.

[45] Brasil inició en los años 90 un conjunto de reformas tendientes a liberalizar la economía, a abrirla a las corrientes internacionales comerciales y de capitales, a privatizar activos estatales y a abrir al capital privado a áreas que anteriormente le estaban vedadas. Se impuso una directriz por la que el Estado abandona la función de productor y monitor del desarrollo económico, restringiéndose a la regulación de mercados y a la promoción del crecimiento. Entre las reformas que entraron en vigencia en los años 90 y que modificaron las condiciones de la inversión en Brasil se encuentran: las reformas constitucionales de orden económico, la legislación complementaria a las leyes de inversión, la Ley de Concesiones y el Programa Nacional de Desestatización.

Brasil no posee propiamente una ley general de IED ni una legislación especial en este campo. El gobierno ha preferido, tradicionalmente, tratar a los inversionistas extranjeros siguiendo flexibles políticas y procedimientos administrativos *ad-hoc*. Las políticas hacia la IED son establecidas por el Consejo Monetario Nacional, dirigido por el Ministro de Finanzas, y ejecutadas y administradas por el Banco Central. El principal órgano relacionado con la política de desarrollo industrial es el Consejo de Desarrollo Industrial (CDI), el cual trabaja de manera casuística y básicamente a través de incentivos. Se han presentado propuestas formales para crear un instituto para el capital extranjero, que se encargue de evaluar las solicitudes de inversión extranjera directa a la luz de las rentas y objetivos nacionales.

La principal legislación sobre la IED comprende la Ley 4131 (Ley de Inversión Extranjera de 1962), modificada por la Ley 4390 de 1964 y reglamentada por el Decreto 55.762 de 1965.

El gobierno no contempla el requisito de autorización previa para la inversión extranjera en compañías nacionales, pero sí lo exige para la operación de compañías extranjeras en el territorio nacional. Para la concesión de esta autorización, el gobierno puede dictar a la IED condiciones que la hagan operar en armonía con el interés nacional (según la Constitución). Para asegurar el derecho a la transferencia externa de fondos, la inversión directa debe ser registrada en el Banco Central, 30 días después de ser autorizada. Desde el punto de vista del gobierno, el registro en el Banco Central sirve para dos propósitos: el control monetario sobre las entradas y salidas de moneda extranjera y el control estadístico de la IED. Existe una considerable dosis de trámites burocráticos en todos estos procedimientos, los cuales motivan que los inversionistas extranjeros contraten los servicios de personal para agilizar las gestiones de la administración pública.

Las adquisiciones de compañías nacionales por inversionistas extranjeros deben ser evaluadas, en principio, por el gobierno de manera individual. En la práctica, sin embargo, la falta de un requisito de consulta previa hace este procedimiento deficiente. La intervención del gobierno sólo se produce cuando éste es informado anteladamente acerca de una adquisición por particulares. Las compañías que reciben financiamiento oficialmente subsidiado, deben recabar una aprobación anticipada del gobierno para cualquier cambio en la estructura del control corporativo. Debemos mencionar que a raíz de las enmiendas constitucionales de 1995, el número de sectores restringidos a la IED ha disminuido sustancialmente. La inversión extranjera puede ahora participar (en la mayor parte de los casos a través de concesiones otorgadas por el Estado) en los servicios de distribución de gas por cañería, hidroelectricidad, minería, cabotaje, telecomunicaciones y transmisión por radio y televisión. Por otro lado, se mantienen las restricciones (en muchos casos debido a la existencia de monopolios estatales) en los ferrocarriles, impresiones y ediciones, pesca, energía nuclear, industria del petróleo, aviación, puertos y aeropuertos, microelectrónica, armamento y banca comercial (excepto en los casos de algunos bancos extranjeros establecidos hace mucho tiempo, tal como Citicorp). La propiedad rural sólo puede ser adquirida por extranjeros residentes en el país[46].

De conformidad con la versión modificada del artículo 170º de la Constitución, *"toda compañía establecida de acuerdo con la ley brasileña es considerada nacional, cualquiera que sea la procedencia de su capital"*. Esto significa que una vez autorizada a operar en el país, una compañía extranjera recibe el mismo tratamiento que una empresa nacional.

La remesa de utilidades no está sujeta a ninguna restricción, excepto en la eventualidad de problemas de balanza de pagos, durante los cuales puede ser limitada hasta 10% del capital de la empresa. En cambio, las transferencias de capital e intereses están garantizadas, aún en caso de dificultades de pagos. Los pagos por tecnología se encuentran limitados a una escala que va del 1% al 5% de las ventas de la empresa. El Consejo Monetario Nacional mantiene estrictos controles de cambio, lo cual significa que en la práctica las transferencias externas pueden estar sujetas a largas esperas para conseguir las divisas extranjeras[47].

Los acuerdos de transferencia de tecnología deben ser aprobados por el Instituto Nacional de la Propiedad Industrial. Después de tres años sin ejercicio de derechos o de un año de suspensión de la explotación, las patentes quedan sujetas al mecanismo de licencia obligatoria. El Banco Central autoriza solamente la remesa de regalías de aquellos contratos que han sido oficialmente aprobados, por haberse sujetado a ciertas normas (relacionadas especialmente con la forma de

---

[46] Las compañías extranjeras deben recurrir a inversiones conjuntas (*joint ventures*) para establecer empresas financieras y de seguros (excepto en el caso de la banca comercial). El requisito de asociación con inversionistas nacionales también opera para la industria petroquímica y, en general, para las empresas privatizadas. En empresas de carga por aire y tierra, así como en agencias de empleo, los extranjeros sólo pueden tener un accionariado minoritario. Una de las más discutidas políticas del gobierno es la de utilizar medidas de reserva de mercado para evitar las adquisiciones extranjeras en ciertos sectores. CEPAL. *La inversión extranjera en América Latina y el Caribe*. Santiago de Chile. 1998. LC/G.2042-P.

[47] Los incentivos a la inversión se dan a nivel federal, estadual y de gobierno local. El gobierno federal no provee incentivos fiscales especiales para la IED, pero ofrece en cambio exenciones tributarias a individuos y firmas de cualquier nacionalidad que inviertan en ciertas regiones de menor desarrollo del país (principalmente el Noreste y la Amazonia). Como política general, los incentivos no son otorgados automáticamente, sino solamente después de una verificación por las dependencias gubernamentales pertinentes, de los aspectos favorables de los proyectos para el desarrollo económico (especialmente sus implicancias para la transferencia tecnológica, creación de empleos, sustitución de importaciones o potencial para la exportación). Esta característica convierte muchos incentivos en requerimientos de desempeño. *Las empresas transnacionales y la inversión extranjera en Brasil*. Santiago de Chile: CEPAL. 1991. LC-L.619.

negociación de las licencias y la explotación de las patentes). El Banco Central rechaza solicitudes de transferencia de fondos que aparentemente involucren a empresas relacionadas entre sí. En lo relacionado con la fuerza de trabajo, dos terceras partes (66%) de los trabajadores de una empresa deben ser brasileños; la contratación de mano de obra extranjera demanda una solicitud especial acompañada de documentos sustentatorios.

Brasil en los últimos años ha adoptado una política de apertura de su economía al capital extranjero, con el fin de estimular nuevas inversiones directas en varios sectores de la economía del país. En ese sentido, el Plan de Estabilización (conocido como "Plan Real"), el Programa Nacional de Privatización, las reformas de 1995 de la Constitución Federal en materia económica y el tratamiento flexible que concede la legislación tributaria relativa al capital externo permiten que Brasil lidere en la región la atracción de inversiones.

La reforma de la Constitución de 1995 eliminó la discriminación que había entre capital nacional y extranjero, y por ende superó la antigua incoherencia con el artículo 2° de la Ley N° 4.131, del 3 de septiembre de 1962 (Ley del Capital Extranjero, reglamentada por el decreto N° 55.762/65), que establece que el capital extranjero invertido en Brasil gozará de un tratamiento jurídico idéntico al concedido al capital nacional, en igualdad de condiciones[48]. Además esta última reforma constitucional ha permitido la liberalización de sectores antes prohibidos o restringidos en relación con el capital foráneo, como los de la minería, navegación de cabotaje o algunos servicios de telecomunicación[49].

La Ley de Capital Extranjero en su artículo 1° define como capitales extranjeros a *"... los bienes, máquinas y equipamientos introducidos en Brasil sin dispendio inicial de divisas, destinados a la producción de bienes o servicios, como los recursos financieros o monetarios, introducidos en el país para una aplicación en actividades económicas, siempre que, en ambos supuestos,*

---

[48] Artículo 2° de la Ley 4.131/62: *"El capital extranjero que sea invertido en el país, recibirá tratamiento jurídico idéntico al concedido al capital nacional, con igualdad de condiciones, siendo prohibidos cualquier tipo de discriminación no prevista legalmente".*

[49] Existen aún ciertos límites a la inversión extranjera en los siguientes sectores: servicios de salud; desarrollo de las actividades que engloben energía atómica y eléctrica; industria pesquera; propiedad y administración de periódicos, revistas y otro tipo de publicaciones, así como redes de radio y televisión; derechos sobre la propiedad en áreas rurales y de actividades comerciales junto a fronteras internacionales (en un radio de 150 Km.); transporte aéreo doméstico; servicios de correos y telégrafos; industria aerospacial; transporte de cargas por carretera; sociedades aseguradoras; instituciones financieras. Por otra parte, la inversión extranjera en el mercado interno de títulos y valores está limitada a las siguientes áreas: fondos de inversión; sociedades de inversión; carteras administradas de no residentes; carteras administradas de inversores institucionales extranjeros.

*pertenezcan a personas físicas o jurídicas residentes, domiciliadas o con sede en el exterior."*
Según la legislación vigente, las inversiones de capital no requieren aprobación previa, pero los préstamos precisan autorización del Banco Central y la inversión mediante cesión de tecnología puede requerir la aprobación y registro en la oficina del INPI (oficina brasileña de patentes) y en el Banco Central. No hay restricciones a la distribución y remesa de beneficios al exterior. Por otra parte, Brasil ha firmado diversos Tratados para evitar la doble imposición. Estos acuerdos internacionales gozan según la Constitución brasileña del mismo rango que las leyes. Además, aún cuando Brasil ha firmado algunos pocos tratados bilaterales sobre promoción y protección de inversiones, ninguno de ellos entró en vigencia pues el Congreso Nacional los rechazó, tachándolos de inconstitucionales. Por otro lado, no es parte del CIADI. Cabe señalar que los inversores extranjeros en Brasil tienen acceso a los mismos recursos procesales que los inversionistas locales, no existiendo ningún procedimiento especial.

En Brasil, mientras que en 1990, los ingresos de capitales en concepto de IED alcanzaban los 1.100 millones de dólares, 10 años después ascendían a 32.779 millones. Sin embargo, en 2001, descendió a 22.457, en 2002, a 16.590, y en 2003, a 10.144 millones. Aún cuando este país también se vio afectado por la crisis económica que padece la región, continúa siendo el más importante receptor de inversiones del Cono Sur[50].

## 5.  MARCO LEGAL DE LA INVERSIÓN EXTRANJERA EN CHILE

A partir de 1988, Chile ha estado en la cúpula de países anfitriones en América Latina (junto con Argentina, Brasil y México), concentrando en conjunto más del 70% de las inversiones externas en la región. La inversión desempeña un rol preponderante para la economía chilena, tanto dentro del país como en el extranjero. Esta última ha crecido enormemente en los últimos años. Chile ha permitido la participación de un Estado eficiente y regulador de las deficiencias del mercado libre, y de un plan nacional que ha estado orientado a la inversión en investigación y tecnología. La actividad económica al desarrollarse dentro un marco liberal con injerencia del Estado en los asuntos económicos, derivó en la generación de altas tasas de crecimiento y estabilidad financiera en el marco de una restaurada democracia. El reciente acuerdo de libre mercado de Chile con Canadá y la entrada del país sudamericano al TLCN, constituyen reconocimientos de esta realidad.

Entre 1975 y 1981, un primer ensayo del gobierno militar de Pinochet de establecer autoritariamente una economía liberal acabó en una crisis. Chile se retiró del Grupo Andino en 1976. Después de introducir algunos ajustes en el modelo, el gobierno logró finalmente el

---

[50] FUENTE: *Centro de Economía Internacional en base a Banco Central de Brasil, IBGE, SECEX y FMI.* www.cei.gov.ar

despegue económico a partir de 1984, registrando altas tasas de crecimiento, aunque pagando el precio de un significativo incremento de la desigualdad y la pobreza en la sociedad chilena.

La principal legislación sobre IED la constituye el Estatuto de inversión extranjera (Decreto Ley 600 de 1974), sustancialmente modificado por el Decreto 1748 de 1977, que tomó distancia de las normas de la Decisión 24. Otras modificaciones de importancia al Decreto Ley 600 han sido efectuadas por las siguientes leyes: 18065 de 1981, 18474 de 1985, 18682 de 1987, 18840 de 1989, y 18904 de 1990. Además de estas normas, el Banco Central emite disposiciones cambiarias, las cuales publica en un Compendio de normas de cambio.

Las inversiones foráneas por más de cinco millones de dólares, las destinadas a servicios públicos y comunicaciones, así como aquellas realizadas por entidades relacionadas con gobiernos extranjeros, requieren un proceso de aprobación por parte del Comité de inversión extranjera. Todas las demás inversiones extranjeras están sujetas a un trámite de aprobación simplificado y rápido. Los inversionistas deben firmar un contrato estandarizado con el gobierno, en el que, entre otras cosas, se detalla el periodo de desembolso de la inversión y se señala plazos máximos para el mismo, según el sector económico. Los inversionistas deben obtener un certificado del Banco Central, indicando el monto de capital a ingresar, el cual les permite vender moneda extranjera. La IED puede efectuarse en varias formas, incluyendo activos, tecnología y créditos. En el caso de tecnologías, éstas deben ser evaluadas por el Comité de inversión extranjera.

Existen estadísticas registradas por el Comité de Inversiones Extranjeras que permiten constatar que entre un 30% y un 40% de las inversiones se financiaron con capitales propios de los asociados, mientras que el resto provino de créditos sindicados de bancos comerciales internacionales. También en muchos casos un porcentaje menor fue financiado por el comprador, el que realiza contratos de largo plazo, sobre todo tratándose de concentrados del mineral.

La inversión extranjera está excluida de los canales de televisión, así como de actividades relacionadas con la seguridad nacional. Los derechos de explotación de minerales y yacimientos de petróleo pertenecen exclusivamente al Estado, con quien los inversionistas extranjeros pueden suscribir contratos de riesgo compartido para exploración y explotación. Los inversionistas extranjeros sólo pueden tener una participación porcentual de empresas de pesca, cabotaje y banca, así como en otras entidades financieras y de seguros.

Los inversionistas extranjeros reciben igual tratamiento que los nacionales, en principio con una sola excepción: acceso al crédito interno. En la práctica, esta restricción sólo es puesta en vigor por el gobierno en el caso de grandes proyectos. Los inversionistas foráneos pueden contratar seguros de inversión en el exterior y optar por acogerse a un régimen de estabilidad tributaria (del cual probablemente se inspiró el mecanismo peruano, más amplio, de estabilidad jurídica). Este régimen, que constituye un privilegio especial para los inversionistas extranjeros (configurando una instancia de discriminación favorable), puesto que no es aplicable a empresas nacionales, consiste en la estabilización tanto de las tasas tributarias como de los criterios utilizados para determinar la masa imponible.

El inversionista extranjero es propietario del derecho de opción por la invariabilidad tributaria contenida en el D.L. 600 de 1974, y propietario del derecho de acceso al mercado cambiario formal, como asimismo titular de un derecho de propiedad sobre el conjunto de tratamientos no discriminatorios que el Estado de Chile le debe otorgar en su condición de inversionista foráneo.

Las empresas extranjeras tienen derecho a acceder al mercado de cambios y a efectuar transferencias al exterior. La única condición para las remesas es que el capital haya permanecido por un año en el país (hasta 1993 era tres años), con el objeto de evitar los flujos desestabilizadores de los capitales de corto plazo. La remesa de regalías requiere la aprobación del Banco Central. El instituto emisor está a cargo de los controles de cambio. Hay dos mercados de cambio: un mercado libre y otro formal (a través de los bancos). La mayor parte de las transacciones de comercio e inversión deben realizarse a través del mercado de cambios formal.

La ayuda del Estado se otorga en iguales condiciones a las empresas nacionales y extranjeras, por ejemplo, los subsidios a la exportación. Sin embargo, parece haber dos excepciones en las que los beneficios están limitados a las empresas extranjeras. La primera es las zonas de exportación que existen en los extremos norte (Iquique) y sur (punta arenas) del país. La segunda es un régimen de incentivos para mega proyectos de exportación (por más de 50 millones de dólares), el cual incluye la opción de que las empresas mantengan fondos en el exterior, sobre la base de sus ingresos por exportación. En el caso de todos estos incentivos, las empresas extranjeras deben suscribir contratos con el Estado estipulando las condiciones en que efectuaran la inversión.

## 6. MARCO LEGAL DE LA INVERSIÓN EXTRANJERA EN ARGENTINA

La Constitución Nacional consagra el principio de igualdad de derechos entre nacionales y extranjeros, entre cuyos derechos están los de trabajar, ejercer toda industria lícita, ejercer el comercio y asociarse libremente. Estos principios, plasmados en la Ley 21.382 de Inversiones Extranjeras, sumado a la privatización de los servicios prestados por el Estado, en todos los cuales han participado empresas extranjeras, determinan claramente que no hay sectores excluidos para la inversión de ese origen.

Sólo existe una limitación parcial relativa a la adquisición de inmuebles en zonas fronterizas. Para efectuar la compra de esos inmuebles, debido a consideraciones de defensa nacional, los inversores extranjeros deben requerir la aprobación del proyecto a la autoridad pertinente. Esta norma está siendo objeto de estudio para su reforma.

Las empresas públicas y privadas (tanto argentinas como extranjeras) compiten en completa igualdad de condiciones. La distinción entre los dos tipos de empresas ha perdido importancia como resultado del extenso proceso de privatizaciones, por el cual la totalidad de los servicios públicos nacionales y la mayoría de las empresas del Estado han pasado al sector privado, entre las cuales casi invariablemente se encuentran empresas extranjeras.

Las garantías constitucionales de libre ejercicio del comercio, profesión e industria lícita han impregnado la totalidad del sistema jurídico (en vista de la completa desregulación de la economía), y han inspirado una serie de leyes para garantizar la libertad económica, entre las cuales se destacan las siguientes:

a)      Ley N° 22.262 Defensa de la Competencia: Esta ley reprime las conductas que limiten, restrinjan o distorsionen la competencia o que constituyan un abuso de posición dominante en un mercado. En su artículo 1° establece un tipo general que contempla la generalidad de los actos que puedan dar lugar a sanciones administrativas o penales. Prevé una larga instancia administrativa previa a cargo de una Comisión de Defensa de la Competencia presidida por un Subsecretario de Estado e integrada además por cuatro vocales: dos abogados y dos profesionales en ciencias económicas. La Comisión tiene a su cargo la etapa instructora. La ley también regula expresamente las sanciones penales aplicables a aquellos actos que se tipifican en su articulado. Las sanciones penales se reservan para aquellos casos que no hubiera sido posible solucionar mediante los procedimientos administrativos antes aludidos.

b)      Ley N° 22.802 de Lealtad Comercial: Esta norma se refiere a la identificación de mercaderías y a la publicidad de bienes muebles, inmuebles y servicios. Protege al consumidor a la vez que facilita al comerciante el conocimiento de la legislación a que debe adecuarse. En lo referente a la identificación de mercaderías se establecen las indicaciones obligatorias que todo producto debe contener para ser comercializado. También tiende a evitar errores o engaños en cuanto al origen de los productos a comercializar. Tiene como objetivo adicional proteger a los productores de determinadas regiones o áreas que con el paso del tiempo han adquirido prestigio o renombre y por lo tanto sería inequitativo su usufructo por sus legítimos originadores.

c)      Ley N° 24.240 de Defensa del Consumidor: Tiene como objetivo la protección jurídica del consumidor, y a garantizar en el mercado una situación de equilibrio entre los consumidores y proveedores. Se busca favorecer a los consumidores estableciendo sus derechos, así como también sus obligaciones, dándoles los instrumentos necesarios para hacerlos efectivos en caso de violación de los mismos. Se establece que el Estado debe intervenir para informar, orientar y educar a los consumidores como agentes económicos. Con la vigencia de esta ley se perfecciona la actual normativa, se delimita la relación de consumo, se precisa el papel del Estado y se otorga al consumidor un instrumento para promover y proteger sus intereses en los mercados.

La Constitución Argentina garantiza el trato igualitario entre inversores locales y foráneos, así lo establece el art. 20° al sentar el principio de igualdad de derechos entre argentinos y extranjeros.

El art. 20° de la Constitución Nacional dispone: *"Los extranjeros gozan en el territorio de la Nación de todos los derechos civiles del ciudadano; pueden ejercer su industria, comercio y profesión; poseer bienes raíces, comprarlos y enajenarlos; navegar los ríos y costas; ejercer libremente su culto; testar y casarse conforme a las leyes. No están obligados a admitir la ciudadanía, ni a pagar contribuciones forzosas extraordinarias. Obtienen nacionalización residiendo dos años continuos en la Nación; pero la autoridad puede acortar este término a favor del que lo solicite, alegando y probando servicios a la República"*.

Existía en la Ley N° 21.526 de Entidades Financieras el requisito de reciprocidad para la instalación de bancos o entidades financieras extranjeras en la Argentina, pero el mismo fue expresamente eliminado (decreto 146/94, que además reafirma el principio de igualdad de requisitos y tratamiento para solicitantes extranjeros y nacionales respecto de la apertura de bancos y entidades financieras en la Argentina) por incompatibilidad con los principios constitucionales y el plan de gobierno aprobado por el Congreso Argentino en 1989, que consta en la Ley N° 23.697 de Reforma Económica y concordantes.

El artículo 25° y 75° inciso 18 prescribe las indicaciones para el fomento y promoción de lo que hoy denominamos inversión extranjera[51]. El régimen legal de las inversiones extranjeras en la República Argentina es la Ley N° 21.382, la misma que fue modificada en 1993 por decreto 1853. Esta legislación, concordante con la Constitución Nacional, consagra la igualdad de tratamiento de los inversores nacionales y extranjeros. La reforma introducida en 1993 pretendía llevar al plano de las inversiones la política adoptada por el país en esos años, cuya base legislativa eran las leyes de Emergencia Económica y de Reforma del Estado de 1989 y la ley de Convertibilidad de 1991. A partir de dicho decreto, quedó establecido que *"las inversiones extranjeras pueden realizarse sin necesidad de obtener aprobación previa alguna, en igualdad de condiciones que los inversores domiciliados en el país"* (art. 2°). No se requiere aprobación previa del Poder Ejecutivo, ni registro de la inversión, ni ningún otro trámite en sede pública. De este modo la

---

[51] El art. 25° dispone: *"El Gobierno federal fomentará la inmigración europea; y no podrá restringir, limitar ni gravar con impuesto alguno la entrada en el territorio argentino de los extranjeros que traigan por objeto labrar la tierra, mejorar las industrias, e introducir y enseñar las ciencias y las artes"*.
Y el art. 75° afirma: *"Corresponde al Congreso:... inc. 18 Proveer lo conducente a (...) la importación de capitales extranjeros (...)"*.

inversión extranjera queda circunscrita al campo de la voluntad privada, con libertad total tanto en la radicación como en la repatriación del capital y las utilidades.

El artículo 2° de la Ley N° 21.382 establece que un inversor extranjero puede ser persona física o jurídica, ambas equiparadas en su tratamiento con los inversores nacionales:

Artículo 1. *"Los inversores extranjeros que inviertan capitales en el país en cualquiera de las formas establecidas en el Artículo 3 destinados a la promoción de actividades de índole económica, o a la ampliación o perfeccionamiento de las existentes, tendrán los mismos derechos y obligaciones que la Constitución y las leyes acuerdan a los inversores nacionales, sujetos a las disposiciones de la presente ley y de las que se contemplen en regímenes especiales o de promoción"*. La inversión extranjera se encuentra presente en virtualmente todas las actividades y sectores de la economía, pues no existen restricciones o áreas reservadas.

La Ley 21.382 define la inversión de capital extranjero como: a) todo aporte de capital extranjero perteneciente a inversores extranjeros aplicado a actividades de índole económica realizadas en el país, y b) la adquisición de participaciones en el capital de una empresa local existente, por parte de inversores extranjeros (art. 2.1). El inversor extranjero es calificado como *"Toda persona física o jurídica domiciliada fuera del territorio nacional titular de una inversión de capital extranjero, y las empresas locales de capital extranjero... cuando sean inversoras en otras empresas locales"* (art. 2.2)[52]. Asimismo, la empresa local de capital extranjero es definida como *"Toda empresa domiciliada en el territorio de la República, en la cual personas físicas o jurídicas domiciliadas fuera de ella, sean propietarias directa o indirectamente de más del 49% del capital o cuenten directa o indirectamente con la cantidad de votos necesarios para prevalecer en las asambleas de accionistas o reuniones de socios"* (art. 2.3). Además, la legislación nacional prevé la libre transferencia de utilidades y la repatriación del capital.

El artículo 5° del decreto reglamentario 1853/93 de la mencionada Ley dispone que *"El derecho de los inversores extranjeros de repatriar su inversión y enviar al exterior las utilidades líquidas y realizadas podrá ser ejercido en cualquier momento"*[53].

---

[52] Artículo 3. A los efectos de lo establecido en el artículo 2° inc. 2) de la Ley N° 21.382 (1993), el concepto de inversor extranjero *incluye a las personas físicas o jurídicas con domicilio fuera del territorio nacional*. Por tanto, un nacional del Estado puede acogerse al régimen de la inversión extranjera en la medida que el nacional argentino mantenga domicilio fuera del territorio nacional. Decreto reglamentario 1852/93.

[53] De la aplicación de dicha norma surge que no existen restricciones ni aprobaciones previas a la repatriación del capital o la remesa de las utilidades. Tampoco existen períodos de espera obligatorios para tal repatriación o remesa. El libre acceso a un mercado de divisas libre y desregulado garantiza el normal ejercicio de transferencia tanto a inversores extranjeros como a

No existe norma alguna de nivel administrativo respecto del régimen de inversiones extranjeras. No existen mecanismos que permitan identificar a inversores o inversión extranjera en ningún nivel. Esto obedece a una política expresa de no obstruir en manera alguna la entrada y salida de capitales extranjeros, en el entendimiento que tal postura crea condiciones óptimas de negocios y cumple los mandatos constitucionales respecto de la importación de capitales extranjeros.

No existen requisitos de desempeño aplicables a la inversión extranjera como principio general. La única excepción está dada por aquellos requisitos de desempeño impuestos a las empresas en los contratos de concesión de los servicios públicos privatizados, las cuales surgen exclusivamente por la propia naturaleza de los servicios públicos.

La Constitución Argentina (de 1853 modificada en 1994), contiene las normas que rigen la forma de gobierno y los derechos y garantías individuales de todos los habitantes del país. Su enfoque al respecto es muy amplio, pues otorga a los extranjeros los mismos derechos de trabajar, comerciar, comprar y vender bienes, ejercer derechos de propiedad, etc., que otorga a los nacionales, y establece en su artículo 17° la inviolabilidad del derecho de propiedad y que ningún habitante de la nación puede ser privado del mismo excepto en virtud de sentencia legal.

Le Ley de Expropiaciones 21.499 establece la posibilidad de que el Estado Nacional expropie previa declaración de que un bien se encuentra sujeto al criterio público. La Ley también deja abierta la posibilidad de un acuerdo entre el Estado Nacional y un particular, y establece un procedimiento judicial especial para el caso que no se alcanzara tal acuerdo.

La compensación puede fijarse por acuerdo entre el particular y el Estado Nacional, o si el mismo no se alcanzara la Ley de Expropiaciones prevé un procedimiento judicial a tal efecto. La compensación es calculada con el daño emergente y un agregado de hasta el 10% de su monto. Otras categorías como lucro cesante y daño moral no son incluidas puesto que en virtud de la Constitución y la Ley 21.499 la actividad del Estado es lícita y por lo tanto se entiende no corresponden por su naturaleza reparativa. El artículo 10° de la Ley de Expropiaciones establece que la indemnización comprenderá el valor objetivo del bien y los daños que sean consecuencia inmediata y directa de la expropiación. En cuanto a la forma de pago, el mismo debe realizarse en dinero en efectivo (salvo que el titular del bien expropiado expresamente acepte otra forma de pago, tal como estipula el artículo 12°). La tasación y evaluación del bien es realizada por un órgano creado a tal efecto, el Tribunal de Tasaciones de la Nación (artículo 13°)[54].

---

nacionales argentinos.

[54] La Ley mencionada establece que la indemnización debe ser previa a la expropiación. La única situación que podría constituir una excepción al principio de la indemnización previa es la

La internación de los aportes, independientemente de su modalidad, es libre y exenta de aprobaciones gubernamentales o formalidades específicas para su internación. La Ley de Inversiones Extranjeras establece al respecto que: *"Artículo 3. La inversión extranjera podrá efectuarse en: 1. Moneda extranjera de libre convertibilidad. 2. Bienes de capital, sus repuestos y accesorios. 3. Utilidades o capital en moneda nacional pertenecientes a inversores extranjeros, siempre que se encuentren legalmente en condiciones de ser transferidos al exterior. 4. Capitalización de créditos externos en moneda extranjera de libre convertibilidad. 5. Bienes inmateriales, de acuerdo con la legislación específica. 6. Otras formas de aporte que se contemplen en regímenes especiales o de promoción".*

Como resultado del principio de igualdad de tratamiento, la inversión extranjera tiene las mismas cargas impositivas que los inversores locales. No hay ningún tipo de tratamiento discriminatorio al respecto. La mayoría de los impuestos gravan el consumo y las importaciones; otros impuestos gravan las ganancias, el valor agregado y propiedades como inmuebles y vehículos (aunque estos últimos tienden a ser irrelevantes por sus montos). Los dos impuestos centrales en la estructura fiscal argentina son el aplicable a las ganancias y al valor agregado, que se aplican en forma exactamente idéntica a nacionales argentinos e inversores extranjeros[55].

La República Argentina ha celebrado tratados bilaterales sobre protección y promoción de inversiones extranjeras con más de cincuenta países. No obstante, la ratificación de innumerables BITs por parte de Argentina sin un estudio de sus verdaderos alcances, ha llevado a este país a poseer la mayor cantidad de casos pendientes de resolución en su contra ante el Centro Internacional para el Arreglo de Diferencias Relativas a Inversiones (CIADI), producto principalmente de la crisis institucional y económica en la que quedó sumergido este país

---

ocupación temporaria del bien que se contempla para casos muy especiales de necesidad súbita e imperiosa de utilidad pública (Título IX de la Ley).

[55] Utilidades, beneficios, dividendos:

1. Sociedades de capital (anónimas y encomanditas por acciones).- Tributan el 33% sobre las ganancias netas, sin distinción de la composición del capital -nacional o extranjero; lo mismo rige para las sucursales de empresas extranjeras. En caso de distribución de dividendos, ya sea a personas físicas o jurídicas, residentes o no, dichos dividendos no están gravados.

2. Otras sociedades (responsabilidad limitada, de hecho, explotaciones unipersonales).- Tributan en cabeza de cada uno de los socios. Una vez determinada la ganancia neta sujeta a impuesto, la misma se asigna a cada socio de acuerdo a su participación en al capital social.

3. Personas físicas.- Tributan según una escala progresiva del 11% al 30%. Se grava la ganancia deducidos los gastos necesarios para obtenerla y conservarla más otras deducciones que establece la ley.

recientemente, y que llevó al gobierno a cambiar las medidas de política económica y monetaria vigentes hasta entonces, en perjuicio, en muchos casos, de los inversores extranjeros.

Argentina es miembro desde el 18 de noviembre de 1994 del Centro Internacional para Arreglo de Disputas sobre Inversión (CIADI, o ICSID, según sus siglas en inglés), creado por el Convenio sobre Arreglo de Diferencias relativas a Inversiones entre Estados y Nacionales de otros Estados de 1965, a iniciativa del Banco Mundial. Asimismo, es miembro en la *Multilateral Investment Guarantee Agency* (MIGA) y en la *Overseas Private Investment Corporation* (OPIC).

Argentina, desde 1990 a 1999, obtuvo incrementos progresivos en sus ingresos de capitales por IED. En 1990 ascendían a la cifra de 1.836 millones de dólares, mientras que en 1999 eran de 23.988 millones. Para el 2000 dicha tendencia se revirtió. En ese año tales ingresos descendieron a 10.418, en 2001, abruptamente se redujeron en consonancia con la crisis económico-institucional que conmocionó al país a 2166, en 2002, a 785 y en 2003 a 478 millones[56].

## 7. MARCO LEGAL DE LA INVERSIÓN EXTRANJERA EN VENEZUELA

La norma relacionada a las inversiones está contenida en el Ordinal 10, artículo 190° de la Constitución Nacional Venezolana, artículo único, párrafo tercero de Ley Aprobatoria del Acuerdo de Cartagena (Bogotá 20 de mayo 1969).

Además, la Decisión 291 del Acuerdo de Cartagena, capítulo I, artículo 2° del decreto 2.095 incluye las siguientes modalidades de Inversión Extranjera Directa:

a)      Los aportes provenientes del exterior de propiedad de personas naturales o jurídicas extranjeras, destinados al capital de una empresa, en moneda libremente convertible o en bienes físicos tangibles, tales como plantas industriales, maquinarias nuevas o reacondicionadas, equipos nuevos o reacondicionados, repuestos, partes y piezas, materias primas y productos intermedios.

b)      Las inversiones y reinversiones que se efectúen de conformidad con el presente régimen hechas en moneda nacional, propiedad de personas de nacionalidad extranjera o de empresas extranjeras provenientes de utilidades de capital, intereses, amortizaciones de préstamos, participaciones u otros derechos o de cualquier otros recursos a cuya transferencia al exterior tengan derecho los inversionistas.

---

[56] FUENTE: Centro de Economía Internacional en base a Banco Central de la República Argentina, Ministerio de Economía e INDEC. www.cei.gov.ar

c) La proveniente de la conversión de deuda externa en inversión, propiedad de personas naturales o jurídicas extranjeras.

d) La proveniente de las contribuciones tecnológicas intangibles, tales como marcas, modelos industriales, asistencia técnica y conocimientos técnicos patentados, que puedan presentarse bajo la forma de bienes físicos, documentos técnicos e instrucciones.

Los mecanismos que permiten identificar al inversionista extranjero y a la inversión extranjera están incluidos en el artículo 2° párrafo 1: La adquisición de acciones, articulaciones de derechos de propiedad de inversionistas nacionales o subregionales por parte de inversiones extranjeras efectuadas conforme a la ley, debe registrarse ante el SIEX, dentro de los 60 días siguientes a la operación respectiva[57].

La libertad económica está garantizada en la Constitución Nacional, Capítulo V: Derechos Económicos, primer párrafo del artículo 96° y artículo 98°.

Artículo 96°: *"Todos pueden dedicarse libremente a la actividad productiva de su preferencia, sin más limitaciones que las previstas en la Constitución y las que establezcan las leyes por razones de seguridad, de sanidad u otras de interés social. La ley dictará normas para prevenir la usura, la indebida elevación de los precios y, en general, las maniobras abusivas encaminadas a obstruir o restringir la actividad económica"*.

Artículo 98°: *"El Estado protegerá la iniciativa privada, sin perjuicio de la facultad para dictar medidas para planificar, racionalizar y fomentar la producción, y regular la circulación, distribución y consumo de la riqueza, a fin de impulsar el desarrollo del país"*.

La Ley Orgánica del Trabajo (artículo 27°) relativo a las condiciones de nacionalidad estipula: *"El 90% por lo menos, tanto de los empleados como los obreros al servicio de un patrón que ocupe 10 trabajadores o más deben ser venezolanos. Además, las remuneraciones del personal extranjero, tanto de los obreros como de los empleados, no excederá del 20% total de remuneraciones pagado a los trabajadores de una u otra categoría"*.

Por su parte el artículo 20° de la citada Ley Orgánica del Trabajo establece: *"Los jefes de relaciones industriales, jefes de personal, capitanes de buques, o aeronaves, capitanes o quienes ejerzan funciones análogas, deberán ser venezolanos"*.

---

[57] Órganos vinculados con el Registro de inversiones extranjeras son:
    a) Superintendencia de Inversiones Extranjeras (SIEX).
    b) Ministerio de Minas.
    c) Superintendencia de Seguros.
    d) Superintendencia de Bancos.
    e) Dirección General Sectorial Finanzas Públicas, Ministerio Hacienda.

El régimen general no establece restricciones. El actual sistema de libertad de adquisición de divisas, propia del mercado cambiario, permite remesar remuneraciones al exterior. No Existen normas impositivas especiales para la inversión extranjera.

El principio de no discriminación económica está regulado por el artículo 15° de la Constitución Nacional: Los extranjeros tienen los mismos deberes y derechos que los venezolanos, con las limitaciones o excepciones establecidas por la Constitución y las leyes.

Los sectores o actividades económicas reservadas al Estado venezolano son los siguientes:

a)    **Armas y explosivos**.

Ley sobre Armas y Explosivos (artículo 5°). Sólo el Gobierno Nacional puede establecer en el país fábricas de armas y municiones de guerra, conforme a las reglas que previamente dicte. El Estado Venezolano no otorga concesiones en este sector.

b)    **Petróleo y sus derivados**.

Ley Orgánica que reserva al Estado la industria y comercio de los hidrocarburos del 30 de agosto de 1975. Ley que reserva al Estado la industria de gas natural del 12 de agosto 1971. Ley que reserva al Estado la explotación del mercado interno de derivados de hidrocarburos.

Se reserva al Estado lo relativo a la explotación de los yacimientos de petróleo, asfalto y demás hidrocarburos que se encuentren en el ámbito del territorio nacional, así como su manufactura y refinación, transporte por vías especiales y almacenamiento, comercialización nacional e internacional de las sustancias explotadas y refinadas, y las obras que su manejo requiera.

Se reserva al Estado la industria del gas natural proveniente de yacimientos de hidrocarburos.

Los inversionistas tienen dos vías para invertir en este sector. Primero, a través de las asociaciones estratégicas con PDVSA en grandes proyectos y segundo, a través de la inversión en proyectos de campos marginales.

c)    **Minería**.

El Estado se reserva la industria de la explotación del hierro. El Estado se reserva la exploración y explotación de todos los minerales a que se refiere la ley. El derecho a explotar minerales sólo puede adquirirse mediante concesiones otorgadas por el ejecutivo. Toda persona nacional o extranjera puede adquirir concesiones, siempre que no se trate de gobiernos o Estados extranjeros o empresas que dependan de ellos.

d)    **Servicios Postales y Telegráficos**.

El correo es un servicio público prestado exclusivamente por el Estado. La prestación de servicios de correos por empresas privadas es materia de concesión de la autoridad competente, previa opinión favorable del Ministerio de Transporte y Comunicaciones.

e)    **Servicios de Transporte por Ferrocarril.**

Los ferrocarriles serán construidos por el Estado o por empresas particulares mediante concesiones otorgadas a personas naturales o jurídicas domiciliadas en el país que no dependan de modo alguno de gobiernos extranjeros ni en la que éstos tengan interés o participación por sí mismos o por interpósitas personas.

f)    **Servicios de Operación de Puertos y Vías de Navegación.**

El Ejecutivo puede otorgar concesiones específicas para operar y administrar puertos de uso público y privado.

g)    **Servicio de Control de Tráfico Aéreo.**

h)    **Servicios de Ayuda a la Navegación.**

Los sectores o actividades económicas en que solamente la inversión extranjera esté excluida, restringida o limitada en este país son los siguientes:

a)    **Servicios de transmisión de programas de radio y televisión y servicios de radio y televisión.**

Sólo los nacionales venezolanos y empresas venezolanas que sean propietarios de más del 80% del capital, podrán realizar inversiones en televisión y radio.


b)    **Servicios aduaneros y fiscales.**

Las operaciones aduaneras deberán realizarse siempre por un agente de aduanas. Para actuar como tal se requiere: (i) ser venezolano o empresa nacional en los términos del Acuerdo de Cartagena, y (ii) estar establecido en la localidad donde tenga su asiento la aduana ante la cual ejercerá sus funciones.

c)    **Productos lácteos.**

Queda reservada la actividad económica de deshidratación de leche a los venezolanos y empresas venezolanas en las que los extranjeros no pueden tener más del 40% del capital social. El capital de las empresas en las cuales tengan participación extranjeros tendrá la siguiente distribución:

(i)    por lo menos 40% del capital será propiedad de los productores proveedores de leche de la empresa que la deshidrató;

(ii)    el 20% del capital será propiedad del Estado. El Estado venderá un 5% de sus acciones a los trabajadores de la empresa deshidratadora y el 15% restante las venderá progresivamente a los nuevos productores que se incorporen como proveedores.

d)    **Transporte Marítimo.**

Los agentes navieros, para actuar como tales ante las autoridades marítimas, deben ser venezolanos y en caso de personas jurídicas, estar constituidos con un mínimo de 80% de capital aportado por personas naturales o jurídicas venezolanas.

e)     **Transporte Aéreo.**

Sólo los venezolanos y las personas jurídicas venezolanas podrán inscribir y matricular en Venezuela aeronaves destinadas a servicios públicos de transporte aéreo o al servicio privado de trabajos aéreos.

f)     **Servicios Aéreos Especializados.**

Las operaciones de aeronaves de servicios comerciales que presten servicios aéreos especializados o trabajos aéreos, conforme a la legislación venezolana, se efectuarán de acuerdo a las estipulaciones de permiso expedido por el Ministerio de Transporte y Comunicaciones y sólo podrá realizarse por empresas con un mínimo de 51% de capital venezolano y personal técnico venezolano, salvo que se carezca de éste en el país.

g)     **Campamentos Vacacionales.**

Sólo pueden administrar y explotar campamentos turísticos como propietarios y administradores los venezolanos, o extranjeros que tengan por lo menos cinco años de residencia ininterrumpida en el país.


h)     **Ley Orgánica de Seguridad y Defensa.**

Ningún extranjero puede adquirir, poseer o detentar por sí o por interpuestas personas, sin autorización escrita del Ejecutivo Nacional a través del Ministerio de Defensa, la propiedad u otros derechos sobre bienes inmuebles en la zona de seguridad fronteriza y en la zona de seguridad que circundan las instalaciones militares y las industrias básicas, a menos que posean autorización del Ministerio de Defensa.

i)     **Servicio de Estaciones de Autobuses.**

Son competencia del Ejecutivo Nacional el que puede otorgar concesiones a empresas privadas, sociedades anónimas de nacionalidad venezolana.

j)     **Servicios profesionales.**

Queda reservada a empresas venezolanas la inversión en empresas que presten servicios profesionales cuyo ejercicio esté reglamentado por leyes nacionales.

Es facultativo del Ejecutivo Nacional aplicar el principio de reciprocidad internacional en materia de inversiones relativas a la banca y seguros. El artículo 106° de la Ley General de Bancos establece que *"El Ejecutivo Nacional, cuando lo considere conveniente, podrá solicitar condiciones de reciprocidad para los capitales venezolanos, por parte de los países de origen de los capitales extranjeros que participen en el sistema financiero nacional"[58].*

Los requisitos de desempeño a la IED existen únicamente para el sector automotor. Para disfrutar de rebajas arancelarias en la importación de partes y piezas, las empresas ensambladoras deben incorporar una proporción de partes nacionales. Se consideran partes nacionales las provenientes de los países andinos que participan en el convenio. Las normativas legales que estipulan esta disposición son: a) "Convenio de Complementación del Sector Automotor," suscrito entre Colombia, Ecuador y Venezuela el 13 de septiembre de 1993, en el marco del Acuerdo de Cartagena. b) Decreto N° 3.303 del 22 de diciembre de 1993 (Normas para el Desarrollo de la Industria Automotriz). c) Decreto N° 121 del 13 de abril de 1994. d) Resolución N° 0001 sobre Normas para el Desarrollo de la Industria Automotriz, del 2 de enero de 1995.

Las causales constitucionales que permiten expropiar o limitar la propiedad se encuentran establecidas en la Constitución Nacional. Capítulo V. Derechos Económicos. Artículos 101°, 102°, 103°.

*"Ley de Expropiación por causa de utilidad pública o interés social. Título I.*

*Artículo 101°: "Sólo por causa de utilidad pública o interés social, mediante sentencia firme y pago de la debida indemnización, podrá ser declarada la expropiación de cualquier clase de bienes..."*

*Artículo 102°: "No se decretarán ni ejecutarán confiscaciones sino en los casos permitidos en el artículo 250°. (Artículo 250: Esta Constitución no perderá su vigencia ni dejará de observarse por acto de fuerza o fuere derogada por cualquier otro medio distinto del que ella misma dispone...).*

*Artículo 103°: "Las tierras adquiridas con destino a la explotación de concesiones mineras, comprendidas las de hidrocarburos y demás minerales combustibles pasarán a plena propiedad de la Nación, sin indemnización alguna, al extinguirse por cualquier causa la concesión respectiva".*

La Ley de Expropiación por causa de utilidad pública o interés social prescribe lo siguiente:

Artículo 3°: *"La expropiación se hará previo: 1. Disposición legal que declare la utilidad. 2. Declaración de que su ejecución exige indispensablemente que se ceda o enajene el todo o parte*

---

[58] La Ley de Seguros y Reaseguros establece en su artículo 42°: *"El Ejecutivo Nacional, cuando lo considere conveniente, podrá solicitar condiciones de reciprocidad para los capitales nacionales, por parte de los países de origen de los capitales extranjeros que participen en el sistema asegurador venezolano".*

*de la propiedad. 3. Justiprecio de lo que haya de cederse o enajenarse. Pago del precio que representa la indemnización".*

Se consideran obras de utilidad pública las que tengan por objeto directo usos o mejoras en beneficio común (artículo 2°)[59].

La Ley establece que la autoridad puede tomar posesión material del bien expropiado antes del pago de la compensación. Sólo excepcionalmente, la Ley de Expropiaciones permite la ocupación temporal.

Artículo 47°: *"Toda obra declarada de utilidad pública lleva consigo el derecho a la ocupación temporal de las propiedades ajenas por parte del que las ejecute sólo en los casos siguientes: 1) Para hacer estudios o prácticas, operaciones facultativas de corta duración que tengan por objeto recoger datos para la formación del proyecto o para el replanteo de la obra. 2) Para el establecimiento de estaciones y caminos provisionales, talleres, almacenes o depósitos de materiales también provisionales, y cualquiera otra más que requiera la obra para su construcción o reparación. La ocupación durará sólo el tiempo absolutamente indispensable, no debiendo ser mayor de seis meses. Puede sin embargo prorrogarse por igual término, y por una sola vez, por causa debidamente justificada".*

Artículo 50°: *"El que ocupe temporalmente la propiedad ajena indemnizará al propietario de los perjuicios que le cause, a justa regulación de expertos y oyendo previamente al respectivo propietario".*

Artículo 54°: *"En los casos de fuerza mayor o de necesidad absoluta, como incendio, inundación, terremotos o semejantes podrá procederse a la ocupación temporal de la propiedad ajena, y bastará para ello la orden de la primera autoridad de policía de la localidad".*

El régimen sobre inversiones no establece limitaciones a la remesa de capital y utilidades, servicio de créditos u otras transferencias al exterior derivadas de la inversión extranjera. Sin embargo, el régimen de control de cambio autoriza la remesa sólo de utilidades, salvo en el caso

[59] Los artículos 32°, 33° y 35° de la Ley de Expropiaciones establecen el procedimiento para fijar el justiprecio. A falta de avenimiento entre las partes el juez designa un perito. Entre los elementos del avalúo se toman en cuenta el valor fiscal del inmueble, el valor en los actos de transmisión en los últimos seis meses antes del decreto de expropiación y los precios medios en los últimos doce meses. La propiedad de las cosas corporales e incorporales está garantizada a través de: a) Ley de Propiedad Industrial de 1955. b) Decisiones 344, 345 y 351 del Acuerdo de Cartagena. c) Convenio de París sobre Propiedad Industrial. d) Convenio de Berna sobre Derechos de Autor. e) Ley de Derechos de Autor de 1994. f) Convenio que crea la Organización de Propiedad Industrial (OMPI). g) Ley aprobatoria Acuerdo de Marrakesh. h) Ley aprobatoria Tratado Libre Comercio con México y Colombia. i) Ley aprobatoria Convención de París Derechos de Autor, Julio 1971. j) Ley aprobatoria Convención Protección Artistas y otros, Oct. 1961.

de nacionales de países con las cuales se tienen suscritos Acuerdos sobre Promoción y Protección de Inversiones. Es posible hacer remesas de capital a través del mercado libre de Títulos de la Deuda Pública, denominados en dólares.

Existe un tipo único de mercado cambiario en el cual se permite la libre movilidad de divisas y capitales hacia y desde Venezuela. El tipo de cambio fluctúa de acuerdo a mercado. Además, se pueden realizar inversiones, a través del mercado de títulos denominados en divisas emitidos por la República (Bonos *Brady*)[60]. De acuerdo a lo regulado por el Decreto 2.095, artículo 2°, numeral 1. No hay restricciones al internamiento de los aportes como divisas, bienes físicos, tecnología, créditos asociados u otras modalidades[61].

Venezuela es miembro del CIADI, de la Convención de Nueva York sobre Reconocimiento de Sentencias arbitrales y es parte del Acuerdo Multilateral de Garantía de Inversiones (MIGA); es miembro de la Convención Interamericana sobre Arbitraje Comercial Internacional.

El organismo encargado de la inversión extranjera es la Superintendencia de Inversiones Extranjeras, adscrita al Ministerio de Hacienda, con rango de Dirección General Sectorial. Está a cargo de un funcionario denominado Superintendente de Inversiones Extranjeras, quien será designado por el Ministro de Hacienda por un período de tres años, y podrá ser ratificado por períodos iguales. Sus deberes y atribuciones están previstos en el artículo 9° del decreto 2.095.

El organismo competente para informar en materia de inversiones es el Consejo Nacional de Promoción de Inversiones (CONAPRI), que cuenta con la participación del sector público y privado[62].

---

[60] Reglamento publicado en Gaceta Oficial N° 292.283 del 29.09.95. El mercado cambiario es libre y se rige por la oferta y la demanda. Adicionalmente, la inversión extranjera goza de los incentivos comunes a toda inversión, por lo tanto, en Venezuela no existen incentivos exclusivos para aquélla. Incentivos comunes existen en los sectores agrícolas, agroindustriales, pesqueros, pecuario, turismo e hidrocarburos. Mediante reforma de la Ley de Impuesto a la Renta del 25 de mayo de 1994 se conceden rebajas impositivas en inversiones que se indican en la ley.

[61] Los tributos a que está afecta la inversión extranjera en Venezuela son los siguientes:
a) Impuesto sobre la Renta.
Se grava la renta de personas jurídicas por actividades económicas realizadas en Venezuela o en virtud de bienes situados en el país, a base de las siguientes rentas: 1. Hasta 2000 unidades tributarias: 15%. 2. Entre 2000 y 3000; 22%. 3. Más de 3000; 34%.
b) El impuesto a la ganancia de capital. Que asciende a un 1% aplicado sobre el monto del ingreso bruto de la operación.
1. Intereses por créditos externos: 4,95%. 2. Asistencia técnica: 10,2%. 3. Servicios de tecnología: 17%. 4. Regalías: 30,6%.

[62] Del estudio de la Constitución se infiere que un tratado, debidamente ratificado y publicado, (específicamente los Convenios de Protección de Inversiones en este país) se aplica directamente,

El artículo 8° del Código de Procedimiento Civil establece: *"En los casos de aplicación del Derecho Internacional Privado, los jueces atenderán primero a los tratados públicos de Venezuela con el Estado respectivo, en cuanto al punto en cuestión; en defecto de tales tratados aplicarán lo que sobre la materia dispongan las leyes de la República o lo que se desprenda de la mente de la legislación patria; y en último lugar se regirá por los principios de dicho Derecho aceptados generalmente"*.

En Venezuela se encuentra vigente el Convenio Constitutivo del Organismo Multilateral de Inversiones (OMGI-MIGA), cuya Ley Aprobatoria fue publicada en la Gaceta Oficial de la República de Venezuela No. 4.634 Extraordinaria, de fecha 22 de septiembre de 1993. Los aspectos más importantes de dicho Convenio son los siguientes:

El Organismo Multilateral de Garantía de Inversiones, podrá garantizar las eventuales pérdidas en que pudiere incurrir un inversionista como consecuencia de acontecimientos cuya naturaleza sea distinta a la comercial, tales como:

a)   Restricciones sobre la transferencia al exterior de monedas libremente convertibles.

b)   Expropiaciones o cualquier medida de la autoridad gubernamental del país receptor que tenga por objeto privar al inversionista del control o de la propiedad de su inversión.

c)   Acciones militares o disturbios civiles en el territorio del país receptor.

d)   EL MIGA podrá otorgar reaseguros contra pérdidas que se deriven de eventos no comerciales.

Asimismo, rige el Acuerdo sobre incentivos para las inversiones entre Venezuela y Estados Unidos (*Overseas Privated Investment Corporation*-OPIC), suscrito el 22 de junio de 1990 publicado en la Gaceta Oficial de la República de Venezuela No. 34.511 del 17 de julio de 1990. Los principales aspectos son los siguientes:

a)   Proporciona seguros, garantías de inversión y reaseguros por riesgos no comerciales: Inconvertibilidad de la moneda, expropiación, violencia política y otros riesgos análogos.

b)   La OPIC garantiza los pagos a los inversionistas con respaldo del Gobierno de los Estados Unidos[63].

---

sin necesidad de medidas de ejecución, teniendo poder derogatorio respecto de las leyes vigentes. El tratado no puede ser derogado por una ley posterior.

[63] El contenido de los antes referidos Acuerdos de Promoción y Protección de Inversiones es de naturaleza muy similar, sus aspectos más importantes son los siguientes:

a) Las inversiones y las ganancias generadas por ellas en Venezuela, propiedad de inversionistas nacionales de países contratantes, gozarán de un tratamiento igual al de los inversionistas nacionales.

b) Se garantiza a los inversionistas la libre transferencia al exterior de sus inversiones y

Las controversias que surjan como consecuencia de una inversión realizada en Venezuela, podrán ser dirimidas por el Centro Internacional de Arreglo de Diferencias Relativas a Inversiones (CIADI), bajo el auspicio del Banco Mundial, y en conformidad con el Convenio Sobre Arreglo de Diferencias Relativas a Inversiones entre Estados y Nacionales de Otros Estados.

La República Bolivariana de Venezuela es miembro activo de la Comunidad Andina de Naciones (CAN), Grupo de los Tres (G3), Asociación Latinoamericana de Integración (ALADI) y goza de ventajas arancelarias que le son otorgadas por los países desarrollados a través de los Sistemas Generalizados de Preferencias. Con respecto a MERCOSUR es miembro observador junto a Ecuador y Perú.

## 8. MARCO LEGAL DE LA INVERSIÓN EXTRANJERA EN ECUADOR

En el Registro Oficial de Ecuador del 19 de diciembre de 1997 se publicó la Ley de Promoción y Garantía de Inversiones con el objeto de fomentar y promover la inversión nacional y extranjera.

El Reglamento a esta Ley se expidió mediante el Decreto Ejecutivo N° 1.525, publicado en el Registro Oficial N° 346 del 24 de junio de 1998.

El marco legal parte de la Decisión 291 del Acuerdo de Cartagena que se refiere al Régimen Común de Tratamiento a los Capitales Extranjeros y sobre Marcas, Patentes, Licencias y Regalías, adoptado por Ecuador como firmante de dicho acuerdo. La Decisión 291 está regulada mediante los Decretos Ejecutivos N° 2.501 (13 de junio de 1995) y N° 415 (8 de enero de 1993).

La formulación de las políticas de inversión corresponde al Consejo de Comercio Exterior e Inversiones (COMEXI), según la Ley de Comercio Exterior e Inversiones. El Ministerio de Comercio Exterior, Industrialización y Pesca (MICIP) es quien vela por la ejecución de las políticas que se dictan al amparo de esta normativa. El Banco Central del Ecuador es el organismo competente para el registro de las inversiones extranjeras, subregionales y neutras.

En Ecuador se produjeron en los 90 algunas reformas en la regulación de la inversión nacional y extranjera, especialmente la eliminación de limitaciones para la remisión de utilidades, promoviéndose también la inversión en sectores que en el pasado estuvieron cerrados al capital extranjero. También se limitaron los procedimientos para el registro de la inversión foránea y la transferencia de tecnología.

Los cambios han tenido sus efectos, ya que 12 de las 20 empresas mineras más grandes del mundo se encuentran explorando y explotando yacimientos de oro, plata y cobre en varias zonas del país, con inversiones en el sector que en 1998 representaron casi 753 millones de dólares.

---

sus ganancias, en moneda libremente convertible.

Por otra parte, con la libre remisión de utilidades y la posibilidad de repatriar capitales sin restricción, así como la ya mencionada simplificación de trámites, se pensó estimular otros sectores que antes no recibían ingresos importantes, como son la industria forestal y el turismo, e impulsar las exportaciones de productos no tradicionales.

Los inversores pueden establecer *joint ventures* o compañías *holding* para relacionar sus intereses con empresas ya constituidas; también pueden emprender nuevas actividades acogiéndose, por ejemplo, al tratamiento privilegiado previsto en el sistema de zonas francas por el cual están exentos del pago del impuesto al valor agregado (IVA), del impuesto sobre las utilidades, de impuestos aduaneros, del impuesto a los consumos especiales (ICE), al igual que de diversos impuestos municipales. Otra alternativa es la contenida en la Ley de Maquila; esta modalidad productiva goza también de exenciones del IVA, así como de otros impuestos aduaneros en el caso de que la producción se encuentre orientada a la exportación. El régimen general garantiza los términos para esas actividades a largo plazo y, por supuesto, la libre repatriación de utilidades a la que se acoge toda inversión extranjera.

A partir de 1993 se experimentó un repunte de la inversión extranjera en Ecuador; en ese año las inversiones totalizaron 469 millones de dólares, casi triplicando la suma invertida en 1992. En el año 1998, las inversiones extranjeras netas por ramas de actividad estaban ampliamente destinadas a la explotación de minas y canteras, sector al que sigue la industria manufacturera (3,6%) y el comercio (2,0%), distribución que se asemeja a la registrada en años anteriores. Por países de origen, el principal inversor es Estados Unidos, seguido de México, Inglaterra, Chile, Francia y Holanda.

El flujo de IED en Ecuador ha sido modesto si se compara con el de otros países de la ALADI. Es evidente que a un país con un endeudamiento público que bordea el 75% del producto interno bruto y un déficit en cuenta corriente del 10% del PIB en 1998 no le es posible operar con préstamos externos, por lo que sus mayores posibilidades se ofrecen captando inversión extranjera.

Durante 1998 se ha seguido avanzando a diferentes ritmos en las reformas estructurales, logrando progresos en algunas áreas y estancamientos en otras, como es el caso de la privatización del sector de las telecomunicaciones; entre las áreas donde se lograron adelantos se incluye el sector eléctrico, donde se aprobó el marco legal regulatorio para llevar adelante el proceso de privatización. En el mes de mayo se remitió al Congreso la Ley de Privatizaciones.

A fines de 2000 se habían producido avances en el proceso de construcción y concesión de los nuevos aeropuertos de Quito y Guayaquil con la participación de los consorcios privados, se expidió la nueva Ley de Valores y el nuevo Gobierno anunció su propósito de impulsar el proceso de privatizaciones y concesiones, incluyendo las áreas de telecomunicaciones, puertos, carreteras, ferrocarriles, correos y el sector petrolero.

Ecuador ha gozado de un mercado libre de cambios por más de setenta años, el cual se mantiene luego de la implementación del denominado proceso de "dolarización" (adopción del dólar estadounidense como la moneda para las transacciones locales en reemplazo del sucre). Durante este tiempo ha prevalecido un sistema de mercado totalmente libre en el cual individuos y sociedades, ecuatorianas y extranjeras, pueden ingresar libremente monedas extranjeras al Ecuador y remitirlas al exterior, realizar inversiones en otros países y mantener cuentas bancarias en cualquier moneda extranjera, tanto en el Ecuador como en el exterior, sin que se requiera de ninguna autorización o registro.

Aún dentro de la legislación comunitaria del Acuerdo de Cartagena (actual Comunidad Andina de Naciones) relacionada con la inversión extranjera, que va desde la restrictiva Decisión 24 de 1970 hasta la flexible Decisión 291 de 1991, los reglamentos internos ecuatorianos han sido siempre más favorables a la IED, dentro de los límites impuestos por la legislación comunitaria.

La legislación actualmente vigente y aplicable en Ecuador sobre inversión extranjera, es fundamentalmente la siguiente:

a)     Decisiones 291 y 292 de marzo de 1991 dictadas por la Comisión de la Comunidad Andina (Venezuela, Colombia, Ecuador, Perú y Bolivia).

b)     Ley de Comercio Exterior e Inversiones.

c)     Ley de Promoción y Garantía de las Inversiones.

d)     Reglamento a la Ley de Promoción y Garantía de las Inversiones.

e)     Regulación No. 921-95 de marzo de 1995 y sus reformas, emitida por el Banco Central del Ecuador, que regula el registro de las inversiones extranjeras.

f)     Ley de Compañías.

---

[64] Los inversionistas extranjeros no requieren de autorización previa para invertir en Ecuador, ya se trate de una inversión en el capital de una sociedad o de una inversión financiera a través del mercado de valores. Los extranjeros solamente están obligados a registrar su inversión en el Banco Central del Ecuador, para fines fundamentalmente estadísticos.
El inversionista extranjero puede remitir a su país de origen o a otro distinto, las utilidades provenientes de la inversión, así como los valores resultantes de la venta de dicha inversión. Para el efecto no se requiere la autorización de ninguna entidad.
Tanto personas como entidades extranjeras pueden adquirir libremente bienes inmuebles en el Ecuador.
Únicamente se aplican ciertas restricciones a la inversión extranjera en áreas relacionadas con la defensa y seguridad nacional, y periódicos.

La Constitución Política del Ecuador establece como principio general la igualdad de derechos entre extranjeros y ecuatorianos.

La Decisión 291 establece que los inversionistas extranjeros tendrán los mismos derechos y obligaciones aplicables a los inversionistas locales, con las excepciones previstas en la legislación del país miembro[64].

## 9.   MARCO LEGAL DE LA INVERSIÓN EXTRANJERA EN URUGUAY

El régimen de inversiones en Uruguay es abierto, sin distinguir según aquéllas provengan de inversores nacionales o extranjeros. En efecto, no se requiere permiso, aprobación o autorización estatal para instalar nuevas empresas. Como excepción, requieren autorización expresa y fundada del Poder Ejecutivo, aquellas inversiones que se destinen a las siguientes actividades: electricidad, hidrocarburos, petroquímica básica, energía atómica, explotación de minerales estratégicos, agropecuaria, industria frigorífica, intermediación financiera, ferrocarriles, telecomunicaciones, radio, prensa, televisión, y aquéllas cometidas por ley a las empresas estatales. La enumeración precedente puede ser ampliada por resolución fundada del Poder Ejecutivo actuando en Consejo de Ministros. En la mayoría de los sectores económicos no hay límites establecidos para el nivel de participación del capital de los inversores extranjeros. No existen límites para la participación de capital extranjero en las sociedades, pudiendo el inversionista extranjero adquirir libremente acciones de propiedad de inversores locales. La única excepción la constituyen las telecomunicaciones (radiodifusión y televisión) y el transporte carretero para pasajeros, para los cuales se requiere el carácter nacional de los titulares del capital. Tampoco existen restricciones para la repatriación del capital ni de los beneficios.

Sin perjuicio del rango constitucional del principio de no discriminación entre nacionales y extranjeros y el de libertad económica, el marco legal que regula el régimen de las inversiones extranjeras en el Uruguay está constituido por la Ley 16.906 de 1998 de Promoción y Protección de Inversiones, que define inversión extranjera como *"todo capital proveniente del exterior, con derecho a transferencia de su valor así como de sus utilidades, cualquiera sea su proporción en la empresa"*. El capital extranjero podrá adoptar cualquier modalidad: divisas, maquinarias, patentes, procesos técnicos, marcas de fábrica, o toda otra forma que la Administración juzgue de interés.

Uruguay ha firmado tratados bilaterales de protección de inversiones y ha celebrado convenios destinados a evitar la doble imposición. Estos tratados gozan de la misma jerarquía que las leyes nacionales. Además es parte del MIGA y del CIADI desde el 8 de septiembre de 2000.

Con respecto a los mecanismos de resolución de controversias, el inversor extranjero, puede acudir al igual que los inversionistas locales a todos los procedimientos jurisdiccionales que la ley les reconoce a éstos últimos.

En los tratados de Protección de Inversiones celebrados por Uruguay se acordó que cuando existiere una controversia entre el Estado y el inversor extranjero, éste si bien tiene la obligación de acudir a la jurisdicción local, ésta debe expedirse dentro de un plazo máximo de 18 meses de promovida la acción.

La Ley N° 16.110 del 25 de abril de 1990 regula un procedimiento judicial especial, más breve, en beneficio de inversores extranjeros amparados en Tratados Bilaterales de Protección de Inversiones. Este procedimiento se tramita en una única instancia ante los Tribunales de Apelaciones en lo Civil.

En 1990, Uruguay recibía ingresos de capitales por IED de 42 millones de dólares. Esta cifra fue paulatinamente en aumento hasta alcanzar en 2001, los 320 millones. En 2002, descendió a 175 y en 2003 nuevamente ascendió a 263 millones[65].

---

[65] FUENTE: *Centro de Economía Internacional en base a Banco Central de Uruguay, INE y FMI.* www.cei.gov.ar

# CAPÍTULO IV

## TRATAMIENTO DE LA INVERSIÓN Y EL COMERCIO EN LOS ACUERDOS MULTILATERALES

> *"La institucionalización de un pensamiento económico absolutamente autista pretende orientar la toma de posición de naciones enteras, cuya realidad pasa por otros factores como las relaciones sociales y políticas y las relaciones históricas de carácter local, nacional o regional. No se puede definir políticas concretas sin considerar las realidades geopolíticas en que se insertan los fenómenos económicos".*

Theotônio Dos Santos.

## 1.    NOTAS PRELIMINARES

El tratamiento legal de la IED implica el análisis de los principios fundamentales de la OMC, el principio de trato nacional, la cláusula de la nación más favorecida, el principio de reciprocidad, el establecimiento de las medidas de excepción menos restrictivas. Se abarcan estos aspectos a fin de apreciar los objetivos del sistema de libre comercio propugnado por la OMC y su establecimiento a partir de un marco legal que preconiza la liberalización del comercio, las inversiones y el fomento de la competitividad. En este terreno adquieren importancia los acuerdos de derecho internacional en materia comercial, el Acuerdo sobre las Medidas en Materia de Inversiones Relacionadas con el Comercio (TRIMS) y el tratamiento que ha recibido la IED en la Organización para la Cooperación Económica y el Desarrollo (OECD).

## 2.    TRATAMIENTO DE LA INVERSIÓN EXTRANJERA EN EL MARCO DE LA ORGANIZACIÓN MUNDIAL DE COMERCIO (OMC)

En 1994, luego de varios años de intensas negociaciones, se aprobó la creación de la Organización Mundial del Comercio (OMC), como la instancia rectora de las relaciones comerciales internacionales, a fin de asegurar el funcionamiento de un sistema de libre flujo de bienes, servicios y capitales, que permita optimizar los beneficios de éste.

En el Acuerdo de Marrakech por el cual se constituyó la OMC se indica expresamente que las actividades comerciales y económicas: *".... Deben tender a elevar los niveles de vida, a lograr el pleno empleo y un volumen considerable y en constante aumento de ingresos reales y demanda efectiva y a acrecentar la producción y el comercio de bienes y servicios, permitiendo al mismo tiempo la utilización optima de los recursos mundiales de conformidad con el objetivo del desarrollo sostenible y procurando proteger y preservar el medio ambiente e incrementar los medios para hacerlo, de manera compatible con sus respectivas necesidades e intereses, según los diferentes niveles de desarrollo económico"*[66].

En el Acuerdo, se plasman los objetivos genéricos del sistema de libre comercio internacional que promueve la OMC. Desde antes de la creación de este organismo internacional, se discutió en los foros acerca de si los postulados del libre comercio internacional son o no compatibles con las diversas necesidades, intereses y aspiraciones de los países en desarrollo y de los desarrollados; y, si el sistema permite a ambos, participar por igual en los asuntos comerciales con prescripciones rigurosas de justicia en el reparto de los beneficios.

Aún cuando el Acuerdo de Marrakech establece la necesidad de *"realizar esfuerzos positivos para que los países en desarrollo, y especialmente los menos adelantados, obtengan una parte del incremento del comercio internacional que corresponda a las necesidades de su desarrollo económico"*[67]; es de interés conocer si es que la política comercial y la normatividad peruana se condice con las regulaciones de libre comercio internacional de la OMC, con su necesidad de desarrollo sostenible.

En lo que a inversiones se refiere, la OMC cuenta con el Acuerdo sobre las Medidas en Materia de Inversiones Relacionadas con el Comercio, que establece algunas reglas genéricas, pero centrales, para el libre flujo de capitales a nivel internacional, las cuales han sido incorporadas en las regulaciones nacionales de los países miembros de la OMC, incluido el Perú.

El estudio del régimen internacional de las inversiones, es de particular importancia pues luego de la creación de la OMC se han afianzado procesos de integración económica en el marco de los

---

[66] Introducción del Acuerdo por el que se establece la Organización Mundial del Comercio.

[67] Parte introductoria del Acuerdo de Marrakech.

cuales se vienen negociando nuevas reglas para el tratamiento de las inversiones, como por ejemplo: el Acuerdo de Libre Comercio de las Américas (ALCA) y los Acuerdos Bilaterales de Promoción y Protección de Inversiones (BITs). Adicionalmente, desde hace algunos años se promueve la posible negociación de un marco multilateral de inversiones, en la OMC.

El Acuerdo sobre Medidas en Materia de Inversiones Relacionadas con el Comercio es la norma central que regula el libre flujo de capitales a nivel internacional, aún cuando se apoya, en gran parte, en otros acuerdos de la OMC, en particular, en el GATT de 1994.

El acuerdo remite a los principios rectores del sistema multilateral de libre comercio que preside este organismo y a sus normas de excepción. Se trató que éstas últimas fuesen de especial relevancia para los países en desarrollo, porque a partir de ellas, se pueden formular ciertas exigencias que armonicen los postulados del nuevo orden internacional, con sus propias necesidades de desarrollo[68].

La liberalización del comercio a que se contrae dicho Acuerdo y, en general todos los acuerdos de la OMC., están orientados a eliminar el proteccionismo y los controles gubernamentales en el marco de un proceso liderado por la competitividad, la primacía de las ventajas comparativas, la economía de escala basada en los beneficios de mercados multinacionales y la transparencia de las relaciones comerciales. La liberalización comercial promovida por la OMC fue concebida como un objetivo incondicionado y decisivo[69].

Son aún pocas las medidas de excepción que se han concedido para armonizar la liberalización del comercio y el libre flujo de capitales, o mejor dicho carecen de aplicación práctica en relación a la exigencia de disponer una agenda diferente de acrecentamiento del comercio global.

Las inversiones son un factor importante para regular o reajustar el funcionamiento de la balanza de pagos, pero que si no son correctamente gestionadas, pueden ser también un factor de

---

[68] El acuerdo establece como uno de sus objetivos centrales el *"promover la expansión y la liberalización progresiva del comercio mundial y facilitar las inversiones a través de las fronteras internacionales para fomentar el crecimiento económico de todos los interlocutores comerciales, en particular de los países en desarrollo miembros, asegurando al mismo tiempo la libre competencia"*. Cabe destacar que este enunciado es aplicable sólo para las inversiones relacionadas con el comercio de mercancías (MIC), puesto que el Acuerdo no incluye medidas para las inversiones vinculadas al comercio de servicios.

[69] La siguiente fórmula define los alcances del principio de libertad de comercio: *"Existirá entre los territorios de las dos partes contratantes, la más completa libertad de comercio y de la navegación. Los ciudadanos de cada una de las partes contratantes tendrán la facultad de entrar y salir libremente con sus navíos y cargamentos"*. (Art. I del Tratado de Comercio entre Gran Bretaña y Portugal.-1914).

desequilibrios macroeconómicos. Es conveniente que los países en desarrollo tomen en cuenta las excepciones y los segmentos de flexibilidad de las normas de la OMC, para así aprovechar el flujo de capitales en su gestión macroeconómica y en el eslabonamiento de las grandes inversiones con otras actividades económicas internas. Los países receptores deben evaluar con cuidado y en forma realista los posibles efectos de la inversión extranjera sobre todo en periodos de crisis estableciendo comparaciones con otras entradas de capital privado.

## 2.1. PRINCIPIOS DE LA OMC EN MATERIA DE INVERSIONES

Las normas de la OMC responden a diversos principios que tienen como pilar el principio general de No Discriminación, por el cual no es admisible ningún tipo de discriminación directa, ni indirecta contra el comercio de bienes o servicios entre los países miembros. El Acuerdo establece como principios rectores en materia de inversiones, los definidos en los artículos III y XI del GATT de 1994 respectivamente[70]:

### 2.1.1. PRINCIPIO DE TRATO NACIONAL

Según este principio previsto en el artículo III del GATT, no se admiten actos de discriminación dirigidos a proteger a los agentes comerciales nacionales, en desmedro de los extranjeros. En otros términos, los inversionistas extranjeros deben tener derechos similares a los concedidos a los nacionales. No pueden aplicarse impuestos o medidas a las importaciones que, directa o indirectamente, las hagan más gravosas que los productos nacionales de similar naturaleza.

Con respecto a los inversionistas de otra parte, los países parte del tratado se obligan a otorgar un trato no menos favorable que el que otorgue, en circunstancias similares, a sus propios inversionistas, así como a los inversionistas de cualquier otra parte del tratado o de cualquier país que no sea parte, en lo referente al establecimiento, adquisición, expansión, administración, conducción, operación y venta u otra forma de disposición de las inversiones en su territorio.

Según esto, los Estados miembros del GATT/OMC tampoco deben discriminar entre productores nacionales y extranjeros. Los bienes o servicios importados deben recibir un trato igualitario con relación al concedido a los bienes producidos y a los servicios prestados internamente, tanto en la aplicación de cargas tributarias o de la legislación nacional como en el acceso y uso de medios de transporte y canales de distribución.

No pueden establecerse disposiciones para que las empresas inversionistas vinculen su actividad a la de de otros sectores económicos, de modo directo y obligatorio, predominando la exigencia de

---

[70] El GATT de 1994 incluye los textos del antiguo GATT de 1947, con sus respectivas rectificaciones, enmiendas o modificaciones y los instrumentos jurídicos aprobados en todas las rondas de negociaciones previas a la Ronda Uruguay.

que desarrolle sólo la actividad para el cual se le haya concedido derechos de uso o explotación. Sin embargo, es posible establecer medidas que incentiven el eslabonamiento de las inversiones a otros sectores económicos, siempre que no sean discriminatorias contra los agentes extranjeros.

El Acuerdo General contempla una excepción a este principio a favor de las reglamentaciones y prácticas concernientes a compras gubernamentales.

A pesar de la notoriedad alcanzada por los debates sobre la conveniencia o no de la aplicación de la cláusula NMF, algunos expertos sostienen que el principio de trato nacional, habría sido incluso más importante que aquella para el desarrollo del libre comercio. Las múltiples excepciones a la aplicación y extensión de la cláusula NMF, así como el mantenimiento de sectores estratégicos protegidos (agricultura, textiles, servicios) hicieron que la aplicación del principio de trato nacional haya tenido corolarios importantes para promover la no-discriminación y una política de liberalización de los intercambios internacionales mediante la limitación en el uso de subvenciones estatales (artículo XVI), la prohibición de restricciones cuantitativas (artículo XI) y el *dumping* (artículo VI).

Hay que tener presente, que el aumento de las salidas de capital y el cambio en la composición de los flujos pueden producir una evolución de estos flujos, pero su principal estímulo no es la promoción del crecimiento a través de nuevas inversiones, sino el mejoramiento de la productividad. En la práctica se puede observar que todavía se imponen aunque cada vez menos diversas medidas proteccionistas a favor de industrias o productores nacionales menos competitivos, como es el caso de la actividad agrícola en la Unión Europea o los servicios financieros en Japón, Corea, Indonesia, Filipinas, Taiwán y Brasil.

## 2.1.2. ELIMINACIÓN GENERAL DE RESTRICCIONES CUANTITATIVAS

Las restricciones cuantitativas son limitaciones al derecho de exportación o importación de mercancías fijadas sobre una base anual. Cuando estas limitaciones entran en vigor, la autoridad determina los montos – vale decir, las cantidades que pueden ser exportadas o importadas – y otorga a los agentes económicos las licencias de exportación o importación.

Asimismo determinados productos sólo podían ser importados con licencia, entonces no estaban sometidos a restricciones cuantitativas. Si las formalidades de expedición de licencias eran muy engorrosas y costosas constituían una barrera.

El artículo XI del GATT de 1994 estipula este principio dirigido a la eliminación de límites a la exportación o importación de bienes o servicios, para evitar que oculten actos discriminatorios. Aunque en la actualidad esta modalidad de proteccionismo es menos usada que en décadas anteriores, hay países desarrollados que vienen aplicando restricciones de esta naturaleza tratándose de ciertos productos como los agropecuarios, textiles, y el acero, en desmedro de países en desarrollo que tienen ventajas comparativas respecto de estos productos[71].

Este principio tiene algunas excepciones expresas que podemos reseñar:

a) Prohibiciones o restricciones temporales a la exportación de determinados productos, en los casos de escasez aguda de alimentos o de otros productos esenciales;

b) Restricciones a la exportación o importación, a fin de aplicar normas sobre clasificación, control de calidad o venta para el comercio internacional;

c) Restricciones a la importación de productos agrícolas o pesqueros, cuando sea necesario para la ejecución de medidas gubernamentales que impongan restricciones a la venta o producción nacional de ese bien o que estén destinadas a fines asistenciales.

En virtud de este principio, se entiende que es necesario agotar las medidas basadas en los precios antes de imponer restricciones cuantitativas.

Cuando las restricciones cuantitativas son mantenidas con respecto a una parte contratante, el artículo XIII del Acuerdo General impone que ellas lo sean también con respecto a todos los países de donde se importe el producto en referencia.

### 2.1.3. CLÁUSULA DE LA NACIÓN MÁS FAVORECIDA (NMF)

El artículo I del GATT, 1947 establece que *"cualquier ventaja, favor, privilegio o inmunidad con respecto a los derechos de aduana y cargas de cualquier clase, concedido por una parte contratante a un producto originario de otro país o destinado a él, será concedido inmediata e incondicionalmente a todo producto similar originario de los territorios de todas las demás partes contratantes o a ellos destinado".*

Para Emilio Barreto, *"la cláusula de la nación más favorecida en su forma general, es una estipulación contractual en virtud de la que dos o más países se comprometen a concederse, unilateral o recíprocamente, la ventajas arancelarias o de otro orden que hayan otorgado o puedan otorgar a terceras potencias, y a no conceder a terceros, ventajas arancelarias o de cualquier otro orden, mayores que las otorgadas entre las respectivas partes contratantes".*[72]

---

[71] El artículo I del GATT de 1947 preceptúa que las restricciones cuantitativas a la importación y exportación están prohibidas. Las excepciones a esta prohibición son numerosas: Ellas conforman las excepciones generales (artículos XX y XXI) que permiten la intervención estatal en el comercio exterior de determinados productos (preservación de la moral o de la salud pública, seguridad pública, tesoros nacionales, etc.). Las restricciones cuantitativas a la importación ocurren en tres casos específicos: proteger la agricultura, promover el desarrollo económico y salvaguardar la posición financiera exterior y el equilibrio de la balanza de pagos de un país. A todas estas excepciones, generales y específicas, se agregan las restricciones cuantitativas, que podrían ser establecidas por aplicación de la cláusula de salvaguarda.

Los países miembros deben recibir el mismo trato concedido a la parte comercial más beneficiada, respecto a los derechos y gravámenes de importación y exportación. Dicho en otros términos, no se le puede conceder ventajas comerciales especiales a un país en particular, ni realizar actos discriminatorios en perjuicio de alguna de las partes.

Este principio permite a los países en desarrollo o de economías débiles, aprovechar las mejores condiciones negociadas por países con mayor capacidad de negociación, incluso en la suscripción de los acuerdos bilaterales de inversión.

Las excepciones admitidas por este principio, están referidas al establecimiento de acuerdos comerciales regionales suscritos por algunas partes con el objeto de suprimir o reducir obstáculos a sus mutuas importaciones, siempre y cuando, éstos faciliten el comercio entre ellas sin discriminar contra terceros.

Los acuerdos regionales pueden revestir la forma de:

a)      Uniones Aduaneras.- Todos los países miembros adoptan un arancel único para el comercio que se realiza al exterior de la Unión. Es el caso de la Unión Europea por ejemplo.

b)      Zonas de Libre Comercio.- Por el cual los Estados miembros adoptan un régimen común dentro de la zona de libre comercio, pero cada uno mantiene su política de comercio exterior y aranceles propios respecto a los países externos a la Zona. Los aranceles externos que se fijen no pueden ser más elevados que los existentes antes de la creación de la Zona de Libre Comercio. Es el caso del Tratado de Libre Comercio de Norteamérica (TLC o NAFTA – por sus siglas en inglés), del Mercado Común del Sur (MERCOSUR) o de la Comunidad Andina de Naciones (CAN).

El texto original del GATT (1947) permite el funcionamiento de zonas de libre comercio, uniones aduaneras y acuerdos comerciales preferenciales (artículo XXIV), al interior de los cuales se autoriza la aplicación de concesiones entre los miembros del bloque regional o acuerdo preferencial, más no se exige la extensión de dichas concesiones a terceros países.

Con el transcurso de los años, se ha buscado que estas excepciones se utilicen con arreglo a condiciones cada vez más estrictas. Ello no ha logrado que la utilización de la cláusula NMF haya estado exenta de ciertas connotaciones, ya que la concesión del trato de nación más favorecida ha sido otorgada como premio o castigo a otros Estados debido a la exigencia de tutela de los derechos públicos y condicionada a una serie de factores sociales como, por ejemplo, el

[72] BARRETO, Emilio G. Las relaciones económicas internacionales. En: *La globalización económica y el comercio internacional*. Lima, 1996. Cit. p. 79.

cumplimiento de estándares medioambientales o de respeto a los derechos humanos (el caso representativo lo constituye el de las relaciones comerciales entre los Estados Unidos y China en las últimas décadas).

### 2.1.4. PROTECCIÓN MEDIANTE ARANCELES ADUANEROS

El único tipo de cargas que se permite imponer a las importaciones son las tarifas aduaneras. El objetivo de la OMC es el establecimiento de reglas claras que permitan conocer el grado de protección que se otorga a los nacionales y la reducción al mínimo de distorsiones en el comercio internacional. El propósito primordial del sistema de la OMC es ayudar a que las corrientes comerciales circulen con la máxima libertad posible, siempre que no se produzcan efectos secundarios desfavorables. La reducción de los obstáculos al comercio es, en este sentido, uno de los medios más evidentes de alentar el comercio. Esos obstáculos incluyen los derechos de aduana (o aranceles) y medidas tales como las prohibiciones de las importaciones o los contingentes que restringen selectivamente las cantidades importadas.

Siguiendo los principios de la OMC en algunos casos podría establecerse la exoneración del pago de aranceles y del impuesto al valor añadido a las importaciones de bienes de capital, sus partes, piezas y accesorios no producidos en el país, siempre que el destino de los mismos sirva para el mejoramiento de la productividad local.

### 2.1.5. PROMOCIÓN A LA COMPETENCIA LEAL

El objetivo de la OMC es establecer un conjunto de reglas estables, claras y transparentes que coadyuven al desarrollo de prácticas comerciales marcadas por las leyes de la libre competencia. Se proscribe todo tipo de distorsiones, sancionándose el dumping y ciertos tipos de subvenciones[73]. El sistema de la OMC permite la aplicación de aranceles y, en circunstancias restringidas, otras formas de protección.

Si bien naturaleza de las infracciones es variada y compleja, los actos desleales generalmente se enmarcan en tres grandes grupos: i) los dirigidos a aprovecharse del esfuerzo o reputación ajena, es el caso de las imitaciones, actos de confusiones (principalmente en materia de publicidad), reproducciones no autorizadas, etc., ii) los ataques directos a otras empresas participantes en el mercado, como los actos de denigración a la competencia y la inducción a una infracción contractual y iii) las acciones que impidan el funcionamiento correcto del mercado, que incluyen los actos de engaños, la violación de normas legales y la discriminación.

---

[73] Las subvenciones prohibidas en el nuevo sistema del GATT/O MC son las indicadas en el artículo 3° de la parte II del Acuerdo sobre Subvenciones y Medidas Compensatorias.

La promoción de una auténtica competencia leal presupone que los acuerdos comerciales sean ante todo justos y libres, que abran los mercados de los países en vías de desarrollo a mercancías que proceden de los países industriales avanzados pero sobre la base de condiciones de plena reciprocidad.

## 2.1.6. RECIPROCIDAD

Toda convención comercial debe estar basada en las reglas de la reciprocidad, ya que todos los Estados son jurídicamente iguales. Las relaciones internacionales de los Estados que gozan de plena independencia, se rigen, así por las normas de reciprocidad. Concordante con este principio las concesiones que mutuamente se otorguen los países miembros deben ofrecerles beneficios equivalentes, a fin de mantener el balance en sus esfuerzos por liberalizar adecuadamente el comercio internacional.

Una concesión comercial (por ejemplo una reducción de aranceles o eliminación de cuotas) otorgada por un Estado a otro Estado miembro del GATT/OMC deberá ser compensada por el Estado beneficiario con la introducción de medidas de política comercial que generen un beneficio económico por un monto equivalente para el Estado que hizo la concesión inicial.

Existe una excepción a este principio, que es la contenida en el artículo XXXVI del GATT de 1994, que establece que los países miembros que sean países desarrollados no esperarán reciprocidad de los que son países poco desarrollados, en lo relativo a los compromisos de reducir o suprimir los derechos de aduana y otros obstáculos al comercio.

## 2.2. LAS MEDIDAS DE EXCEPCIÓN MENOS RESTRICTIVAS

Cuando sea necesario adoptar medidas comerciales basadas en las disposiciones de excepción, se ha establecido que los países miembros deben elegir las medidas que restrinjan menos el sistema de liberalización promovido por la OMC.

Las normas de libre comercio propuestas por la OMC, en este caso, de libre flujo de capitales, representan un marco legal para fortalecer las relaciones comerciales internacionales, a partir del establecimiento de condiciones similares para todos los países miembros. Se busca erradicar todo acto discriminatorio, arbitrario e injustificable entre ellas y en el trato que se le otorga a los bienes y servicios importados respecto de los nacionales.

Las relaciones comerciales así concebidas, deben ofrecer ventajas equivalentes a los países miembros, en las normas de la OMC se han dispuesto concesiones especiales para los países en desarrollo que deberían traducirse en una mejora de las condiciones de competitividad. Las reglas deben ser claras y transparentes, admitiéndose las restricciones al libre comercio que son expresamente permitidas por los acuerdos de la OMC.

Además de las excepciones indicadas, el Acuerdo de Inversiones deja abierta la opción de aplicar todas las excepciones dispuestas dentro de las normas de la OMC, para el comercio de mercancías. En el artículo XX del GATT de 1947, se establece que los países miembros pueden adoptar medidas de excepción a las normas de libre comercio internacional, siempre que éstas no signifiquen una vía de discriminación arbitraria o injustificable entre los países en que prevalezcan las mismas condiciones.

Apelando a esta disposición, los países en desarrollo, en atención a sus particulares condiciones, pueden invocar medidas de excepción que reúnan las siguientes variantes:

a)      Necesarias para proteger la moral pública;

b)      Necesarias para proteger la salud y la vida de las personas y de los animales o para preservar los vegetales;

c)      Relativas a la importación o a la exportación de oro y plata;

d)      Necesarias para lograr la observancia de las leyes y de los reglamentos que no sean incompatibles con las disposiciones de la OMC;

e)      Relativas a los artículos fabricados en las prisiones;

f)      Impuestas para proteger los tesoros nacionales de valor artístico, histórico o arqueológico;

g)      Relativas a la conservación de los recursos naturales agotables, a condición de que tales medidas se apliquen conjuntamente con restricciones a la producción o al consumo nacional;

h)      Adoptadas en cumplimiento de obligaciones contraídas en virtud de un acuerdo intergubernamental sobre un producto básico;

i)      Que impliquen restricciones impuestas a la exportación de materias primas nacionales, que sean necesarias para asegurar el suministro a una industria nacional de transformación;

j)      Esenciales para la adquisición o reparto de productos de los que exista escasez general o local.

El artículo XXI del GATT de 1994 establece la posibilidad de adoptar medidas de excepción referentes a la seguridad, de tal manera que no se aplique ninguna disposición que:

a)      Imponga a un país miembro la obligación de suministrar informaciones cuya divulgación sería, a su juicio, contraria a los intereses esenciales de su seguridad;

b)      Impida a un país miembro la adopción de todas las medidas que estime necesarias para la protección de los intereses esenciales de su seguridad, relativas a: las materias desintegrables o a aquellas que sirvan para su fabricación; al tráfico de armas, municiones y material de guerra y a  todo comercio de otros artículos y materiales destinados, directa o indirectamente, a asegurar el abastecimiento de las fuerzas armadas y a las aplicadas en tiempos de guerra o en caso de grave tensión internacional;

c)      Impida a todo país miembro que adopte medidas en cumplimiento de sus obligaciones contraídas en virtud de la Carta de las Naciones Unidas para el mantenimiento de la paz y la seguridad internacionales.

## 2.3.    ACUERDO SOBRE LAS MEDIDAS EN MATERIA DE INVERSIONES RELACIONADAS CON EL COMERCIO (TRIMS)

Este acuerdo (en su sigla en inglés TRIMS - *Trade Related Investment Measures*) aprobado en la Ronda Uruguay, es aplicable únicamente a las medidas en materia de inversiones relacionadas con el comercio de mercancías (MIC) estableciendo los principios de Trato Nacional y No Aplicación de Restricciones Cuantitativas. Son de aplicación a este acuerdo todas las excepciones previstas en el GATT de 1994.

El Acuerdo faculta a los países en desarrollo apartarse temporalmente de la observancia de los principios señalados, se funda en decisiones de orden comercial adoptadas por motivos de balanza de pagos.

La legislación local exige en numerosos casos, el cumplimiento de determinadas reglas a la inversión, vinculadas directamente con su política económica y de desarrollo. En este sentido pueden encontrarse exigencias impuestas a los inversores en materia de inicio o cantidad de producción, cuotas de exportación, adquisición de bienes o servicios locales, de limitar las importaciones de bienes aplicados a la producción para regular el equilibro de la balanza de pagos, entre otros.

La obligatoriedad del Acuerdo sobre Medidas de Inversiones relacionadas con el Comercio, impide que un Estado someta la concesión de ventajas o exija en su legislación nacional o reglamentación administrativa requisitos de desempeño si vulneran los artículos III (trato nacional), XI (eliminación general de restricciones cuantitativas) del GATT 94, esto es, respecto del comercio de bienes.

Según Olarreaga[74], *"Los requisitos de desempeño se combinan, en ocasiones, con medidas restrictivas de inversión relacionadas con el comercio tales como requerimientos de exportación, de contenido local y de transferencia de tecnologías. Tales medidas han tendido a concentrarse en ciertas industrias, siendo las principales las de automotores, química, petroquímica y de*

---

[74] OLARREAGA, Marcelo y ROCHA, Ricardo. *La nueva agenda del comercio en la OMC.* Instituto del Banco Mundial. Santa fe de Bogotá. 2000. p. 110.

*computadores. Este tipo de política específica utilizada depende por lo general de si la IED se orienta a la búsqueda de recursos, al mercado doméstico o a las exportaciones".*

Las MIC tienen como finalidad eliminar las distorsiones existentes, garantizar la libre competencia y un rápido acceso a los mercados internacionales, y facilitar un mayor volumen de inversiones a través de las fronteras internacionales. Todo esto con el propósito de fomentar el crecimiento económico, en particular de los países en desarrollo.

Las MIC incompatibles con la obligación de trato nacional son exigibles por estar establecido en la legislación nacional, su cumplimiento es obligatorio a fin de obtener una ventaja. Las medidas incompatibles con el Acuerdo de Inversiones, pueden abarcar decisiones de las autoridades, tanto de índole general (normas legales), como particular (resoluciones administrativas), siempre que preceptúen acciones obligatorias para los inversionistas y que estipulen:

a)      Compra o utilización por una empresa de productos de origen nacional o de fuentes nacionales, se  expresen en términos de productos determinados, volumen o valor de los productos o como proporción de volumen o del valor de su producción local;

b)      Que las compras o la utilización de productos de importación por una empresa se limite a una cantidad relacionada con el volumen o el valor de los productos locales que la empresa exporte.

Las MIC incompatibles con la obligación de eliminación general de las restricciones cuantitativas, son obligatorias o exigibles de acuerdo con la legislación nacional o de resoluciones administrativas, o cuyo cumplimiento sea obligatorio para obtener una ventaja y que restrinjan:

a)      La importación por una empresa de los productos utilizados en su producción local o relacionados con ésta, en general o a una cantidad relacionada con el volumen o el valor de la producción local que la empresa exporte;

b)      La importación por una empresa de los productos utilizados en su producción local o
          relacionados con ésta, limitando el acceso de la empresa a las divisas, a una cantidad relacionada con las entradas de divisas atribuibles a esa empresa; o

c)      La exportación o venta para la exportación de productos por una empresa, ya sea que se
          especifiquen en términos de productos determinados, en términos de volumen o valor de los productos o como proporción del volumen o valor de su producción local.

Para encontrar una explicación sobre la adopción de políticas que restrinjan la IED se considera que deben existir distorsiones domésticas de política o fallas en el mercado. Debido a que las firmas multinacionales surgen al interior de industrias oligopólicas, la presencia de competencia imperfecta en la economía es probable, con esto se pretende justificar la aplicación de medidas restrictivas de inversión vinculadas al comercio. Evidentemente no se puede permitir inversiones en actividades que se encuentran oligopolizadas o que presentan distorsiones severas en el mercado local.

## 3. EL TRATAMIENTO DE LA INVERSIÓN DIRECTA EN LA ORGANIZACIÓN PARA LA COOPERACIÓN ECONÓMICA Y EL DESARROLLO (OECD)

La Organización para la Cooperación y el Desarrollo Económicos es una organización internacional intergubernamental que reúne a los países más industrializados de economía de mercado. La OCDE tiene sus raíces en 1948, en la Organización para la Cooperación Económica Europea que tuvo el objetivo de administrar el Plan *Marshall* para la reconstrucción europea. En 1960, el Plan *Marshall* había cumplido su cometido y los países miembros acordaron invitar a Estados Unidos y Canadá en la creación de una organización que coordinara las políticas entre los países occidentales. La nueva organización recibió el nombre de Organización para la Cooperación y Desarrollo Económicos y su sede se encuentra en París.

El crecimiento de la IED ha sido consecuencia de la interacción de las políticas de reforma y el desarrollo de las estrategias corporativas. El avance tecnológico ha acentuado la línea entre ciertos sectores, y la presencia de un mayor número de industrias en competencia directa. Un número creciente de empresas han capitalizado un desarrollo considerable fuera de sus fronteras. Todo esto ha propiciado que las empresas ejerzan sus actividades fuera de sus mercados locales y se consoliden en mercados externos, vía procesos de adquisiciones y fusiones.

Tal circunstancia determinó la necesidad del FMI de considerar regímenes de inversión más liberales, como producto de una política de reformas regulatorias (incluyendo la desregulación) privatización y desmonopolización en las actividades que están relacionadas con los servicios.

La liberalización de restricciones a la IED ha sido una variable de las políticas en gran número de países.

Durante la década pasada, los mecanismos de aprobación relacionados a las inversiones han sido simplificados y en muchos casos abolidos, bastando una simple notificación o verificación de procedimientos, con fines básicamente estadísticos.

Las restricciones sectoriales también han sido eliminadas, y nuevos sectores de actividades se han abierto a las empresas privadas y a la participación extranjera. El sector de servicios financieros en contados casos ha sido el principalmente favorecido con esta apertura. Otros sectores como las telecomunicaciones, también han contado con un régimen menos restrictivo en materia de inversión extranjera. A pesar de todas las consideraciones formuladas por la OMC, y de los principios y garantías por hacer que el comercio global sea justo, la liberalización comercial ha expuesto a los países a más riesgos y los trabajadores que radican en los países menos desarrollados están menos preparados para asumirlos.

La globalización y el surgimiento de nuevos mercados, son otro factor que ha contribuido a la remoción de trabas para la IED, se pensó que las empresas locales basadas en esta circunstancia podían capitalizar las ventajas de su desarrollo en otros países.

La liberalización de políticas regulatorias para la inversión directa en los países de la OECD, han sido acogidas en el resto de países del mundo. La Secretaría de la UNCTAD estima que desde 1991 hasta 1996, solo 27 de los casi 600 cambios en materia de IED estuvieron destinados a imponer nuevas restricciones. En el mismo periodo se han suscrito más de 1,600 acuerdos bilaterales de inversión (BITs). Ello ha incrementado el llamado hacia la consolidación de las reformas en el sentido que han sido expuestas en el estudio acerca de las ventajas del libre comercio, enlazando las opiniones sugeridas por la OCDE al fomento de un Acuerdo Multilateral en Materia de Inversiones en el seno de este organismo.

El Consejo de Ministros de la OCDE realizó un estudio multidisciplinario sobre los beneficios del comercio y las inversiones el 28 de abril de 1998. Según se declara en su prefacio el objetivo del estudio es proporcionar un soporte técnico y empírico que sirva a los gobiernos de los países miembros para llevar a cabo una rápida difusión sobre los beneficios netos de mantener los mercados abiertos a la inversión y al comercio. La OCDE enfatiza que la liberalización de los mercados no debe verse como un fin en sí mismo, sino más bien como una pieza fundamental de lo que debe ser un conjunto coherente de políticas dirigidas a mejorar de forma perdurable las condiciones de vida de los ciudadanos[75].

En el estudio se afirma dicha tendencia de la siguiente forma: *"el crecimiento de los flujos de comercio y la inversión han traído consigo una interdependencia profunda entre países, desarrollados y en vías de desarrollo. Existe evidencia empírica suficiente para confirmar que la apertura de los mercados es una condición fundamental para mantener o consolidar los procesos de crecimiento económico y mejora del bienestar mundial, ya que desde 1950, fecha en la que se estableció un orden comercial liberal, más de 3.000 millones de personas han sobrepasado el umbral de pobreza".*

*"la apertura de los mercados es al mismo tiempo la causa y la condición fundamental para reducir los inevitables costes de ajuste al mínimo, debido a que sólo será posible alcanzar una*

---

[75] Los planteamientos de este estudio se encuentran resumidos en el Boletín Económico ICE de la Subdirección General de Estudios del Sector Exterior acerca de los beneficios de la liberalización comercial. Ministerio de Economía y Hacienda. Boletín Económico N. 2587. Información comercial española del 21 al 27 de diciembre de 1998.

*nueva asignación eficiente de recursos entre países si se siguen las señales que a través de los precios de libre competencia envían los mercados. La apertura de los mercados proporciona ganancias netas reales, tanto a los productores como a los consumidores. Por una parte, las empresas se benefician del acceso a mercados más competitivos de bienes intermedios y servicios, mientras del otro lado los consumidores aprovechan la existencia de una mayor variedad de productos que pueden adquirir a menores precios, con el consiguiente aumento del poder adquisitivo de sus salarios".*

*"los países con regímenes comerciales y tratamiento de las inversiones más liberales atraen más inversión directa extranjera, comprobándose, además, que los efectos de ésta sobre la economía del país receptor son mayores a los de la inversión financiada con recursos domésticos. Las empresas extranjeras pueden aportar un valor significativo a las compañías en las que se instalan, mediante el pago de salarios superiores, la compra de bienes y servicios a los proveedores locales, el pago de impuestos, la transferencia de tecnología y know-how o la reinversión local de sus beneficios, valor que en muchas ocasiones puede llegar a superar los beneficios que ellas mismas obtienen".*

## 4.  ACUERDO MULTILATERAL EN MATERIA DE INVERSIONES (AMI)

La inversión internacional es un instrumento importante para la integración económica. Pero, a diferencia del comercio, el sistema multilateral carece de un marco completo para la inversión. El AMI (o MAI, por sus siglas en inglés), tiene como soporte los documentos de la OECD existentes. Sirve para complementar el trabajo de otros organismos reguladores internacionales, principalmente la Organización Mundial de Comercio y el Fondo Monetario Internacional.

El Acuerdo Multilateral proporciona un sistema de derechos y reglas de juego para las compañías que hacen inversiones en el extranjero. Esencialmente, se busca salvaguardar las inversiones de la discrecionalidad y volatilidad de las políticas del país anfitrión. La idea que subyace en este Acuerdo es evitar las ineficiencias derivadas del favoritismo y el proteccionismo en aras de establecer igualdad de tratamiento entre compañías nacionales y extranjeras.

En tal perspectiva se han formulado objeciones respecto a que muchos gobiernos aún mantienen controles e imponen condiciones a la entrada de capital extranjero, comercial; que además la legislación favorece los intereses de las empresas nacionales que compiten con las extranjeras. Y que estas prácticas han imposibilitado, a la fecha, la adopción de un marco normativo y legal de carácter extenso que rija los flujos de inversiones internacionales, como el propuesto en 1997, a través del Acuerdo Multilateral sobre Inversiones (AMI) en el seno de la OECD.

El AMI concierne a los inversionistas y a sus inversiones (no al Estado), incluye su establecimiento, expansión, operación y ventas. Establece canales para que a futuro la inversión pueda ser definida en forma amplia, a fin de incluir inversión en empresas, en negocios inmobiliarios, inversiones en portafolio y otros instrumentos financieros e inversiones intangibles. El acuerdo aspira establecer un estándar uniforme para la protección de los intereses del inversionista, con un efectivo sistema de resolución de conflictos en materia de inversiones. Está diseñado para garantizar la liberalización de la inversión, así como para procurar las bases de futuras negociaciones. Con estos objetivos el AMI se dirige a promover el desarrollo y la eficiencia económica, reducir los riesgos de negocios internacionales ofreciendo predictibilidad y seguridad para inversionistas internacionales y sus inversiones.

Muchos países en desarrollo buscan activamente atraer la inversión extranjera para beneficiarse de la tecnología asociada y del acceso a los mercados de los países de origen de dichas inversiones, acelerando de este modo su propio desarrollo e integración al sistema económico internacional. Sin embargo, el AMI fue entendido por muchos países en desarrollo como significado de imponer el principio de trato nacional a las inversiones, por lo que existe desde un inicio un rechazo a la multilateralización del acuerdo, la exigencia de obligar a los países en desarrollo carentes de infraestructura y de recursos de inhibirse de mantener controles e imponer condiciones de entrada al capital extranjero motivó tal iniciativa.

Cabe señalar que el AMI, no otorga derecho a los Estados para demandar a empresas y corporaciones por daños ocasionados por el inversionista, con lo que de hecho se le da, no sólo un status igual, sino superior a los gobiernos, por lo que existe la posibilidad y casi la certeza de que este tipo de acuerdos puede conllevar a la anulación práctica de leyes y políticas establecidas por los gobiernos para la protección de los derechos de los ciudadanos y el cuidado del medio ambiente como ya ha ocurrido en el caso del Tratado de Libre Comercio de América del Norte.

Los aspectos sustanciales que se encuentran circunscritos al AMI son los siguientes:

a)     Transparencia: Publicación de normas relativas a inversiones.

b)     Trato Nacional: Tratamiento a inversionistas e inversiones extranjeras no menos favorable que a inversionistas e inversiones locales.

c)     Nación más favorecida: Inversionistas e inversiones de un miembro del AMI tendrán tratamiento no menos favorable que aquellos de otro miembro del AMI.

d)     Transparencia de Fondos: Libre retorno de inversión, incluyendo capital, beneficios y dividendos.

e)     Libre entrada y permanencia de personal clave.

f)      Requerimiento de desempeño: Prohibición a ciertos requisitos impuestos a los inversionistas como cuotas de exportación mínima, reglas de contenido local o requerimientos para transferencia de tecnología.

g)      Expropiación: Sólo por razones de interés público, garantizando una rápida y equitativa indemnización.

h)      Solución de Controversias: Establecimiento de un régimen de solución de controversias, mediante la consulta, arbitraje entre Estados y entre inversionistas extranjeros y Estados destinatarios de la inversión.

Hay relativo consenso respecto a que las reglas del AMI deberán ser completamente compatibles con el logro de estándares laborales y ambientales. Algunos puntos controversiales son los siguientes:

a)      Las empresas multinacionales tendrían derecho de demandar a los Estados por las oportunidades perdidas.

b)      Cualquier acuerdo sobre inversiones alcanzado después de la ratificación del MAI tendría carácter vinculante por un periodo de 15 años. Aquellos que rescindan el acuerdo deberán aún respetarlo por un periodo adicional de 5 años.

c)      La relación entre la aplicación de medidas sobre protección del medio ambiente y los derechos humanos con las inversiones es planteada de manera ambigua.

d)      Se enumeran los derechos y deberes de las multinacionales, pero no aquellos tocantes a los ciudadanos y consumidores.

e)      La negociación de acuerdos internacionales en materia de inversión entra en conflicto con la división de poderes constitucionales de algunos Estados.

## 5.    BENEFICIOS Y DESVENTAJAS DE LA INVERSIÓN EXTRANJERA DIRECTA SEGÚN LA UNCTAD

Una de las principales facetas de la inversión extranjera ha sido su concentración en un número reducido de proyectos vinculados a determinados sectores, en vez de diversificarse en una extensa gama de industrias y negocios. Los inversionistas se han orientado, principalmente, hacia la explotación de recursos naturales para el mercado externo (oro, cobre, plata) o hacia el acceso al mercado interno de servicios masivos (energía, electricidad, teléfonos y servicios financieros).

De acuerdo a una encuesta llevada a cabo por la UNCTAD (2000) a gerentes de las empresas multinacionales, las principales ventajas competitivas para la inversión extranjera que otorga el Perú estarían relacionadas con los siguientes aspectos:

a) Considerable cantidad de recursos naturales.

b) País de tamaño razonable, con población creciente y con mercados de integración hacia la Comunidad Andina y el MERCOSUR, que lo potencian como locación estratégica interesante.

c) Bajo costo de mano de obra.

d) Ambiente y legislación amigables y promotores.

Entre las desventajas se mencionan las siguientes:

a) Baja calidad de la infraestructura.

b) Reducido apoyo local para los negocios, reflejado en poca información y escasos eslabonamientos con negocios locales.

c) Personal no tan bien entrenado y calificado y, por lo tanto, de poca productividad.

d) Sistema judicial interno aún débil e influenciable.

En tal sentido, la CEPAL y la UNCTAD concuerdan en que las políticas de promoción de la inversión extranjera en América Latina deben pasar del enfoque de "más es mejor" a aquel que persiga una política que atraiga inversiones de proveedores e industrias relacionadas, fomente la entrada en el sector manufacturero, ayude a crear los mercados domésticos y regionales, y construya eslabonamientos horizontales y verticales con la economía local.

El informe de la UNCTAD[76] señala una relación de áreas de política que necesitan reforzarse para incrementar el volumen y los beneficios de la IED en el Perú. Se requiere: a) mejora de la infraestructura, b) prioridad a la educación y al entrenamiento para mejorar la productividad, c) esfuerzo para levantar los estándares de calidad de las pequeñas y medianas empresas que pueden ser proveedoras de las empresas extranjeras, d) fortalecimiento de las políticas de difusión y transferencia tecnológica, e) formación de cluster. Además se recomienda trabajar sobre la percepción de la imagen del Perú en otros países, en identificar proyectos para atraer inversiones en determinados sectores, y en proveer servicios que faciliten la inversión adicional, continua y permanente de los inversionistas.

---

[76] Informe de la UNCTAD sobre política de inversión en el Perú (UNCTAD 2000).

# CAPÍTULO V

## TRATAMIENTO DE LA INVERSIÓN EXTRANJERA EN EL DERECHO NACIONAL AL AMPARO DE LOS ACUERDOS INTERNACIONALES

> *"Aunque los ciudadanos de Wall Street defienden los principios del mercado libre y un papel limitado para el Estado, no rehuyen la asistencia del gobierno para que promueva su agenda de liberalización comercial".*
>
> Joseph Stiglitz.

## 1. ANTECEDENTES

El factor fundamental que ha motivado a los países latinoamericanos a liberalizar sus normas internas relativas a IED son las presiones impuestas por el Fondo Monetario Internacional y el Banco Mundial sobre los países de América Latina y la disposición de las autoridades locales de orientar la normatividad en dicha dirección; el FMI propugnó la necesidad de liberalizar la economía difundiendo la idea de que esto acentuaría la competencia entre los Estados y que les permitiría convertirse en atractivos países receptores de inversión, sobre la base de una economía mundial cada vez más integrada y con economías complementarias. A partir de 1991 se dictaron en el Perú una serie de normas, liberalizando y eliminando todo tipo de restricción al libre flujo de capitales y procurando sentar las bases para la consolidación de una economía de mercado, mediante la abierta promoción de las inversiones en todos los sectores económicos. La legislación del Perú sobre IED, es considerada una de las más liberales de la región.

Dentro de las principales normas internas de carácter general que tienen relación o se refieren directamente al tratamiento de la inversión extranjera se encuentran: El Título III de la Constitución Política del Perú de 1993, sobre el Régimen Económico; el D.Leg. 662, Ley de

Fomento a la Inversión Extranjera; el D.Leg. 757, Ley Marco para el Crecimiento de la Inversión Privada y el Reglamento de dichas normas, aprobado mediante D.S. 162-92-EF.

El marco normativo multilateral faculta al Perú, en ejercicio de su soberanía, a implementar políticas de modernización y de consolidación de su infraestructura productiva, que respondan a sus específicas necesidades de desarrollo. Al amparo del artículo XX del GATT de 1947, que estipula determinadas medidas de excepción a las normas de libre comercio internacional, el Perú podría aplicar medidas relativas a la conservación de los recursos naturales agotables o establecer determinadas restricciones a la exportación de materias primas nacionales necesarias para asegurar el suministro a la industria nacional, siempre que éstas no representen un medio de discriminación o arbitrariedad.

## 2.    RÉGIMEN CONSTITUCIONAL

La Constitución Política del Perú de 1993 establece las reglas fundamentales de una economía de mercado, mediante la consagración de las siguientes garantías: La iniciativa privada es libre, se ejerce en una economía social de mercado (Artículo 58°); el Estado estimula la creación de la riqueza y garantiza la libertad de trabajo y la libertad de empresa, comercio e industria (Artículo 59°); el Estado reconoce el pluralismo económico. La actividad empresarial, pública o no pública, nacional o extranjera, recibe el mismo tratamiento legal (Artículo 60°); el Estado facilita y vigila la libre competencia (Artículo 61°); mediante contratos-ley, el Estado puede establecer garantías y otorgar seguridades a los inversionistas; la inversión nacional y la extranjera se sujetan a las mismas condiciones; la producción de bienes y servicios y el comercio exterior son libres (Artículo 63°); y, el Estado garantiza la libre tenencia y disposición de moneda extranjera (Artículo 64°).

El segundo párrafo del artículo 63 de la Constitución Política vigente establece que "en todo contrato del Estado y de las personas de derecho público con extranjeros domiciliados consta el sometimiento de estos a las leyes y órganos jurisdiccionales de la república y su renuncia a toda reclamación diplomática. Pueden ser exceptuados de la jurisdicción nacional los contratos de carácter financiero".

Hay que tener en cuenta que los costos de abrir aceleradamente cualquier sector de la economía puede superar largamente sus posibles beneficios, de ahí que en materia financiera, más que buscar medidas de apertura inmediata, se debe trabajar en la implementación de una política financiera vinculada a la puesta en práctica de un plan de desarrollo de carácter global. Desde este punto de vista la privatización bancaria y la desregulación del sistema financiero en el Perú en vez de mejorar las condiciones de intermediación financiera más bien han generado un proceso de centralización de capital entre los agentes que participan en los negocios financieros, y donde el manejo de la política financiera ha provocado que el mercado financiero se vuelva una área de especulación, por lo tanto, se ha vuelto urgente la necesidad de volver más eficientes los procesos de intermediación. En ausencia de una política de desarrollo industrial, es difícil que con la entrada de los intermediarios financieros del exterior el costo de los recursos disminuya y, pueda iniciarse una nueva etapa del crecimiento. No obstante, el artículo 63 de la Constitución vigente otorga al capital extranjero la posibilidad de que pueda exceptuarse de la jurisdicción nacional en caso de controversia con el Estado o con una persona jurídica de derecho público.

Hay que tener presente que el ordenamiento y modernización del sistema financiero nacional no estriba en la creación de esquemas normativos flexibles que faciliten el libre flujo de capitales, y que más importante es limitar la participación de mercado de una institución financiera a un porcentaje que puede ser el 20% de los activos, el crédito y la captación del total del sistema bancario. En el caso de instituciones que actualmente rebasan este límite, sería conveniente desarrollar un plan específico para disminuir su participación de mercado gradualmente al límite propuesto mediante operaciones bursátiles y venta directa de activos a otros bancos comerciales o a fideicomisos establecidos para disponer de dichos activos conforme lo permitan las condiciones de mercado. Pero además desde el punto de vista del ingreso de inversión extranjera en banca, la Carta magna en el Perú debe adecuarse a la creación de un esquema de leyes que límite el porcentaje del capital de los bancos que pueden ser adquiridos por una sola institución extranjera. En el caso de los bancos que ya son controlados mayoritariamente por capital extranjero, obligarlos a que al menos un 10% de su capital sea suscrito en la Bolsa Nacional de Valores, sin perjuicio de exigir a los bancos controlados por capital extranjero a que suministren información de manera trimestral a la Bolsa Nacional de Valores en los mismos términos que las instituciones que cotizan en dicho mercado.

En el Capítulo "De la Propiedad", se señala en el Artículo 70°, que el derecho de propiedad es inviolable y que el Estado lo garantiza. Sólo procede la expropiación, con independencia de la nacionalidad del propietario, por Ley del Congreso, exclusivamente en casos en que la seguridad nacional y utilidad pública así lo requieran, previa indemnización al afectado.

El artículo 71°, establece la garantía de igual tratamiento en materia de propiedad a los nacionales y extranjeros, sean personas naturales o jurídicas, sin que en caso alguno sea posible invocar excepción o protección diplomática.

La única excepción en cuanto a la propiedad de extranjeros, es la limitación contenida en el Artículo 71° segundo párrafo, según la cual, dentro de los 50 kilómetros de las fronteras, éstos no pueden adquirir ni poseer, minas, tierras, bosques, aguas, combustibles ni fuentes de energía, directa ni indirectamente.

Se exceptúa el caso de necesidad pública expresamente declarada por Decreto Supremo aprobado por el Consejo de Ministros.

No existen limitaciones a la actuación de los extranjeros dentro de determinados renglones económicos, que deriven expresamente de la Constitución y que hayan sido objeto de reglamentación en leyes especiales, como el petróleo, la minería, la energía eléctrica. Tampoco existen disposiciones que restrinjan la participación de capitales extranjeros en determinadas actividades, que aunque no tengan un fundamento expreso en la constitución, exijan a los capitales extranjeros asociarse en minoría con capitales nacionales.

El texto constitucional vigente no contiene ninguna disposición constitucional que de fundamento a las limitaciones que se dirigen hacia la inversión extranjera mediante el cual se permita a la nación tener el absoluto derecho de imponer a la propiedad privada las modalidades que dicte el interés público, así como el de regular el aprovechamiento de los elementos naturales susceptibles de apropiación, para hacer una distribución equitativa de los bienes públicos y para cuidar de su conservación.

3.     **CONVENIOS INTERNACIONALES RATIFICADOS POR EL PERÚ RELATIVO A INVERSIÓN EXTRANJERA: OPIC, MIGA, CIADI, BITS**

El Perú ha ratificado una serie de instrumentos internacionales a fin de otorgar mayor seguridad a los inversionistas extranjeros. Un inversionista extranjero puede encontrar diferentes tipos de riesgos en el país en el cual realiza su inversión, entre los cuales encontramos los riesgos políticos o no comerciales.

Entre estos riesgos están los casos de guerra civil, terrorismo, insurrección, expropiación, restricciones a la convertibilidad de la moneda y aplicación restrictiva o discriminatoria de la ley.

Los ordenamientos constitucionales o legales suelen incorporar normas que atenúan estos riesgos. Este es el caso de la legislación peruana, que contiene a nivel constitucional y legal disposiciones sobre tratamiento igualitario de nacionales y extranjeros, inviolabilidad del derecho de propiedad privada, y mecanismo de solución de disputas relativas a IED, entre otros temas.

A pesar de la existencia de estas garantías de origen interno, el inversionista extranjero se siente más seguro cuando existe un Tratado Internacional que obliga al Estado receptor de la inversión frente al Derecho Internacional.

El Perú ha ratificado los siguientes Tratados Internacionales sobre garantías a la IED que a grandes rasgos pasamos a señalar:

### 3.1. CORPORACIÓN DE INVERSIÓN PRIVADA EN EL EXTERIOR (OPIC)

La *Overseas Private Investment Corporation* (OPIC) es un ente que pertenece al gobierno de los Estados Unidos establecido en 1971. La OPIC tiene por objeto el fomento de inversiones estadounidenses en países en desarrollo, su finalidad está dirigida a promover inversiones en mercados emergentes, también ofrece servicios de financiamiento de proyectos y de cobertura de riesgos no comerciales.

Los riesgos que cubre OPIC son: riesgo de inconvertibilidad o imposibilidad de repatriar utilidades, incluyendo tipos de cambio discriminatorios, expropiación, guerra exterior, guerra civil, insurrección, terrorismo y en general circunstancias graves que alteren el orden social.

### 3.2. AGENCIA MULTILATERAL DE GARANTÍAS DE INVERSIÓN (MIGA)

La Agencia Multilateral de Garantía de inversiones (MIGA - *Multilateral Investment Guarantee Agency)* se creó en 1988 con un capital base de un billón de dólares, y forma parte del grupo del Banco Mundial junto con la Corporación Financiera Internacional (IFC), el Banco Internacional de Reconstrucción y Fomento (IBRD) y la Asociación Internacional de Desarrollo (IDA). Dicha institución constituye como una agencia multilateral para garantizar las inversiones. Los riesgos que garantiza son los siguientes: pérdidas por restricciones en el cambio de moneda o restricciones al ejercicio de la propiedad, incumplimiento contractual, dificultades para acceder a un procedimiento imparcial y efectivo, conflicto armado y disturbios civiles.

El Perú se adhirió a dos convenios sobre el otorgamiento de seguridades a los inversionistas en el Perú. El primer convenio fue el *Multilateral Investment Guaratee Agreement* (MIGA) y el segundo fue el *International Centre for Settlement of Investment Disputes* (ICSID). Ambos convenios otorgaban a los inversionistas extranjeros en el Perú garantías a su inversión y en el primer caso funcionaba como un seguro que era pagado por el Banco Mundial en caso se produjera las circunstancias previstas en dicho Convenio que perjudicaba a los inversionistas extranjeros.

### 3.3. CENTRO INTERNACIONAL DE ARREGLO DE DIFERENCIAS RELATIVAS A INVERSIONES (CIADI)

El CIADI fue creado por el Banco Mundial en 1965 como un Centro Internacional que pudiera facilitar la solución de controversias relativas a inversiones entre Estados contratantes y nacionales de otros Estados contratantes. La jurisdicción del CIADI se limita a disputas que surjan de una inversión extranjera, siempre que las partes hayan consentido por escrito en someterse a su jurisdicción. Una de sus finalidades es dotar a la comunidad internacional de una herramienta capaz de promover y brindar seguridad jurídica a los flujos de inversión internacionales. Los únicos medios de solución de disputas permitidos por el CIADI son la conciliación y el arbitraje.

## 3.4. CONVENIOS BILATERALES DE PROMOCIÓN Y PROTECCIÓN RECÍPROCA DE INVERSIONES (BITs)

Es el mecanismo internacional utilizado para atenuar el riesgo no comercial en el IED. Los BITs son Convenios internacionales negociados por dos Estados, que otorgan derechos y garantías a los nacionales de un Estado Contratante que invierten en el territorio del otro Estado Contratante.

El Perú ha suscrito diversos BITs, entre los que destacan los celebrados con Gran Bretaña e Irlanda del Norte, Francia, Suecia, Italia, China, España, Alemania, Australia, Paraguay, Bolivia, Argentina y el Convenio Bilateral con Chile.

Las principales cláusulas de estos Convenios Bilaterales son las siguientes:

a) Trato justo y equitativo a las inversiones extranjeras (se entiende como el derecho a la no-discriminación, el estándar internacional mínimo y el deber del Estado receptor de la inversión de proteger la propiedad extranjera);

b) Trato nacional (el extranjero recibirá el mismo trato que el nacional);

c) Cláusula de la nación más favorecida (cuando una parte contratante acuerda con un tercer Estado condiciones más favorables que las convenidas con la otra parte contratante, ésta última se beneficiará de las nuevas condiciones convenidas). Se reconocen dos excepciones. La referida a las condiciones más favorables que tienen por origen tratados de integración y la que tiene por origen convenios para evitar la doble imposición;

d) Cláusulas de estabilidad (mantiene invariable el tratamiento legislativo vigente al momento de la firma del Convenio de estabilidad jurídica, aún cuando la misma se modifique posteriormente);

e) Reglas para la transferencia de moneda (garantizan la libre remesa al exterior de capitales y utilidades, en moneda libremente convertible y al tipo de cambio vigente en la fecha de la transferencia);

f) Compensaciones por pérdidas (compensación en caso de expropiación, conflictos armados o disturbios internos);

g) Medidas de expropiación o nacionalización (se reconoce el derecho de los Estados receptores de inversión para expropiar o nacionalizar, siempre que sea por motivo de interés público o interés nacional, previa indemnización justipreciada, pronta, adecuada y efectiva). Para que la expropiación sea legítima no debe entrañar discriminación al inversionista extranjero;

h)      Solución de controversias entre una parte contratante y un inversionista (normalmente se somete cualquier eventual disputa al Centro Internacional para el Arreglo de Controversias Relativas a Inversiones – CIADI – comentado anteriormente).

## 4.      NORMAS DE ORDEN INTERNO RELATIVAS A INVERSIÓN EXTRANJERA

Las normas de inversión extranjera se encuentran reguladas por D.Leg. 662, las normas previstas en el D.Leg. 757 y el D.S. 162-92-EF, aquellas relativas a las limitaciones en materia de inversión y los regímenes de excepción, específicamente los que conciernen al transporte aéreo.

## 4.1.   DEFINICIÓN DE INVERSIÓN EXTRANJERA SEGÚN EL DECRETO LEGISLATIVO N° 662

El Decreto Legislativo N° 662 contiene una definición bastante amplia de inversión extranjera pues en términos generales considera como tal, aquella proveniente del exterior que se realice en actividades económicas generadoras de renta.

De acuerdo a la legislación peruana, la inversión extranjera puede adoptar cualquiera de las siguientes modalidades:

a)      Aportes al capital de una empresa nueva o existente, canalizados a través del Sistema Financiero Nacional, en moneda libremente convertible o en bienes físicos y tangibles;

b)      La conversión de obligaciones privadas con el exterior, en acciones;

c)      Las inversiones en bienes ubicados físicamente en el territorio peruano.

d)      Las contribuciones tecnológicas intangibles, tal como marcas, modelos industriales, patentes, entre otras;

e)      Las inversiones destinadas a la adquisición de títulos, documentos y papeles financieros cotizados en bolsa;

f)      Los recursos destinados a contratos asociativos como los *Joint Venture*; o

g)      Cualquier otra modalidad de inversión extranjera que contribuya al desarrollo del país.

## 4.2.   PRINCIPIOS Y NORMAS GENERALES CONTENIDOS EN LOS DECRETOS LEGISLATIVOS N° 662 Y 757

La Ley Marco para el Crecimiento de la Inversión Privada, aprobada por Decreto Legislativo N° 757, expresa de modo general las reglas que rigen la inversión privada en el país.

Se señala en los considerandos de esta norma, que con el fin de fomentar la inversión privada y otorgar mayor competitividad a las empresas, es necesario eliminar todas las trabas y distorsiones legales que entorpecen el desarrollo de las actividades y la iniciativa privada. Es decir, se establece un modelo que privilegia la inversión extranjera frente a la inversión nacional o local, pues la segunda enfrenta restricciones que no tiene la primera, a la par que se fomenta la competencia entre países subdesarrollados con el propósito de atraer inversiones extranjeras.

El D.Leg. N° 662 establece que el Estado promueve y garantiza las inversiones extranjeras efectuadas o por efectuarse en el país, en todos los sectores de la actividad económica.

De acuerdo a la normatividad vigente toda empresa tiene derecho a organizar y desarrollar sus actividades en la forma que juzgue conveniente. Se ha derogado toda disposición legal que fije modalidades de producción o índices de productividad, que prohíba u obligue a la utilización de insumos o procesos tecnológicos y, en general, intervenga en los procesos productivos de las empresas en función al tipo de actividad económica que desarrollen, su capacidad instalada, cualquier otro factor económico similar, salvo las disposiciones referidas a la higiene y seguridad industrial, la conservación del medio ambiente y la salud[77].

Los inversionistas extranjeros tienen los mismos derechos y obligaciones que los inversionistas y empresas nacionales, sin más excepciones que las que establecen la Constitución Política y los propios Decretos Legislativos N° 757 y 662. En ningún caso el ordenamiento jurídico puede discriminar entre inversionistas ni empresas en función a la participación nacional o extranjera en las inversiones. Así, de conformidad con lo establecido en los citados Decretos Legislativos, la inversión extranjera puede entrar a cualquier sector económico, desde el petróleo, la minería, la petroquímica, las líneas aéreas, los puertos, el sector financiero, las telecomunicaciones, etc. En esta visión, para la Ley nacional concordante con el artículo 63 de la Constitución vigente, no existen sectores ni empresas estratégicas, por tanto, el Estado debe sustraerse de cualquier injerencia o tentativa de regulación.

---

[77] La Constitución Política del Perú, en cuanto al régimen económico, establece lo siguiente:
    a) La iniciativa privada es libre;
    b) El Estado reconoce el pluralismo económico;
    c) La actividad empresarial, pública o no pública recibe el mismo tratamiento legal;
    d) Sólo autorizado por ley expresa el Congreso de la República, el Estado puede realizar subsidiariamente actividad empresarial, directa o indirecta, por razón de alto interés público o de manifiesta conveniencia nacional;
    e) El Estado garantiza la libre tenencia y disposición de moneda extranjera;
    f) El Estado garantiza el derecho de propiedad. A nadie puede privársele de su propiedad sino, exclusivamente, por causa de seguridad nacional o necesidad pública, declarada por ley, y previo pago en efectivo de indemnización justipreciada que incluya compensación por el eventual perjuicio.

### 4.3. LIMITACIONES A LA LIBERTAD DE INVERSIÓN

El Reglamento del Decreto Legislativo N° 662, aprobado mediante Decreto Supremo N° 162-92-EF, establece determinadas limitaciones y excepciones al derecho de propiedad y al derecho a la libertad de comercio exterior.

El derecho a la propiedad privada tiene como únicas limitaciones las siguientes:

a) La referida a la propiedad por extranjeros de bienes ubicados dentro de los 50 kms. De las fronteras, comentada anteriormente;

b) Las restricciones y prohibiciones especiales para la adquisición, posesión y explotación de determinados bienes por razones de interés nacional que se declaren por ley expresa, para garantizar la seguridad externa y el orden interno.

A su vez, el derecho a la libertad de comercio exterior, tiene las siguientes limitaciones:

- En materia de exportaciones:

a) Las prohibiciones establecidas en el Texto Único de Productos de Exportación Prohibida;

b) Las contempladas en la Ley General de Amparo al Patrimonio Cultural de la Nación;

c) Los derechos y obligaciones emanados de los convenios internacionales suscritos por el Perú;

d) Las medidas de emergencia de carácter temporal que se requieran para garantizar la seguridad externa y el orden interno, y

e) Las disposiciones destinadas a la preservación del Patrimonio Genético nativo de los cultivos, flora y fauna silvestres

- En materia de importaciones:

a) Los derechos y obligaciones emanados de los convenios internacionales suscritos por el Perú;

b) Las prohibiciones establecidas en la relación de bienes de importación prohibida por tratarse de residuos o desechos peligrosos o radioactivos, y,

c) La medidas de emergencia de carácter temporal que se requieran para garantizar la seguridad externa, el orden interno y la salud pública.

### 5. CONVENIOS DE ESTABILIDAD JURÍDICA A LOS QUE PUEDE ACCEDER UN INVERSIONISTA EXTRANJERO

Los Decretos Legislativos N° 662 y 757, modificados por la Ley N° 27342 del 5 de septiembre de 2000, otorgan determinados beneficios a los inversionistas extranjeros, a los que se puede acceder mediante la celebración de convenios de estabilidad jurídica.

Para acceder a los mencionados convenios, se deberá efectuar aportes dinerarios al capital de una empresa o por establecerse en el Perú; capitalizar obligaciones; capitalizar recursos con derecho a giro, realizar inversiones de riesgo por un monto de por lo menos US$ 10'000,000 para los sectores de minería e hidrocarburos o de US$ 5'000,000 para el resto de sectores. Dicho aporte debe ser canalizado a través del Sistema Financiero Nacional.

El régimen legal de fomento a la IED en el Perú parte de la noción de que la estabilidad es una condición imprescindible para la atracción de la inversión extranjera. Esta visión asume que solo un entorno político, jurídico e institucionalmente estable puede garantizar la validez de los contratos que amparan a los inversores y, por tanto, promover la llegada de capitales extranjeros. Sin embargo, se olvida que en situaciones de inestabilidad continúan existiendo estructuras de poder con capacidad de hacer valer y cumplir estos compromisos. Es decir la ausencia de estabilidad política no implica necesariamente la ausencia de poder. En este contexto, los inversores extranjeros tienen la posibilidad de interactuar, directamente o a través de sus gobiernos con estas estructuras a fin de asegurar la continuidad de sus actividades y, de esta forma, eludir los riesgos que entraña operar en situaciones de conflicto.

## 6.    BENEFICIOS TRIBUTARIOS Y CAMBIARIOS

En el ámbito de los beneficios tributarios se regula la estabilidad del régimen del Impuesto a la Renta, según el cual, los dividendos y cualquier otra forma de distribución de utilidades, no se encuentran gravados. Asimismo, no se encuentra gravada su remesa al exterior.

En virtud de esta estabilidad tributaria, se garantiza al inversionista extranjero estabilidad respecto del impuesto a la renta que corresponda aplicar, determinándose el régimen vigente al momento de suscripción del convenio pertinente y siéndole de aplicación la tasa vigente a dicha fecha más 2 puntos porcentuales[78].

El otorgamiento de beneficios tributarios a favor del inversionista debe adoptar una perspectiva diferente en atención al grado de contribución del capital extranjero a favor del país. Las empresas de capital extranjero que desarrollen determinadas actividades podrían llegar a acogerse

[78] Perú ha suscrito convenios para evitar la doble tributación y para prevenir la evasión fiscal, la cual se presenta cuando dos países consideran que les pertenece el derecho de gravar una determinada renta. Mediante el uso de estos convenios, los Estados firmantes renuncian a gravar determinadas ganancias y acuerdan que sea sólo uno de los Estados el que cobre el impuesto o, en todo caso, que se realice una imposición compartida, es decir, que ambos Estados recauden parte del impuesto total que debe pagar el sujeto.

a reducciones tributarias, recaerían dentro de este ámbito, empresas de producción, empresas de alta tecnología, empresas exportadoras de bienes y productos peruanos. Así por ejemplo, reducciones en el primer año para las empresas productivas con una inversión a más de 10 años. Reducción para los proyectos de tecnología intensiva o por un monto considerable de millones de dólares en empresas productivas. Reducción para empresas que exporten un porcentaje mayoritario de su producción.

En cuanto a los beneficios cambiarios la norma estipula la estabilidad del régimen de libre disponibilidad de divisas (Art. 7 del D.Leg.662). El inversionista podrá acceder libremente a la moneda extranjera en el mercado cambiario al tipo de cambio más favorable. El Estado no podrá aplicar con relación a su inversión cualquier régimen o mecanismo de regulación del mercado cambiario que limite o restrinja este derecho o que implique un tratamiento menos favorable para el inversionista extranjero que el que se aplique a cualquier persona natural o jurídica por la realización de cualquier clase de operación cambiaria. El inversionista extranjero podrá transferir sus utilidades en divisas libremente convertibles, sin requerir autorización previa de ninguna entidad del Gobierno Central, Gobiernos Regionales o Locales. Para ello la inversión debe haber sido registrada ante la Comisión Nacional de Inversiones y Tecnologías-CONITE y cumplido con las obligaciones tributarias correspondientes. El Estado no podrá establecer restricción o limitación alguna a este derecho.

En virtud del beneficio de trato nacional, el Estado en ninguno de sus niveles, podrá aplicar al inversionista un tratamiento diferenciado, atendiendo a su nacionalidad, a los sectores o tipos de actividad económica que desarrolle o la ubicación geográfica de las empresas en que invierta.

## 7.    REQUISITOS DE DESEMPEÑO

Los requisitos de desempeño suelen ser condiciones que una empresa debe cumplir por imposición del gobierno para hacerse acreedor de un beneficio. El requisito mismo y el beneficio son elementos distintos, que se asocian para crear un incentivo o estímulo, o para establecer el acceso condicionado a un determinado derecho. Dicho de otro modo prescriben las condiciones o requerimientos a ser cumplidos por los inversionistas para establecer u operar su inversión, bien sea de carácter obligatorio o como condición para el disfrute de un determinado beneficio o incentivo. Es un aspecto vinculado a la regulación de la entrada y establecimiento de inversiones.

En el acuerdo de la OMC sobre las Medidas en Materia de Inversiones Relacionadas con el Comercio (MIC)[79], se ha incluido una lista ilustrativa de estas medidas o requisitos de desempeño

---

[79] En el acuerdo se reconocen medidas incompatibles con la obligación de eliminación general de restricciones cuantitativas, comprendiendo las que sean obligatorias o exigibles en virtud de la legislación nacional o de resoluciones administrativas, o cuyo cumplimiento sea obligatorio para

que son incompatibles con la obligación de Trato Nacional. Estas medidas son obligatorias o exigibles en virtud de la legislación nacional o de resoluciones administrativas, o cuyo cumplimiento es necesario para obtener una ventaja, y que prescriben:

a)      La compra o la utilización por una empresa de productos de origen nacional o de fuentes nacionales, ya sea se especifiquen en términos de productos determinados, en términos de volumen o valor de los productos, o como proporción del volumen o del valor de su producción local; o

b)      Que las compras o la utilización de productos de importación por una empresa se limite a una cantidad  relacionada con el volumen o el valor de los productos locales que la empresa exporte.

Los requisitos de desempeño pueden presentar la forma de obligaciones o de incentivos, en ambos casos, el propósito final es promover los mayores beneficios de la IED.

La OMC, ha proscrito los requisitos de desempeño que vulneran el Trato Nacional y la prohibición de imponer restricciones cuantitativas, habiendo otros, como los referidos a la generación o cooperación tecnológica y al comercio de servicios, que han sido reconocidos como válidos en las propias publicaciones de la OMC, en donde se destaca que el acuerdo: *"No prohíbe a los países [...] exigir que el inversionista extranjero aporte la tecnología más avanzada o realice en el país un volumen o un tipo específico de actividades de investigación y desarrollo."*

En este sentido, debe entenderse que los países en desarrollo todavía tienen un marco de actuación importante en lo que respecta a los requisitos de desempeño, como instrumentos de políticas activas para alcanzar el desarrollo nacional, siempre que se respeten los principios de Trato Nacional y de eliminación de restricciones cuantitativas.

En el propio Tratado de Libre Comercio de América del Norte (TLCAN o NAFTA por sus siglas en inglés), se establece en el artículo 1106° ciertas restricciones para la aplicación de requisitos de desempeño, sin embargo, esto no implica una prohibición absoluta de los mismos[80].

---

obtener una ventaja, y que restrinjan: a) La importación de una empresa de los productos utilizados en su producción local o relacionados con ésta, en general o una cantidad relacionada con el volumen o el valor de la producción local que la empresa exporte; b) La importación por una empresa de productos utilizados en su producción local o relacionados con ésta, limitando el acceso de la empresa a las divisas, a una cantidad relacionada con las entradas de divisas atribuibles a esa empresa; o c) La exportación o la venta para la exportación de productos por una empresa, ya se especifiquen en términos de productos determinados, en términos de volumen o valor de los productos o como proporción del volumen o valor de su producción local.

[80] Según el art. 1106° *"No se considerará incompatible con el inciso 6) (referido a la transferencia de tecnología) el exigir a una inversión que utilice una tecnología para cumplir en lo general con requisitos aplicables a la salud, seguridad o medio ambiente"* y que *"Las partes*

La relación entre la admisión y establecimiento de inversiones, y los requisitos de desempeño surge de las potestades de regulación a la entrada, establecimiento y operación de inversiones pudiendo evidenciar las siguientes modalidades:

a) Requerimientos obligatorios de constitución de *joint ventures* tanto con inversionistas locales privados, como con participación del Estado receptor;

b) Admisión en procesos licitatorios restringidos a nacionales;

c) Condiciones generales de admisión que prevean el aporte obligatorio de las inversiones al logro de objetivos específicos de desarrollo;

d) Condiciones de acceso basadas en requerimientos de capital mínimo a invertir, subsecuentes requerimientos de inversión o reinversión, restricciones sobre la importación de bienes de capital necesarios para establecer una inversión (maquinaria, software), posiblemente combinados con requisitos de contenido local.

e) Regulaciones especiales para ciertas modalidades de IED, como el licenciamiento de tecnologías foráneas.

f) Requerimientos de contenido local.

g) Requerimiento y restricciones de exportación.

h) Requerimiento y restricciones de importación.

En consonancia con estos requisitos, el artículo 9 del Decreto Legislativo 757 prohíbe el uso de los requisitos de desempeño, en ese sentido el Estado peruano se encuentra imposibilitado de poner en práctica medidas que tradicionalmente han sido utilizadas, tales como: cuotas o limitaciones en cuanto a exportaciones de bienes y servicios; obligatoriedad de determinado contenido nacional en los productos; establecimiento de preferencias nacionales en cuanto a compras a realizar dentro del territorio nacional donde se realiza la inversión, relacionar volúmenes de importaciones con las exportaciones. En algunos casos la prohibición de los requisitos de desempeño se extiende a los servicios y a la transferencia de tecnología como en el caso del acuerdo de libre comercio uruguayo-canadiense, además de conocimientos a personas del territorio, entre otras.

---

*podrán aplicar requisitos que no estén enlistados en los párrafos anteriores. Las partes podrán aplicar requisitos de desempeño como alcanzar un determinado grado o porcentaje de contenido nacional, o adquirir o utilizar u otorgar preferencias a bienes producidos o a servicios prestados en su territorio, siempre y cuando las medidas no se apliquen arbitraria o injustificadamente, y no constituyan una restricción encubierta al comercio".*

La prohibición de algunos requisitos de desempeño afectan las posibilidades de desarrollo, como son los relacionados con la imposibilidad de que los Estados puedan recurrir a disposiciones de contenido local o nacional como condición para que determinadas mercancías puedan beneficiarse de preferencias en sus mercados. Estas disposiciones, que tradicionalmente pretenden garantizar que las mercancías que disfruten de preferencias tengan determinado contenido de insumos nacionales que aseguren beneficios a las industrias del país han sido utilizadas en los acuerdos de integración con el mismo propósito a escala regional.

Estos requisitos son importantes porque inducen a los inversionistas a realizar inversiones adecuadas, sanas y fuera de motivos especulativos. Un país con requisitos de desempeño permite que los capitales extranjeros ingresen a la economía nacional a crear nuevas plantas industriales y no a comprar las pocas y buenas empresas locales. Estos requisitos permiten garantizar un mejor efecto a la firma y ejecución de los tratados de libre comercio; y son la salvaguarda para que la inversión cumpla con su función social y de impulso al desarrollo nacional.

## 8. EL USO DE INCENTIVOS

El uso de incentivos está muy vinculado a los requisitos de desempeño. En el artículo 3º del Acuerdo sobre Subvenciones y Medidas Compensatorias de la Organización Mundial del Comercio (OMC), se definen como subvenciones:

a) 1. Cuando haya una contribución financiera de un gobierno o de cualquier organismo público en el territorio de un miembro (denominado en el presente acuerdo "gobierno"). Es decir:

    i) Cuando la práctica de un gobierno implique una transferencia directa de fondos (por ejemplo, donaciones, préstamos y aportaciones de capital) o posibles transferencias directas de fondos o de pasivos (por ejemplo, garantías de préstamos);

    ii) Cuando se condonen o no se recauden ingresos públicos que en otro caso se percibían (por ejemplo, incentivos tales como bonificaciones fiscales);

    iii) Cuando un gobierno proporcione bienes o servicios – que no sean de infraestructura general – o compre bienes;

    iv) Cuando un gobierno realice pagos a un mecanismo de financiación, o encomiende a una entidad privada una o varias de las funciones descritas en los incisos i) a iii) supra que normalmente incumbirían al gobierno, o le ordene que las lleve a cabo, y la práctica no difiera, en ningún sentido real, de las prácticas normalmente seguidas por los gobiernos; o

2. Cuando haya alguna forma de sostenimiento de los ingresos o de los precios en el sentido del artículo XVI del GATT de 1994; y,

b)      Con ello se otorgue un beneficio.

La OMC clasifica las subvenciones en verdes, amarillas y rojas, según se encuentren permitidas, sean recurribles o estén prohibidas, respectivamente.

Entre las prohibidas, se citan algunos ejemplos, que evidencian su correspondencia con los requisitos de desempeño:

a)      Las subvenciones supeditadas de jure o de facto a los resultados de exportación, como condición única o entre otras varias condiciones.

b)      Las subvenciones supeditadas al empleo de productos nacionales con preferencia a los importados, como condición única o entre otras varias condiciones.

Las recurribles, son aquellas que estando permitidas, pueden justificar la aplicación de medidas compensatorias, si se demuestra que han tenido efectos desfavorables para los intereses de otro miembro de la OMC y el país de la subvención no ha adoptado las medidas correctivas del caso.

Entre las no recurribles, o permitidas, se encuentran:

a) La asistencia para actividades de investigación realizadas por empresas, o por instituciones de enseñanza superior o investigación, contratadas por empresas, si la asistencia cubre no más del 75 por ciento de los costos de las actividades de investigación industrial o del 50 por ciento de los costos de las actividades de desarrollo pre competitivas, y la condición de que tal asistencia se limite exclusivamente a:

i)      Los gastos de personal (investigadores, técnicos y demás personal auxiliar empleado exclusivamente en las actividades de investigación);

ii)     Los costos de los instrumentos, equipos, terrenos y edificios utilizados exclusiva y permanentemente para las actividades de investigación (salvo cuando hayan sido enajenados sobre una base comercial);

iii)    Los costos de los servicios de consultores y servicios equivalentes utilizados exclusivamente para las actividades de investigación, con inclusión de la compra de resultados de investigaciones, conocimientos técnicos, patentes, etc.

iv)     Los gastos generales adicionales en que se incurra directamente como consecuencia de las actividades de investigación;

v)      Otros gastos de explotación (tales como los costos de materiales, suministros y renglones similares) en que se incurra directamente como consecuencia de las actividades de investigación.

b) Asistencia para regiones desfavorecidas situadas en el territorio de un país miembro, prestada con arreglo a un marco general de desarrollo regional.

En el capítulo III, del TLCAN, referido al comercio de bienes, también se admiten excepciones a la prohibición del uso de incentivos o ventajas: *"Una parte podrá condicionar la recepción de una ventaja o la continuación de su recepción, al requisito de que ubique la producción, preste servicios, capacite o emplee trabajadores, construya o amplié instalaciones particulares, o lleve a cabo investigación y desarrollo en su territorio"*.

## 9.    FLEXIBILIDAD Y TRATO ESPECIAL Y DIFERENCIADO

En las normas de la OMC se admite el establecimiento de ciertas consideraciones en beneficio de los Estados miembros que sean menos desarrollados, de modo que puedan elevar los niveles de vida de sus poblaciones y alcanzar el desarrollo progresivo de sus economías.

Este trato diferenciado implica el establecimiento de condiciones más favorables de acceso a los mercados mundiales para las exportaciones de productos primarios y la diversificación de las exportaciones de los países en desarrollo, a fin de lograr su activa participación en el comercio internacional; incluye la eliminación de obstáculos a sus exportaciones y de las exigencias de reciprocidad. Es una cláusula de habilitación que ha servido de base jurídica para la aplicación del Sistema Generalizado de Preferencias (SGP).

Una nota interpretativa del artículo XXXVI del GATT de 1994, que estableció esta excepción, indica que no debe esperarse que los países en desarrollo hagan contribuciones que entren en conflicto con su propio desarrollo y necesidades tanto financieras, como comerciales.

En la práctica el principio de trato especial y diferenciado, reconocido expresamente en el artículo XVIII del GATT de 1994, se ha manifestado exclusivamente en los SGP cuyo ámbito es en la actualidad decreciente y, por otro lado, en plazos de adecuación a las obligaciones establecidas en los acuerdos de la OMC, diferenciados, lo cual no beneficia substantivamente a los países en desarrollo, los mismos que requieren más que plazos más largos para cumplir con los mandatos del ordenamiento internacional de libre comercio, medidas que no bloqueen sus propias posibilidades de desarrollo.

La flexibilidad en el cumplimiento de dichos compromisos ha diluido el principio de trato especial y diferenciado. Este por sí mismo, no permite en la actualidad, que un país en desarrollo se exceptúe siquiera parcial o temporalmente, del cumplimiento de ciertas obligaciones que pudieran estar reñidas con los objetivos de su desarrollo nacional, o con las necesidades internas que pudieran derivarse de factores estructurales o coyunturales.

## 10. DISPOSICIONES JURÍDICAS QUE REGULAN LA INVERSIÓN EXTRANJERA

Los acuerdos intergubernamentales vigentes sobre inversiones extranjeras incluyen una diversidad de instrumentos bilaterales, regionales, plurilaterales y multilaterales que difieren entre sí por su naturaleza legal, alcance y contenido. Los acuerdos existentes a nivel bilateral, regional y plurilateral suelen ser vinculantes, mientras que la mayoría de instrumentos multilaterales son de naturaleza no vinculante. Algunos acuerdos versan exclusivamente sobre las inversiones extranjeras, mientras que otros comprenden un conjunto amplio de aspectos relativos a la cooperación e integración económica. El contenido de los acuerdos existentes abarca una amplia gama de consideraciones, como las condiciones de admisión y trato de las inversiones extranjeras, su fomento, la garantía de las inversiones, determinados aspectos de la conducta de las empresas, cuestiones relativas al régimen fiscal, la competencia y la jurisdicción y procedimientos de solución de diferencias, entre otros.

La normatividad internacional en el terreno de las inversiones extranjeras se caracteriza por la presencia de acuerdos bilaterales, regionales y plurilaterales que pretenden fomentar la inversión extranjera fijando normas sustantivas en relación con las condiciones de admisión y trato que imponen los Estados receptores con respecto a las inversiones extranjeras. En realidad estos acuerdos contrastan con la importancia que se atribuía en el pasado al derecho del país receptor a controlar la entrada de inversiones extranjeras y a las normas relativas a la conducta de las empresas. Muchos de los acuerdos concertados son jurídicamente vinculantes pero, en los Principios no vinculantes en materia de inversiones del Foro de Cooperación Económica de Asia y el Pacífico (APEC), también se adoptan otros planteamientos.

En cuanto a las normas y conceptos recogidos en los instrumentos más recientes, se puede notar que hay una tendencia general a aceptar la opinión de que la protección de las inversiones extranjeras debe incluir ciertas normas generales en materia de trato, además de normas sobre cuestiones específicas como la expropiación, la compensación y la transferencia de fondos, y un mecanismo para la solución internacional de controversias. Por otra parte, aún subsisten muchas diferencias en lo que respecta a la admisión de la inversión extranjera, y sólo algunos acuerdos establecen obligaciones jurídicamente vinculantes en materia de admisión.

Para obtener un mayor control sobre las operaciones de los inversionistas, los reglamentos pueden fijar limitaciones sobre las actividades económicas en casos que la necesidad social lo amerite o limitar la propiedad extranjera cuando esté orientada a la formación de prácticas monopólicas. Concordante con ello el Grupo Andino acordó elaborar un código común que integre todos los reglamentos nacionales. Estos reglamentos fueron bastante similares. Los propósitos de los reglamentos sobre licencias son obtener la independencia tecnológica lo más pronto posible, eliminar el control extranjero y reducir el costo de la importación de tecnología.

La supresión de los obstáculos legales a la entrada de la IED ha puesto de manifiesto la reciente tendencia a adoptar políticas liberales en materia de inversiones. Se han suprimido o reducido los procedimientos de análisis de las inversiones que prevén la autorización previa de la inversión. Cabe mencionar la liberalización de las restricciones sectoriales a la entrada de inversiones extranjeras y de las limitaciones aplicables a la participación del capital extranjero en el capital social de las empresas nacionales. También se está acudiendo cada vez menos al establecimiento de limitaciones a la actividad del inversor extranjero y se está procediendo a liberalizar las disposiciones relativas a la transferencia de fondos.

Hay que hacer algunas salvedades a esta tendencia a la liberalización. En primer lugar, la tendencia no ha sido uniforme, no tiene una composición homogénea y sigue habiendo diferencias considerables entre los distintos regímenes reguladores de las inversiones extranjeras. En segundo lugar, casi todos los países mantienen algunas restricciones, frecuentemente de orden sectorial, a la entrada de inversiones extranjeras.

La liberalización de las legislaciones nacionales ha ido acompañada de una rápida proliferación de acuerdos intergubernamentales que regulan materias relativas a las inversiones extranjeras a nivel bilateral, regional y plurilateral. La liberalización de los ordenamientos jurídicos nacionales ha sido deficiente, y son cada vez más los Estados en todo el mundo que reconocen la importancia que tienen los compromisos internacionales para que llegue a haber un entorno jurídico estable y previsible para la inversión extranjera directa.

Si se busca que las políticas referentes a la inversión extranjera sean apropiadas deben formularse dentro de una política amplia de desarrollo industrial. Algunos países latinoamericanos han estipulado que no aceptarán nuevas inversiones en sectores que estén siendo abastecidos adecuadamente por empresas locales, pero pocos de ellos han formulado políticas industriales en orden de asegurar que primero serán establecidos los sectores que tienen prioridad. Hay que tener en cuenta que la colocación de capitales en un país extranjero requiere del conocimiento preciso de las aportaciones, de los efectos de la inversión y de los medios para conseguir diferentes patrones y resultados.

# CAPÍTULO VI

## LA INVERSIÓN EXTRANJERA DIRECTA Y EL DESARROLLO HUMANO

*"Es tan importante para la felicidad de la humanidad entera aumentar disfrutes por medio de una mejor distribución del trabajo, produciendo cada país aquellos artículos que, debido a su clima, su situación y demás ventajas naturales o artificiales, le son propios, o intercambiándolos por los producidos en otros países, como aumentarlos mediante una alza en la tasa de utilidades".*

David Ricardo.

### 1. INTRODUCCIÓN

En este capítulo se elaboran algunas pautas para el tratamiento de la inversión extranjera directa estableciendo bajo qué circunstancias se debe de alentar la inversión exterior entendiendo que esta tiene que adecuarse a las necesidades sociales. Se analiza los conflictos que a menudo se presentan entre los gobiernos receptores de inversión y el capital extranjero en materia de inversiones y se plantean algunas consideraciones para la implementación de un nuevo marco legal de inversiones en el país. Hemos incluido también el impacto de la inversión extranjera en el contexto social, y en general, sus efectos en el desarrollo sustentable.

### 2. DEL TRATAMIENTO DE LA INVERSIÓN EXTRANJERA DIRECTA EN PERÚ

Entre los objetivos que deberían figurar en el diseño de un proyecto para atraer las inversiones, se deben de incluir los siguientes: a) Promover encadenamientos entre todas las actividades económicas. b) Propiciar la transferencia de tecnología y la introducción de nuevas y mejores tecnologías. c) Generar empleo e impactos en el producto interno nacional, de modo que se ayude a reducir la desigualdad de ingresos. d) Potenciar la competitividad del Perú mediante la transformación de las ventajas comparativas en ventajas competitivas e incrementar las ventajas competitivas existentes, especialmente para el desarrollo de la actividad exportadora.

Para alcanzar los objetivos señalados es necesario vincular el diseño del proyecto al desarrollo de instalaciones industriales que responde a la necesidad de los inversionistas de contar con instalaciones adecuadas. Los inversionistas valoran mucho la existencia de proveedores locales de calidad, capaces de desarrollar relaciones con empresas extranjeras. Un programa de desarrollo de proveedores locales de diferentes sectores y capacidades de producción que brinden insumos con mayor flexibilidad y a menores costos favorecería que el país absorba los beneficios de la IED.

Una red de oficinas de apoyo a la inversión instalada por el Perú en otros países acompañaría al inversionista en sus procesos de evaluación, materialización y posterior operación de sus inversiones. Además de otorgar ayuda en la adopción de decisiones respecto de la localización de la inversión, actuaría como intermediaria entre los administradores de los subsidios y los inversionistas, favorecería las relaciones entre los proveedores locales y promovería la expansión de las inversiones ya existentes en el país, ofreciendo apoyo en los problemas que puedan surgir en el transcurso de las actividades.

Es importante que los organismos de promoción de inversiones del país logren que las políticas de este ámbito se integren y coordinen con el resto de las políticas de desarrollo de los países. En este contexto es necesaria evaluar la importancia de utilizar políticas activas de promoción de IED, procurando su adecuada coordinación e integración con el conjunto de instrumentos de desarrollo productivo y económico, lo que incluye dotar de los recursos humanos y financieros apropiados a las instituciones encargadas de promover la IED.

La inversión debe orientarse a reducir costos en la producción de bienes y aprovechar los recursos de infraestructura de otras naciones para el desarrollo de la actividad exportadora, a limitar las inversiones en sectores que tengan un exceso de oferta, que consuman energía en exceso, y aquellas que produzcan elevados índices de contaminación. La debilidad comparativa del Perú reside en la escasez de empresas exportadoras y la poca prioridad de los recursos humanos dentro de la empresa.

Fundamentalmente se debe fomentar proyectos que permitan el desarrollo de nuevas técnicas agrícolas y de explotación agrícola; que utilicen una nueva y alta tecnología, permitiendo el desarrollo de capacidades productivas y la economía de energía y de materias primas; proyectos que mejoran la calidad de los productos, la explotación de nuevos mercados y el aumento de la exportación de los productos; y proyectos que utilicen recursos del país. Dentro de esta categoría podemos incluir: fabricación de autos y motos, de maquinaria para la transmisión de electricidad y la generación de energía; construcción de líneas de ferrocarril; compañías de transporte aéreo; construcción y operación de tuberías, almacenes y muelles; construcción de carreteras; transporte internacional marítimo y de containers; transporte de mercancías por carreteras.

Se deben de restringir proyectos que utilizan tecnología atrasada, que no favorecen la eficiencia en la utilización de recursos ni en la mejora del medio ambiente; proyectos de extracción o explotación de recursos minerales que deben ser designados por el Estado como protegidos; proyectos donde el Estado está ofreciendo una apertura gradual. Dentro de esta categoría recaerían proyectos que requerirían aprobación previa y pueden ser: telecomunicaciones;

construcción y gestión de grandes redes municipales de gas, calefacción, suministro de agua y alcantarillado; construcción y gestión de salas de cine.

Asimismo, se debe prohibir proyectos en los sectores en los que el gobierno requiere mantener el control para salvaguardar a la población, a saber: proyectos que afecten a la seguridad del Estado o el interés público; aquellos que generan contaminación o destruyan recursos naturales o sean perjudiciales para la salud de la población; proyectos que ocupan gran cantidad de tierras cultivables; y proyectos que afecten la seguridad de las instalaciones militares.

El marco legal de inversión extranjera debe incluir normas dirigidas a restringir o prohibir inversiones en industrias con un alto uso de recursos o energía (como acero, aluminio, papel, cemento, y otras industrias básicas). En general la opción de restringir o prohibir inversiones en la industria depende del control sobre la misma y del grado de abastecimiento del sector (industria del calzado, juguetería, textiles, mobiliario, etc).

El caso de inversiones extranjeras en el sector de telecomunicaciones las empresas nacionales de telecomunicación, no deben arrendar, ceder y vender bajo ninguna forma la licencia de operación de telecomunicación a inversionistas extranjeros, ni tampoco proporcionar bajo ninguna forma recursos, lugares e instalaciones a los inversionistas extranjeros para que estos administren ilícitamente operaciones de telecomunicación en el Perú. Sólo mediante el permiso emitido por el Estado, empresas extranjeras podrían llegar a invertir en operaciones de telecomunicación de valor agregado e Internet. Asimismo, es indispensable el control de todas las transacciones que impliquen salidas de capital del país.

## 3.  DE LA IMPLEMENTACIÓN DE UN NUEVO MARCO LEGAL DE INVERSIÓN EXTRANJERA EN PERÚ

Un primer objetivo a tener en cuenta para la aprobación de un nuevo marco legal de inversión extranjera es incluir estímulos que permitan la reinversión de utilidades, y en el caso particular de las multinacionales desalienten la remisión de sus beneficios al exterior, aunque no debería suponer la renuncia a los instrumentos de estímulo que respondan a los enfoques estratégicos racionalmente definidos y adecuadamente diseñados y administrados. Toda reforma al marco legal de la IED debe elaborarse dentro de un esquema que contribuya a limitar los procesos de fuga de capitales desde el campo fiscal, y sobre esa base reforzar los efectos centrales de correctas políticas macroeconómicas y la promoción de inversiones y regulaciones más eficaces de los flujos de capital. El objetivo central de las iniciativas en el campo fiscal debería concentrarse, en todas aquellas políticas que tiendan a cerrar las vías de evasión y la salida de capitales a ella ligadas: vale decir en el problema de los flujos. Es importante incluir diversos grados de regulación pública con impacto sobre los activos de propiedad privada que puede basarse en el intercambio de información internacional para detectar los capitales de origen ilícito hasta la más directa intervención a través de políticas fiscales y de control de capitales.

Hay que tener presente que las normas previstas en los Decretos Legislativos 662 y 757 implican restricciones sobre los sistemas financieros locales y suponen la creación de instrumentos para diversificar el riesgo que representa la volatilidad de los mercados globales. Ciertas normas como por ejemplo aquellas que prevén la abolición de los controles de cambios, la eliminación de los controles cuantitativos sobre el crecimiento del crédito, y el direccionamiento de las políticas monetarias hacia el manejo de la tasa de interés de corto plazo han significado el crecimiento exponencial de los movimientos de capitales en el mercado mundial, con una tendencia especulativa ligada al sistema de tasas de cambio, a través de nuevos instrumentos financieros. Durante los años 80 se generalizaron las transacciones con divisas, bonos, y en la década siguiente, con títulos de deuda.

La normatividad establecida en los Decretos Legislativos 662 y 757 prohíbe la regulación pública unilateral sobre instrumentos relativos a divisas extranjeras. Hay que tener en cuenta que los bajos niveles de regulación si bien permiten el aumento de las transacciones, elevan a su vez los niveles de riesgo. La apertura de la cuenta de capital del balance de pagos ha aumentado la inestabilidad de los mercados domésticos y ha supuesto la pérdida de márgenes de maniobra para la política económica local.

Un marco legal que regule la inversión extranjera debe elaborarse sobre la base de un esquema regulatorio amplio del movimiento de divisas que plantee límites concretos, directos o indirectos, a la formación de activos externos de residentes en el exterior. Dentro de esta óptica un sistema de información cambiaria adecuado puede permitir detectar cambios en las tendencias normales de mercado y el monitoreo de los sectores relevantes (el sistema bancario y el de corredores bursátiles). En otros términos regula directa o indirectamente, parcial o totalmente, las operaciones de remisión de divisas al exterior. Todo esto ameritaría que la Comisión Nacional de Valores tenga prerrogativas para regular el funcionamiento del mercado en términos económicos, por ejemplo, que posea la capacidad para intervenir en las operaciones financieras que podrían dar origen a una salida de flujos de capitales. Es indispensable desarrollar esfuerzos estadísticos que permitan un mejor conocimiento de este sector financiero y de un cuadro de situación acerca de la formación de activos locales y externos.

Lo anterior no generaría un ambiente de inseguridad jurídica para el inversionista internacional puesto que un cambio de normativa legal naturalmente tiene que buscar las condiciones necesarias para el crecimiento y fortalecimiento de la inversión privada en los sectores de la economía peruana, así como el planteamiento de nuevos incentivos para la inversión y para la producción de bienes y servicios, socialmente deseables y ambientalmente aceptables.

Por otra parte, los incentivos se otorgan para que las empresas transnacionales que hacen uso intensivo de la mano de obra pasen a actividades con altas densidad de capital, capacitación y tecnología. Esto se debe traducir en una etapa de adquisición de tecnología que dé lugar a su adaptación, perfeccionamiento y producción. La estructura productiva tiene que estar centrada en las manufacturas y en los servicios, especialmente en las áreas de alto valor agregado y también a obtener el máximo potencial de los recursos naturales y generar productos de alto valor. La atención estaría centrada en sectores de alto nivel tecnológico, como la electrónica y la microelectrónica, la ingeniería de métodos y precisión, la industria automotriz enfocada a la investigación y el desarrollo, la aviación, la biotecnología, la farmacéutica y la fabricación de equipos médicos, el desarrollo del software y centros de servicios empresariales.

Para incentivar las exportaciones el gobierno puede otorgar subsidios a los grupos empresarios exportadores, otorgar facilidades para el acceso a créditos con tasas más bajas que las del mercado; puede establecerse rebajas arancelarias a las importaciones de materias primas necesarias para el desarrollo industrial y reducirse o eximirse de impuestos a las empresas exportadoras más dinámicas. Una estrategia de desarrollo orientada al exterior tendría que concretarse desarrollando una industria liviana para la exportación, que es normalmente menos intensiva en el uso de capital que la industria pesada, y está más orientada al consumidor final que al consumo intermedio de otras empresas. Un entramado institucional acorde con las metas de desarrollo requiere de un consejo de planificación económica y de bancos especializados al servicio de áreas estratégicas de la producción y la economía, bancos de exportación-importación cuya misión sería dinamizar el circuito integral de la actividad económica y en ese orden abrir mercados en el ámbito internacional para los productos nacionales.

El marco legal de inversiones a incorporar tendría que establecer: a) incentivos generales a todas las empresas y consistirían en la reducción del impuesto a la renta, que puede fluctuar entre 15 y 20 por ciento, e incluso la exoneración de impuesto a la salida de divisas para operaciones de financiamiento externo; b) incentivos sectoriales a las inversiones nuevas que se desarrollen en zonas rurales de todo el país; y c) incentivos a zonas deprimidas y fronterizas en gastos que derivan de la contratación de nuevos trabajadores, que algunos países de la región están incorporando en sus normativas.

La iniciativa legal estaría dirigida a crear las denominadas Zonas Especiales de Desarrollo Económico (Zedes), en vez de las zonas francas, en las cuales los inversionistas podrían acceder a incentivos especiales.

En el caso de sectores de alta tecnología, se puede ofrecer un financiamiento de hasta un 15% de la construcción de la planta y la compra de equipos. Además de subsidios de hasta el 50% del salario de los empleados, con límites de monto y tiempo, entre otros.

Los lineamientos para una reforma del marco normativo se sustentaría en acciones de tipo legislativo y administrativo, entre las que figurarían: la revisión y simplificación del régimen tributario y arancelario, la eliminación de algunas barreras para-arancelarias, la eliminación de regímenes de contratación laboral como son la intermediación y la tercerización, la simplificación de trámites burocráticos, estableciéndose la obligación de hacer públicos los procedimientos administrativos.

## 4.    CONFLICTOS ENTRE GOBIERNOS Y EMPRESAS MULTINACIONALES

Existen ciertos problemas con relación al comportamiento de las empresas multinacionales, identificado y debatido en la literatura especializada, alrededor de los cuales han tendido a producirse conflictos entre los Estados y estas Empresas. Los referidos problemas son los siguientes:

1.    El impacto de las Empresas Multinacionales (EMs) sobre la cuenta corriente de la balanza nacional de pagos, que es sensible a sus transferencias externas de capital (pagos por importaciones; remesas de capital, ganancias, regalías; y movimientos especulativos de fondos a corto plazo).

2.    La jurisdicción múltiple de las EMs, con operaciones en varios Estados-naciones, que hace difícil el cumplimiento de dos tipos de actividades fundamentales para cualquier gobierno anfitrión:

   a)    La reglamentación, supervisión y el cálculo de impuestos de estas empresas (el control de sus prácticas de precios de transferencia intra-firma, las cuales buscan minimizar las tasas impositivas en las jurisdicciones de más altos impuestos).

   b)    La compatibilización de las actividades de las EMs con las políticas económicas nacionales (la habilidad de influenciar las estrategias corporativas globales de las EMs).

3.    Algunos problemas no económicos, tales como el alcance extraterritorial de las leyes de los países de origen de las EMs, que pueden afectar adversamente al país receptor; la utilización de las EMs como agentes de la política exterior de los gobiernos de los países de origen; y la influencia política que muchas EMs tienen en los países, debido a su poder económico y a su capacidad para promover el soborno y el cabildeo (*lobbying*).

Para los países en desarrollo se han dado, además, algunos otros problemas que han sido motivo de especial preocupación y que pasamos a resaltar:

4.   En vez de aportar nuevos capitales al país, las Corporaciones Multinacionales han tendido en muchos casos a adquirir firmas nacionales, apropiándose de activos ya existentes en la economía doméstica (usualmente a bajos precios), desvirtuando de esta manera uno de los principales atractivos de la inversión foránea.

5.   En vez de establecer plantas de producción, muchas Compañías Multinacionales han preferido simplemente gestionar plantas de ensamblaje de partes importadas, minimizando en esta forma el componente de valor agregado nacional.

6.   Las EMs se inclinan a producir o ensamblar bienes de consumo con una alta tasa de beneficio empresarial, pero de carácter inadecuado para la mayor parte de la población, por su alto precio o limitada utilidad práctica (ejemplo, algunos aparatos electrónicos).

7.   Muchas EMs poseen la habilidad, haciendo uso de sofisticadas técnicas de mercadeo, de estimular la difusión de patrones inadecuados de consumo en la población (por ejemplo, productos alimenticios sobre la base de insumos importados, como el trigo, y alimentos y bebidas de mínimo valor nutritivo).

8.   Las EMs muestran preferencia, en muchos casos por importar y utilizar tecnologías que minimizan el uso de mano de obra, las cuales resultan incompatibles con las políticas de empleo de los países anfitriones.

9.   Por su apreciable impacto sobre una economía en desarrollo, todos estos patrones de producción de las Compañías Multinacionales, generalmente introducen serias distorsiones en la utilización de los escasos recursos de los países anfitriones.

Algunos de estos patrones de comportamiento (los señalados en los numerales 6, 7 y 8) no son necesariamente exclusivos de las compañías multinacionales, pero debido a la calidad y cantidad de sus conexiones, conocimientos y recursos internacionales han podido ser más fácilmente adoptados por ellas, liderando su introducción y desarrollo en el tercer mundo.

10.  Las EMs tienden a desplazar a las empresas nacionales de los sectores económicos de mayores rendimientos.

11.  Por su sustancial utilización de créditos locales, las EMs, con una mayor solvencia a los ojos de los agentes financieros limitan el acceso de las firmas nacionales a los mercados de crédito interno.

12.  Sus considerables conocimientos de sectores industriales y recursos de información confieren a la EMs un poder de negociación superior al de la mayor parte dc los

gobiernos anfitriones. Esta desigualdad se hace evidente particularmente en el área tecnológica, en la cual las EMs tienden a obtener pagos excesivos por licencias e insumos y a transferir tecnologías en condiciones sumamente restrictivas.

5. **LA INVERSIÓN EXTRANJERA EN EL DERECHO NACIONAL E INTERNACIONAL**

La inversión extranjera es un instrumento para el desarrollo de la competitividad de las empresas, sea que éstas ejerzan sus actividades en un modelo de economía liberal o centralizada, la ausencia de inversión impide que las empresas adquieran la capacidad de competir en el mercado interno debido a la imposibilidad de asimilar nuevas tecnologías, de adaptarse a las nuevas exigencias del mercado mundial, o a la incapacidad de innovar nuevos y mejores métodos de producción, etc. Es esencial que la inversión esté orientada hacia la formación de capital fijo y generación de empresas productivas. Ello significa para el país fomentar la IED de salida en sectores prioritarios, colocar inversiones estratégicas, buscar acuerdos de cooperación en tecnologías y conocimientos, realizar fusiones y adquisiciones, crear nuevas empresas e invertir en infraestructura en otros países. Hay que tener presente que la competencia por la atracción de IED no debe generarse vía la disminución de costos laborales, y que un país desarrollado no sólo es receptor de inversión sino también exportador neto de capital.

Las falencias del régimen normativo peruano estriban en otorgar todo tipo de incentivos al capital extranjero y no fijar restricciones al capital foráneo, cuando lo idóneo es introducir una combinación de incentivos y restricciones que no solo han adoptado ampliamente países en desarrollo como México, India o Brasil, sino incluso países más avanzados. Ambos componentes del régimen de inversión contradicen las normas generales de la OMC tras la Ronda Uruguay. La evidencia empírica señala que han sido estos países quienes mejor han aprovechado los beneficios de la inversión extranjera en favor del desarrollo en materia económica y social.

La combinación de incentivos y restricciones permitiría que los efectos de la norma jurídica sobre los objetivos de desarrollo sean más favorables. La decisión 24 incluía restricciones y otorgaba incentivos a las compañías más dinámicas. Durante su vigencia el ingreso per cápita era casi el doble de los ingresos por habitante de hoy estando en vigor los Decretos Legislativos 662 y 757, los que no establecen restricciones a la inversión directa en atención al principio de libertad de mercado y libertad de industria. Es evidente que las consecuencias en el ámbito económico son distintas dependiendo de la naturaleza del marco legal. Las normas de inversión extranjera deben de dirigirse al desarrollo de la industria y a la protección de los mercados locales, en general, la inversión extranjera debe servir de complemento a la inversión local pero no debe sustituir a esta última.

Se podría implementar barreras a la prestación de servicios de las empresas extranjeras, que sin constituir una violación directa de los principios de la OMC, deberían someterse a una progresiva supresión en virtud de los compromisos ofrecidos por otros países en el marco del GATS. Estas restricciones afectan a la titularidad extranjera en ciertos sectores (prohibida o limitada), al ámbito geográfico de ciertas actividades (especialmente en banca y seguros) o a la mera prohibición de prestar ciertos servicios (caso de las telecomunicaciones).

Desde el punto de vista de los incentivos, Perú ofrece numerosos incentivos fiscales al capital extranjero, sin embargo la normatividad nacional no ofrece mecanismos para ligar estos incentivos a la exportación adecuándose a los principios de la OMC. Se trata de la exigencia impuesta a empresas de capital extranjero para que exporten una parte de su producción, o bien empleen componentes y aprovisionamientos nacionales en una determinada proporción.

Es necesario codificar las normas de inversión en nuestro país evitando que las mismas sean el mero resultado de la negociación entre empresas extranjeras y autoridades centrales, provinciales o locales. Es por esa razón que el derecho nacional debe clasificar los distintos sectores de la economía según su grado de apertura al inversor extranjero en sectores promocionados, permitidos, restringidos y prohibidos. Una mayor apertura al capital extranjero se manifiesta en menores exigencias en aspectos tales como la exportación, el aprovisionamiento local o la propiedad extranjera. Sectores como el turismo deberían constituir un sector restringido en el Perú, en tanto que la infraestructura pública y defensa nacional constituir sectores prohibidos, en estos sectores no se permitiría la entrada de inversionistas extranjeros bajo ningún concepto. Esta nueva reglamentación de las inversiones estaría ligada directamente al aspecto económico y social puesto que sería el eje para fortalecer las prioridades industriales del Estado peruano y por lo tanto su posición respecto a los inversores extranjeros.

En los últimos años han proliferado los estudios empíricos acerca del impacto del ingreso de algunos países en la OMC, (China por ejemplo) en el volumen y la dirección de los flujos comerciales mundiales, sin embargo la inversión directa ha permanecido relativamente marginada. El motivo principal radica en la dificultad de estimar el curso futuro de los flujos de inversión, debido a su multiplicidad de determinantes y a la variedad de escenarios económicos alternativos. Hay que tener presente que las corrientes de inversión directa no obedecen simplemente a rebajas en los aranceles o variaciones en los precios relativos de los productos, sino que son el resultado de múltiples factores. Entre ellos figuran cuestiones de índole macroeconómica (aranceles y política comercial, tipo de cambio), microeconómica (características de los productos, empresas y mercados en cuestión) e institucional (costes de transacción, diferencias culturales, riesgos e incertidumbres).

La apertura de los servicios y la reducción progresiva en las barreras a los servicios podría generar mejoras adicionales en el bienestar del país y de crecimiento del PIB. No obstante, el aumento adicional del PIB es más limitado, debido a que el sector servicios no tiene en Perú el peso que le corresponde en países más desarrollados.

Los principales factores que propician un mayor impulso inversor, en general tienen que ver con dos cuestiones. Por un lado, el tamaño del mercado constituye uno de los principales alicientes a la inversión directa en el exterior. El tamaño del mercado constituye la primera prioridad de inversión. La proximidad y el acceso a otros mercados es el segundo factor a tener en cuenta. La presencia de un pequeño mercado le ha impedido al país figurar entre los países de mayor interés para el capital extranjero. Ahora, el ingreso en la OMC podría mejorar la inserción de Perú en la economía mundial, ampliando su mercado y facilitando el acceso a otros países, con lo cual resulta lógico un aumento en la inversión.

El tamaño del mercado, la mayor inserción en la economía mundial y el nivel de desarrollo justifican un papel más relevante no solo de los sectores intensivos de capital sino también de los sectores intensivos en mano de obra, sin embargo en el Perú la mano de obra no es precisamente un factor productivo abundante como si lo es en otros países. La experiencia histórica de otros países, la evolución reciente de la estructura de inversión en muchos países y el interés manifestado por grandes multinacionales confirman como los sectores de maquinaria, alta tecnología e intensivos en capital (química, automoción) irán acaparando un protagonismo creciente en la composición de la inversión mundial.

Un mercado de creciente competitividad trae consigo crear plataformas productivas sólidas que permitan competir en las mismas condiciones que los fabricantes locales y controlar mejor los mecanismos de distribución, además los productos que se vendan deben tener suficiente singularidad y reconocimiento para garantizar su venta regular sin problemas.

En realidad, la inversión extranjera en el Perú, en lugar de complementar la inversión local, ha competido con los inversionistas nacionales desde una posición privilegiada en el mercado del crédito, produciendo sus mayores recursos en otros países y la influencia política para asegurarse préstamos de las agencias locales de crédito. Una parte considerable de lo que se llama inversión extranjera son realmente préstamos extranjeros de ahorros nacionales para comprar empresas locales e inversiones financieras. Precisamente, algunos estudios no encuentran correlación entre el impacto de la inversión extranjera en el desarrollo debido a que los inversionistas extranjeros se han orientado básicamente a relocalizar nuevas áreas de bajos salarios, y no a actualizar tecnologías y capacidades, o a mejorar la calidad de los productos. Además, es necesario desarrollar los mercados de abastecimiento locales que eleven la probabilidad de que las

Compañías Transnacionales permanecerán en épocas de crisis y realizarán inversiones adicionales.

**Cuadro**
**STOCK IED POR SECTOR DE DESTINO**
**(Millones US$)**
**Fuente: Proinversión**
**Stock de IED actualizado a Diciembre de 2009**

| Sector | 2009 | % |
|---|---|---|
| Agricultura | 44.7 | 0.24 |
| Comercio | 755.8 | 4.01 |
| Comunicaciones | 3.675.0 | 19.51% |
| Construcción | 191.9 | 1.02% |
| Energía | 2603.3 | 13.82% |
| Finanzas | 2872.2 | 15.25% |
| Industria | 2842 | 15.08% |
| Minería | 3963.5 | 21.04% |
| Pesca | 163 | 0.87% |
| Petroleo | 356.2 | 1.89% |
| Servicios | 485.7 | 2.58% |
| Sivicultura | 1.2 | 0.01% |
| Transporte | 295.4 | 1.57% |
| Turismo | 64.3 | 0.34% |
| Vivienda | 525.8 | 2.79% |
| TOTAL | 18840.2 | 100.00% |

El cuadro anterior presenta la estructura de la inversión extranjera distribuida en 15 sectores productivos, extractivos, de transformación y servicios; considerando el periodo 2009; donde se puede observar que los sectores menos atractivos son agricultura (0.24% de total), construcción (1.02%), pesca (0.87%), silvicultura (0.01%), transporte (1.57%), turismo (0.34%) y vivienda (2.79%); los cuales son sectores menos intensivos en el uso de capital, absorben una mayor cantidad de mano de obra, dinamizan el mercado laboral y por lo tanto mejoran la capacidad adquisitiva (consumo) y la economía (crecimiento económico endógeno).

Por otro lado comunicaciones (19.51% con respecto al total), energía (13.82%), finanzas (15.25%), industria (15.08%) y minería (21.04%); concentran la mayor participación de la IED en el Perú con un 84.70% con respecto del total registrado de los 18840.2 millones de dólares.

Un alto porcentaje de las exportaciones peruanas proviene de sectores de baja productividad y alta intensidad de recursos naturales. La concentración de IED se ha producido en sectores que poco promueven el desarrollo del Perú como son comunicación, minería, energía y finanzas; los cuales concentran el grueso del porcentaje de la IED.

| DIFERENCIAS ENTRE LAS NORMAS DE INVERSIÓN EXTRANJERA REFERENTES AL GRUPO ANDINO Y LAS NORMAS ESTABLECIDAS POR LOS DECRETOS 662 Y 757 | |
|---|---|
| Normas de inversión extranjera – Decisión 24 del Grupo Andino (década de los 70) | Normas de inversión extranjera – Decretos Legislativos 662 y 757 (década de los 90) |
| 1. Existían restricciones respecto de la tenencia de acciones y control de empresas por extranjeros. Los inversionistas extranjeros sólo podían tener acceso a ciertos sectores económicos a través de inversiones conjuntas (*joint ventures*). | 1. Tienen como base la operación de mercados libres y una irrestricta competencia para alcanzar y mantener el crecimiento y la eficiencia tanto en las economías industriales como en las economías en desarrollo. |
| 2. Control de las remesas de utilidades al exterior, capital y otros pagos, el cual se hacía efectivo a través de restricciones en las operaciones de cambio y requerimientos de reinversión. | 2. Se apoya en la economía de la oferta y la privatización de las empresas estatales, que incluye el desmantelamiento del sector público y de la planificación estatal en el mundo en desarrollo. |
| 3. Se establecía porcentajes del capital, ganancias, producción o ventas que podían repatriarse anualmente. | 3. Fundamentada en una desregulación de la economía, que comprende la supresión de controles de precios, controles financieros y eliminación de subsidios. |
| 4. Se otorgaba incentivos sobre la base de compromisos de las EMs a orientar sus actividades de acuerdo con ciertas políticas gubernamentales por ejemplo, porcentajes mínimos de insumos locales o de producción para la exportación. | 4. Favorece la entrada de capitales a todos los sectores de la actividad económica sin restricciones. Se prohíbe la utilización de los requisitos de desempeño. |
| 5. Las normas están orientadas a restringir la actividad de los monopolios extranjeros en las ramas básicas de la economía. | 5. Está asociada al régimen de estabilidad jurídica a las inversiones por el cual los contratos de estabilidad no pueden ser modificados por ley posterior. No se establecen excepciones a dicho régimen. |
| 6. Se establece el derecho de los países anfitriones de fijar condiciones sobre la participación accionaria local, el uso de materia prima nacional, transferencia de tecnología, la contratación de personal local o niveles determinados de producción, la exportación de un porcentaje de los productos y servicios, o la vinculación del valor de las importaciones al valor de las exportaciones. Se estableció la obligatoriedad de registro y autorización de la IED. | 6. Permite el desarrollo de proyectos de extracción o explotación de recursos minerales, la libre remesa de utilidades sin autorización previa, concesiones y adquisiciones bancarias y el establecimiento de un modelo de exportación primario. El destino principal de la IED lo constituye el sector servicios públicos y el sector de recursos naturales no renovables. |
| 7. Predominó un esquema de controles de precios en los mercados de bienes. El marco legal preveía restricciones al capital extranjero relacionadas a los requisitos de asociación con el capital nacional, expropiaciones o nacionalizaciones de filiales de EMs. | 7. No hay ninguna restricción al acceso a los mercados financieros. Prevalecen los mecanismos de capitalización de deuda. Se permite las inversiones privadas en cualquiera de las formas empresariales o contractuales que señala la ley. |
| 8. Las normas fijaban limitaciones a las Empresas Transnacionales para el acceso al crédito interno o impuestos especiales para el capital extranjero. | 8. No se establece la obligatoriedad de registro de la inversión foránea. No se estipula limitaciones al derecho de propiedad de los inversionistas extranjeros. No se fija ningún mecanismo que permita el ejercicio de controles de precios sobre los bienes en general. |
| 9. Se coordina la inversión extranjera directa de acuerdo a los planes nacionales de desarrollo. Se otorga estabilidad a aquella inversión extranjera que realice una contribución positiva al desarrollo del país. | 9. Se permite la transmisión de activos nacionales al sector privado a fin de reducir la deuda pública externa. |

## 5.1. IMPACTO DEL RÉGIMEN NORMATIVO DE LA INVERSIÓN EXTRANJERA EN EL CONTEXTO SOCIAL

Una de las cuestiones que ha despertado inquietud entre quienes han seguido de cerca el proceso de reforma económica en el Perú ha sido, sin duda, sus consecuencias sociales. Los efectos negativos de la reforma legal en materia económica y de inversiones, inciden sobre la distribución social de la renta como sobre su reparto regional o territorial. Empezando por el desempleo por tratarse de un tema de enorme trascendencia. El incremento del desempleo resulta esencialmente de la eliminación de los subsidios agrarios y del desarme arancelario, afectando a los sectores más protegidos y menos competitivos en los mercados mundiales y en el propio mercado nacional.

Además se observa un panorama de crecientes diferencias en renta per cápita y tasa de crecimiento, no solo entre sectores rurales y urbanos, sino también entre ciudades, provincias o regiones, es decir diferencias territoriales.

El aumento en el nivel de renta que trae consigo el mayor empleo, resultado de la integración comercial y de la inversión extranjera, favorece, de forma paradójica la emigración. Al disponer de mayores rentas, las familias que antes no podían financiar la emigración recurren a ella. Una mayor relación comercial facilita el intercambio de información y permite conocer mejor las condiciones de vida en el país de destino, estimulando más aún las corrientes migratorias. Como resultado de la mayor integración económica, prolifera la emigración temporal o estacional y el fenómeno migratorio se amplía a nuevos grupos sociales y a zonas hasta entonces ausentes en estos flujos.

Es necesario atender las causas estructurales que producen los conflictos sociales para prevenirlos. Ello implica atender las demandas de las poblaciones y vigilar que lo que se realice en los procesos de inversión se ajuste a ley y a los mecanismos de supervisión a las inversiones. Hay que tener en cuenta que la mayoría de los conflictos tienen sus causas en razones medioambientales relacionados con la extracción minera y proyectos de hidrocarburos. En el caso peruano dicho enfoque se corrobora con los reportes de la Defensoría del Pueblo, según el cual la mayoría de estas cuestiones proceden de conflictos por el uso del agua, por la pretensión de instalar industrias de tipo extractivo en áreas donde se originan las aguas, control de territorios pertenecientes a comunidades campesinas y nativas, también emanan de procedimientos que se han aplicado para eludir el derecho constitucional colectivo de consulta previa (derecho fundamental que tienen las poblaciones indígenas). Asimismo la mitad de los conflictos socioambientales se originan en torno a actividades empresariales de aprovechamiento de recursos naturales, encontrando su causa en los problemas de contaminación ambiental.

Hasta el 31 de enero del año 2010 han sido registrados por la Defensoría del Pueblo a nivel nacional 211 conflictos sociales. El 71% de los casos se encuentran en estado activo; mientras que el 29%, se encuentran en estado latente. Se calcula un incremento de 154% en el número de conflictos registrados con respecto al mes de enero de 2008.

Existe una mayor participación de los conflictos de tipo socio ambientales (47%), seguido de los referidos a conflictos con gobiernos locales (15%), con asuntos laborales y con el gobierno nacional (10% y 9% respectivamente). En menor proporción se encuentran los casos vinculados a conflictos comunales, demarcación territorial y comicios electorales, entre otros.

Cajamarca, Lima y Ayacucho son las zonas con mayor incidencia de conflictos sociales (19%, 17% y 16% de los casos, respectivamente).

El debate tradicional sobre comercio y mercados laborales se ha extendido al ámbito de la inversión directa y al campo social. Al crecer los flujos de capital hacia el exterior, ha aumentado a su vez la preocupación sobre el traslado de actividad económica a otros países y la subcontratación productiva hacia ubicaciones con menores costos de fabricación. Existen una serie de aspectos que llevan a pensar en un efecto global positivo del fenómeno de inversión en los países en vías de desarrollo sobre los países desarrollados aunque es necesario evaluar la dimensión social de los mismos, son los siguientes:

1. La IED obedece a múltiples motivaciones. En muchos casos no se trata de ahorrar costes de fabricación sino de suministrar mejor al país de implantación, debido a la existencia de aranceles o a las distancias geográficas. Este sería el caso típico de la inversión en China.

2. La inversión en sectores como los servicios no destruye puestos de trabajo en el país de origen, puesto que los servicios no son, por definición, exportables.

3. Al igual que el comercio, la inversión en los países en desarrollo sigue representando una pequeña parte de los flujos totales de capital, destinados mayoritariamente a países desarrollados. Por ello, sería necesario ampliar la perspectiva a los flujos entre países desarrollados y su impacto en los mercados laborales, como esta sucediendo en el ámbito del comercio.

4. La inversión en el exterior genera empleos en origen dedicados a la organización, coordinación y dirección. Es probable, por tanto, que opere un cambio estructural en la demanda laboral, de forma que se reduzca la demanda de empleos no cualificados en la producción y aumente en la gerencia y la organización. No obstante, este fenómeno es inevitable a medida que aumenta el nivel de desarrollo de un país y la inversión directa no hace más que acelerarlo.

5. La mayor parte de quienes claman contra la inversión directa en el exterior olvidan con frecuencia el escenario alternativo con el que deberían compararse los resultados obtenidos. En ausencia de inversión, otros países aprovecharían las oportunidades existentes, de modo que, a largo plazo, el impacto sobre el mercado laboral en cuestión sería negativo, puesto que se perderían tanto los empleos menos cualificados (por la competencia del exterior) como los más cualificados (por la ausencia de inversión).

Pese a que los distintos estudios no logran establecer una relación directa y clara entre las importaciones de los países en desarrollo o las inversiones directas en los mismos, por un lado, y el deterioro en las condiciones laborales en los países desarrollados, por otro, la coincidencia temporal entre ambos fenómenos y, sobre todo, el impacto puntual en determinados sectores -como el textil - avivan conductas proteccionistas en los EE.UU y la UE, que pueden afectar negativamente a las relaciones con China y otros países. El ingreso de China en la OMC, como lo fue el de México en el TLCAN, no puede atribuirse exclusivamente a las tendencias en el ámbito laboral que tienen su raíz más bien en el avance tecnológico, la competencia entre las multinacionales en el mercado global, la presión de los mercados de capitales y los cambios estructurales y demográficos en la oferta de mano de obra (estancamiento demográfico e inmigración).

## CONCLUSIONES

1. Las normas de promoción a la inversión privada extranjera en el Perú no definen sectores industriales que resultan favorecidos, restringidos, y prohibidos para la inversión extranjera. Tales normas no están orientadas a maximizar la eficiencia de las inversiones extranjeras sino más bien a favorecer el ingreso de capitales sin restricciones a todos los sectores de la actividad económica. El marco normativo no está dirigido a impulsar la industria de tecnología punta, y alta calidad, tampoco a controlar las reservas de divisas y proteger los sectores de importancia estratégica para el país. No hay ninguna restricción al acceso a los mercados financieros, que a nuestro juicio sólo debe ser posible a través del sistema de inversores institucionales extranjeros cualificados e inversores institucionales locales cualificados.

2. El marco legal regulador de la inversión extranjera al permitir la entrada de capitales a todas las actividades económicas, olvida fijar restricciones al sector de las telecomunicaciones (servicio doméstico e internacional) sector que es protegido en la mayor parte de legislaciones del mundo, sin embargo, y atendiendo a la experiencia internacional se puede fijar un ratio de capital extranjero permitido en estas compañías que puede ser de 30% al 49%. Las actividades de venta mayorista de determinados productos (fertilizantes, automóviles, aceites vegetales) deben constituir una categoría restringida, para el desarrollo de estas actividades son necesarias las empresas mixtas o Joint Ventures, con presencia de productores locales, situación que no se encuentra establecida en la Ley peruana.

3. La normatividad peruana se ha orientado a ofrecer incentivos al capital extranjero, sin embargo, para el otorgamiento de los incentivos no se ha tenido en cuenta el criterio del sector donde opere, las zonas especiales de desarrollo ni la localización. Las normas que fomentan la inversión extranjera acorde con la política de gobierno parten del principio de que la mayor ventaja de las zonas de desarrollo son los incentivos de carácter fiscal, olvidando que la ventaja de estas zonas radica fundamentalmente en su orientación a industrias especializadas, los servicios avanzados que ofrecen y el desarrollo de sus infraestructuras. No se ha tenido en cuenta que los incentivos fiscales deben permanecer básicamente para empresas de alta tecnología cualificada en determinadas zonas especiales del país.

4. Un orden legal apropiado de fomento a las inversiones exige de un modelo basado en una combinación de restricciones -procesos de control, límites a la participación extranjera, listas de exclusión, entre otros- e incentivos fiscales, principalmente rebajas o exenciones de los impuestos sobre la renta. Para la adjudicación de los incentivos las empresas deberían pasar por un proceso de evaluación técnica y sus proyectos deben coincidir con los objetivos nacionales. Como parte

del proceso de negociación con los inversionistas el país puede ofrecer incentivos para la contratación, la capacitación, la investigación y el desarrollo, así como para la compra o creación de activos fijos.

5. El desarrollo de nuevas técnicas agrícolas y la explotación agrícola en general, así como el desarrollo de la energía y de las comunicaciones son esenciales en el ámbito de las inversiones. Un marco legal apropiado debe tener como objetivo el fomento de proyectos que utilicen nueva tecnología y permitan el desarrollo de las capacidades productivas, el ahorro de energía o producir nuevos equipos o materiales cuya producción sea insuficiente en el país, en general, proyectos que permitan mejorar la calidad de los productos y que respondan a la demanda de los mercados, y que naturalmente ayuden a mejorar los resultados económicos y técnicos de las empresas.

6. La tendencia a limitar la esfera de actividades del capital extranjero se manifestó en forma particularmente visible en los años 60 y 70 dentro del Grupo Andino, específicamente a raíz de la entrada en vigencia de la decisión 24 del Acuerdo de Cartagena. Aquí se adoptó una serie de decisiones para restringir la actividad de los monopolios extranjeros en las ramas básicas de la economía. El Régimen Común iniciado con la Decisión 24 constituyó el instrumento jurídico esencial para el proceso de integración. En el quedaron establecidas las normas para la inversión extranjera, reconociéndola como una contribución necesaria para el desarrollo en consonancia con el esfuerzo interno, y, al mismo tiempo que precisarse definiciones, se consagraron los derechos y obligaciones de los inversionistas extranjeros.

7. Las obligaciones del contrato de estabilidad jurídica son básicamente dos: para el inversionista, la obligación de realizar cierto monto de inversión en un plazo determinado, y para el Estado una obligación omisiva consistente en no aplicar a este contrato las eventuales modificaciones que se pudieran dar a las normas que fueron determinantes para la inversión. Se trata de una limitación del poder normativo del Estado que consiste en limitar los alcances subjetivos de su futura legislación. Estos contratos no pueden ser modificados por ley posterior y de igual forma el contexto legal que sirvió de base para la inversión tampoco podrá ser modificado por el inversionista o, en todo caso, si las normas se modifican, los cambios no alcanzarán a aquél.

8. La mayoría de países que regulan el régimen de estabilidad jurídica a las inversiones fijan algunas excepciones a dicho régimen, por ejemplo las relacionadas al régimen de seguridad social, la obligación de declarar y pagar los tributos o inversiones forzosas que el gobierno nacional decrete bajo estados de excepción; los impuestos indirectos; la regulación del sector financiero y el régimen tarifario de los servicios públicos. Tampoco debe recaer sobre las normas declaradas inconstitucionales o ilegales por los tribunales judiciales peruanos durante el término

de duración de los contratos de estabilidad jurídica. El régimen de estabilidad jurídica que establece el Decreto Legislativo 662 no incluye normas de excepción al régimen de estabilidad jurídica a las inversiones en el país.

9. Las normas que promueven la inversión extranjera en el Perú tienen como base el cumplimiento de aportes dinerarios en un plazo de dos años para otorgar al inversionista, estabilidad del régimen tributario vigente al momento de celebrarse el convenio, estabilidad del régimen de libre disponibilidad de divisas, estabilidad del derecho a la no discriminación, entre otros. No se establece si el desembolso del capital puede realizarse en efectivo, activos e incluso activos intangibles, no hay un control administrativo especial sobre el valor de la aportación. En la perspectiva de remover todo tipo de obstáculos a la inversión, se ha eliminado las limitaciones sobre aportaciones de capital tanto dinerarias como no dinerarias, sin embargo, la realidad internacional demuestra que las aportaciones dinerarias deben representar, como mínimo, un 30% del capital registrado, lo que no se encuentra establecido en la ley nacional.

10. Las normas que fomentan el ingreso del capital extranjero al país no prohíben el desarrollo de proyectos que utilizan tecnología atrasada. No se puede promover proyectos que no favorecen la eficiencia en la utilización de recursos ni la mejora del medio ambiente; o proyectos pertenecientes a sectores en los que el Estado está permitiendo una apertura gradual a la inversión. Tampoco puede permitirse el desarrollo de proyectos de extracción o explotación de recursos minerales designados por el Estado como protegidos. La mayoría de las inversiones privadas impulsadas por el gobierno del Perú se fundan en el uso y explotación de los recursos minerales, generalmente, recursos naturales no renovables.

11. Las normas que regulan la inversión extranjera en el Perú promueven la liberalización de los mercados y la iniciativa privada, haciendo prevalecer como eje de las inversiones la libre remesa de utilidades, el establecimiento de un modelo económico primario de exportación y la transferencia al extranjero de activos nacionales, principalmente, privatizaciones de empresas y entidades públicas, concesiones y adquisiciones bancarias y financieras, olvidando el rol esencial que ejerce el Estado en el desarrollo de la actividad empresarial y la necesidad de atraer las inversiones para favorecer la formación de capital fijo y la apertura de empresas productivas.

12. Las normas de la OMC y los Tratados Bilaterales de Inversión están orientados a prohibir todo tipo de restricciones a la libre transferencia de capitales, dichas normas no tienen en cuenta el derecho de los países anfitriones de fijar condiciones sobre la participación accionaria local, el uso de materia prima nacional, transferencia de tecnología, la contratación de personal local o niveles determinados de producción, la exportación de un porcentaje de los productos y servicios, o la vinculación del valor de las importaciones al valor de las exportaciones.

13. El artículo 9 del Decreto Legislativo 757 prohíbe el uso de los requisitos de desempeño, no obstante, estos requisitos son importantes porque inducen a los inversionistas extranjeros a realizar inversiones adecuadas, sanas y fuera de motivos especulativos. De igual forma permite que los capitales extranjeros entren a la economía nacional a crear nuevas plantas industriales y no a comprar las pocas y buenas empresas locales. Estos requisitos permiten garantizar un mejor resultado a la firma y ejecución de los tratados de libre comercio; y son un medio de protección para que la inversión cumpla con su función social y de impulso al desarrollo nacional.

14. Es fundamental atraer empresas transnacionales de sectores que hacen uso intensivo del conocimiento a partir del mejoramiento de la infraestructura física y humana. La modernización de la estructura industrial depende de una eficaz planificación y ejecución de la política industrial dentro del cual la inversión extranjera tiene que desempeñar un papel central. Un decidido apoyo estatal al desarrollo industrial y al impulso de los sectores manufactureros y de servicios son la base para que las empresas transnacionales se transformen en agentes clave y al que deben sumarse el sector privado local, las universidades y otras instituciones de educación e investigación.

# RECOMENDACIONES

1. Es indispensable una nueva apreciación del papel de las inversiones privadas, un punto de vista uniforme y homogéneo, respecto de la inversión privada extranjera y de su utilización en provecho de la economía nacional. No hay que olvidar que el capital privado extranjero puede contribuir considerablemente al desarrollo económico sólo en el caso de que estimule el ahorro interno del país al que se incorpore, posibilite una amplia participación del capital nacional en este desarrollo y no origine obstáculos al proceso de integración regional. En ese sentido es importante restringir la penetración del capital extranjero a los sectores básicos y de no permitir la entrada al país de capitales foráneos que pretenden monopolizar una u otra rama, así como de capitales que persigan fines puramente especulativos.

2. La inversión extranjera en el país, por estar localizada principalmente en actividades primarias de exportación y en la industria de manufactura, con un claro predominio en actividades productoras de bienes de consumo final, que en actividades productoras de bienes intermedios y de bienes de capital, no ha incidido significativamente en el crecimiento de nuestra economía. A su tradicional aporte de capital, debe aportar tecnología, capacidad gerencial y mercados externos. Su actividad debe estar orientada a sectores económicos definidos acorde con una política de desarrollo nacional que además debe promover los contratos de larga duración e indefinidos frente a los contratos temporales.

3. El país con el fin de crear un tejido industrial moderno y de alta tecnología, debe impedir la importación de maquinaria demasiado antigua o tecnológicamente poco avanzada. La posibilidad de aportar maquinaria significaría comprobar que su antigüedad no exceda la permitida. Es conveniente también restringir a la inversión extranjera las actividades de promoción inmobiliaria, puesto que las evidencias concretas sugieren que el sector inmobiliario presenta en el país los mayores niveles de inversión especulativa.

4. Es necesario abrir el sector servicios a la inversión extranjera, los servicios logísticos y de outsourcing como sectores prioritarios para la inversión extranjera, y fomentar los servicios de transporte de carga por autopista, la logística de vanguardia y la subcontratación de servicios, entre otros. Se pueden incentivar actividades que tienen su origen en el sector manufacturero, en particular, pero sólo en aquellas áreas que complementen el desarrollo económico del país y que no pueden satisfacerse con proveedores nacionales, entre ellas se encuentran la tecnología avanzada, y la fabricación de equipos específicos.

5. Consideramos que el objetivo principal del marco legal de la inversión extranjera en el Perú debe ser promover la inversión extranjera en industrias de tecnología punta, agricultura moderna,

nuevas energías y servicios. Ello implica dejar de incentivar la inversión extranjera cuya finalidad sea la producción para la exportación, la industria manufacturera de gama baja y la industria contaminante. Es importante reformar la estructura del gasto público y llevar a cabo reformas para ampliar el gasto en los sectores sociales y tratar de igualarlo a los estándares internacionales.

6. Se recomienda que la nación receptora de la inversión pueda solicitar la revocación de los derechos del inversor o inversión, si éste no mantiene un sistema de gestión medioambiental en consonancia con los requerimientos de buena práctica relativos al tamaño y naturaleza de la inversión, o que causen la realización de actos que afecten los derechos humanos, o aquellas que no actúen acorde con los estándares laborales según lo requerido por la Declaración de Principios de la OIT relacionadas a los derechos fundamentales en el trabajo.

7. Las inversiones deben cumplir o superar estándares de gestión corporativa aceptados nacional e internacionalmente para el sector en cuestión, ello significa que los inversores y las inversiones tienen que hacer público cualquier contrato o acuerdo de inversión con el gobierno del país anfitrión participante del proceso de autorización de la inversión, la publicación de la información está directamente relacionada con los pagos realizados a las autoridades públicas del Estado anfitrión, impuestos, regalías, sobrecargas, honorarios y demás pagos.

8. La política de promoción a la inversión extranjera exige una mejor focalización de los incentivos y de especificidad en función del tipo de inversión que el país recibe, lo cual permite realizar una oferta más competitiva y más adecuada a las necesidades de las empresas y también aumenta la probabilidad de sacar mejores beneficios de los recursos que se destinen a incentivos. Es importante que la producción de las empresas locales cumpla los estándares de calidad requeridos por las empresas extranjeras para convertirse en sus proveedoras.

9. Es indispensable potenciar la dimensión social de los acuerdos internacionales de inversión con el objeto de que se priorice el aspecto cualitativo de la inversión, dentro de este panorama las inversiones internacionales deben de adoptar un enfoque mucho más plural y dinámico, implementándose políticas para que la entrada de capitales se destinen hacia aquellos sectores que son necesarios para las naciones.

10. El fomento de la inversión extranjera directa requiere de una orientación proactiva y del desarrollo de actividades de promoción en el exterior que incluye seminarios de promoción, visitas a empresas y participación en ferias y eventos. Además conlleva la dotación de recursos y presupuesto operativo, los cuales tienen que situarse a la altura del promedio internacional. Todo esto exige el desarrollo de un sistema de capacitación industrial y de modificaciones sustantivas en los planes de estudio de las universidades a fin de que se priorice las carreras vinculadas a las ciencias exactas y naturales por sobre las de ciencias sociales.

Quincuagésimo quinto Período de Sesiones
Ordinarias de la Comisión
21 - 22 de marzo de 1991
Lima - Perú

DECISIÓN 291
RÉGIMEN COMÚN DE TRATAMIENTO A LOS CAPITALES EXTRANJEROS Y
SOBRE MARCAS, PATENTES, LICENCIAS Y REGALÍAS
LA COMISIÓN DEL ACUERDO DE CARTAGENA,

**VISTOS:** Los Artículos 7, 26 y 27 del Acuerdo de Cartagena, la Decisión 220 de la Comisión y la Propuesta 228 de la Junta;

**CONSIDERANDO:** Que los Presidentes de los Países Miembros del Acuerdo de Cartagena, en la reunión celebrada en la ciudad de La Paz, Bolivia, los días 29 y 30 de noviembre de 1990, expresaron su beneplácito por la "convergencia creciente entre las políticas económicas de los Países Andinos en la búsqueda de una mayor eficiencia y competitividad de sus economías, mediante la liberalización y apertura al comercio y la inversión internacional, en la línea de los intereses de nuestros países, y la implantación de una racionalidad económica fundada en la iniciativa privada, en la disciplina fiscal y en un Estado redimensionado y eficaz";

Que asimismo, en la mencionada reunión los Presidentes Andinos acordaron remover los obstáculos para la inversión extranjera e incentivar la libre circulación de capitales subregionales;

Que las nuevas políticas de inversiones extranjeras imperantes en la Subregión hacen indispensable revisar y actualizar las normas comunitarias aprobadas mediante la Decisión 220 de la Comisión, con el fin de estimular y promover el flujo de capital y de tecnologías extranjeras hacia las economías andinas;

**DECIDE**:

Sustituir la Decisión 220 por la siguiente Decisión:

## CAPÍTULO I

**DEFINICIONES**

**Artículo 1.-** Para los efectos del presente Régimen se entiende por:
**Inversión Extranjera Directa:** los aportes provenientes del exterior de propiedad de personas naturales o jurídicas extranjeras al capital de una empresa, en moneda libremente convertible o en bienes físicos o tangibles, tales como plantas industriales, maquinarias nuevas y reacondicionadas, equipos nuevos y reacondicionados, repuestos, partes y piezas, materias primas y productos intermedios.

Igualmente, se considerarán como inversión extranjera directa las inversiones en moneda nacional provenientes de recursos con derecho a ser remitidos al exterior y las reinversiones que se efectúen de conformidad con el presente Régimen.

Los Países Miembros, de conformidad con sus respectivas legislaciones nacionales, podrán considerar como aporte de capital, las contribuciones tecnológicas intangibles, tales como marcas, modelos industriales, asistencia técnica y conocimientos técnicos patentados o no patentados que puedan presentarse bajo la forma de bienes físicos, documentos técnicos e instrucciones.
**Inversionista Nacional:** el Estado, las personas naturales nacionales y las personas jurídicas definidas como nacionales por las legislaciones de los Países Miembros.

Se considerarán también como inversionistas nacionales a las personas naturales extranjeras con residencia ininterrumpida en el país receptor no inferior a un año, que renuncien ante el organismo nacional competente al derecho de reexportar el capital y a transferir utilidades al exterior. El organismo nacional competente del país receptor podrá exonerar a dichas personas del requisito de residencia ininterrumpida no inferior a un año.

Cada País Miembro podrá eximir a las personas naturales extranjeras cuyas inversiones se hubieran generado internamente, de la renuncia prevista en el inciso anterior.

Asimismo, se considerarán como de inversionistas nacionales, las inversiones de propiedad de inversionistas subregionales, en los términos establecidos en la presente Decisión.

**Inversionista Subregional:** el inversionista nacional de cualquier País Miembro distinto del país receptor.

**Inversionista Extranjero:** el propietario de una inversión extranjera directa.

**Empresa Nacional:** la constituida en el país receptor y cuyo capital pertenezca en más del ochenta por ciento a inversionistas nacionales, siempre que, a juicio del organismo nacional competente, esa proporción se refleje en la dirección técnica, financiera, administrativa y comercial de la empresa.

**Empresa Mixta:** la constituida en el país receptor y cuyo capital pertenezca a inversionistas nacionales en una proporción que fluctúe entre el cincuenta y uno por ciento y el ochenta por ciento, siempre que a juicio del organismo nacional competente, esa proporción se refleje en la dirección técnica, financiera, administrativa y comercial de la empresa.

Asimismo, se considerarán empresas mixtas aquellas en las que participe el Estado, entes paraestatales o empresas del Estado del país receptor, en un porcentaje no inferior al treinta por ciento del capital social y siempre que a juicio del organismo nacional competente, el Estado, ente paraestatal o empresa del Estado, tenga capacidad determinante en las decisiones de la empresa.

Se entiende por capacidad determinante la obligación de que concurra la anuencia de los representantes estatales en las decisiones fundamentales para la marcha de la empresa.

Para fines de la presente Decisión, se entenderá por ente paraestatal o empresa del Estado, aquel constituido en el país receptor cuyo capital pertenezca al Estado en más del ochenta por ciento y siempre que éste tenga capacidad determinante en las decisiones de la empresa.

**Empresa Extranjera:** la constituida o establecida en el país receptor y cuyo capital perteneciente a inversionistas nacionales sea inferior al cincuenta y uno por ciento, o cuando siendo superior, a juicio del organismo nacional competente, ese porcentaje no se refleje en la dirección técnica, financiera, administrativa y comercial de la empresa.

**Capital Neutro:** las inversiones de las entidades financieras internacionales públicas de las que forman parte todos los Países Miembros del Acuerdo de Cartagena y que figuran en el Anexo del presente régimen. Dichas inversiones no se computarán ni como nacionales ni como extranjeras en la empresa en que participen.

Para la determinación de la calidad de nacional, mixta o extranjera de la empresa en que participen estas inversiones, se excluirá de la base de cálculo, el aporte de capital neutro y sólo se tomarán en cuenta los porcentajes de participación de los inversionistas nacionales y extranjeros en el monto restante del capital.

**Reinversión:** la inversión de todo o parte de las utilidades no distribuidas y de otros recursos patrimoniales, en el caso en que lo permitan las legislaciones nacionales, provenientes de una inversión extranjera directa, en la misma empresa en que se hayan generado.

**País Receptor:** aquel en el que se efectúa la inversión extranjera directa.

**Comisión:** la Comisión del Acuerdo de Cartagena.

**Junta:** la Junta del Acuerdo de Cartagena.

**País Miembro:** uno de los Países Miembros del Acuerdo de Cartagena.

## CAPÍTULO II
## DERECHOS Y OBLIGACIONES DE LOS INVERSIONISTAS EXTRANJEROS

**Artículo 2.-** Los inversionistas extranjeros tendrán los mismos derechos y obligaciones a los que se sujetan los inversionistas nacionales, salvo lo dispuesto en las legislaciones de cada País Miembro.

**Artículo 3.-** Toda inversión extranjera directa, o de inversionistas subregionales, que cumpla con las condiciones establecidas en el presente Régimen y en las respectivas legislaciones nacionales de los Países Miembros, será registrada ante el organismo nacional competente, en moneda libremente convertible.

**Artículo 4.-** Los propietarios de una inversión extranjera directa, y los inversionistas subregionales, tendrán derecho a transferir al exterior, en divisas libremente convertibles, en los términos previstos en la legislación de cada País Miembro, las utilidades netas comprobadas que provengan de su inversión extranjera directa.

El organismo nacional competente podrá también registrar, en moneda libremente convertible, la inversión de excedentes de utilidades distribuidas.

**Artículo 5.-** El inversionista extranjero y el inversionista subregional tendrán derecho a reexportar las sumas que obtengan cuando vendan, dentro del país receptor, sus acciones, participaciones o derechos o cuando se produzca la reducción del capital o la liquidación de la empresa, previo pago de los impuestos correspondientes.

La venta de acciones, participaciones o derechos de un inversionista extranjero o subregional a otro inversionista extranjero o subregional, deberá ser registrada por el organismo nacional competente, cuando así lo estipule la legislación nacional y no se considerará como reexportación de capital.

**Artículo 6.-** El capital registrado estará formado por el monto de la inversión extranjera directa inicial más los incrementos posteriores y las reinversiones, registrados y efectivamente realizados, conforme a lo dispuesto en el presente Régimen y menos las pérdidas netas, si las hubiere.

**Artículo 7.-** La reinversión, de conformidad con la definición incluida en el artículo 1, en empresas nacionales, mixtas o extranjeras, será considerada como inversión extranjera y se efectuará con sujeción a las normas que establezca cada País Miembro. En todo caso, subsistirá la obligación de registro ante el organismo nacional competente.

**Artículo 8.-** Gozarán de las ventajas derivadas del Programa de Liberación del Acuerdo de Cartagena, los productos producidos por las empresas nacionales, mixtas o extranjeras que cumplan con las normas especiales o requisitos específicos de origen fijados por la Comisión y la Junta, de conformidad con lo previsto en el Capítulo X del Acuerdo.

**Artículo 9.-** El capital de las sociedades por acciones deberá estar representado por acciones nominativas.

**Artículo 10.-** En la solución de las controversias o conflictos derivados de las inversiones extranjeras directas o de inversionistas subregionales o de la transferencia de tecnología extranjera, los Países Miembros aplicarán lo dispuesto en sus legislaciones internas.

## CAPÍTULO III
## ORGANISMOS NACIONALES COMPETENTES

**Artículo 11.-** Los Países Miembros designarán el organismo u organismos nacionales competentes que tendrán a su cargo la aplicación de las obligaciones contraídas por las personas naturales o jurídicas extranjeras a que se refiere el presente Régimen.

## CAPÍTULO IV
## IMPORTACIÓN DE TECNOLOGÍA

**Artículo 12**.- Los contratos de licencia de tecnología, de asistencia técnica, de servicios técnicos, de ingeniería básica y de detalle y demás contratos tecnológicos de acuerdo con las respectivas legislaciones de los Países Miembros, serán registrados ante el organismo nacional competente del respectivo País Miembro, el cual deberá evaluar la contribución efectiva de la tecnología importada mediante la estimación de sus utilidades probables, el precio de los bienes que incorporen tecnología, u otras formas específicas de cuantificación del efecto de la tecnología importada.

**Artículo 13**.- Los contratos sobre importación de tecnología deberán contener, por lo menos, cláusulas sobre las materias siguientes:

a) Identificación de las partes, con expresa consignación de su nacionalidad y domicilio;

b) Identificación de las modalidades que revista la transferencia de la tecnología que se importa;

c) Valor contractual de cada uno de los elementos involucrados en la transferencia de tecnología;

d) Determinación del plazo de vigencia;

**Artículo 14**.- Para efectos del registro de contratos sobre transferencia de tecnología externa, marcas o sobre patentes, los Países Miembros podrán tener en cuenta que dichos contratos no contengan lo siguiente:

a)     Cláusulas en virtud de las cuales el suministro de tecnología o el uso de una marca, lleve consigo la obligación para el país o la empresa receptora de adquirir, de una fuente determinada, bienes de capital, productos intermedios, materias primas u otras tecnologías o de utilizar permanentemente personal señalado por la empresa proveedora de tecnología;

b)     Cláusulas conforme a las cuales la empresa vendedora de tecnología o concedente del uso de una marca se reserve el derecho de fijar los precios de venta o reventa de los productos que se elaboren con base en la tecnología respectiva;

c)     Cláusulas que contengan restricciones referentes al volumen y estructura de la producción;

d)     Cláusulas que prohíban el uso de tecnologías competidoras;

e)     Cláusulas que establezcan opción de compra, total o parcial, en favor del proveedor de la tecnología;

f)     Cláusulas que obliguen al comprador de tecnología a transferir al proveedor, los inventos o mejoras que se obtengan en virtud del uso de dicha tecnología;

g)     Cláusulas que obliguen a pagar regalías a los titulares de las patentes o de las marcas, por patentes o marcas no utilizadas o vencidas; y

h)     Otras cláusulas de efecto equivalente.

Salvo casos excepcionales, debidamente calificados por el organismo nacional competente del país receptor, no se admitirán cláusulas en las que se prohíba o limite de cualquier manera la exportación de los productos elaborados en base a la tecnología respectiva.

En ningún caso se admitirán cláusulas de esta naturaleza en relación con el intercambio subregional o para la exportación de productos similares a terceros países.

**Artículo 15**.- Las contribuciones tecnológicas intangibles, en la medida en que no constituyan aportes de capital, darán derecho al pago de regalías, de conformidad con la legislación de los Países Miembros.

Las regalías devengadas podrán ser capitalizadas, de conformidad con los términos previstos en el presente Régimen, previo pago de los impuestos correspondientes.

Cuando esas contribuciones sean suministradas a una empresa extranjera por su casa matriz o por otra filial de la misma casa matriz, se podrá autorizar el pago de regalías en casos previamente calificados por el organismo nacional competente del país receptor.

## CAPÍTULO V
## TRATAMIENTO A LAS INVERSIONES DE LA CORPORACIÓN ANDINA DE FOMENTO Y DE LAS ENTIDADES CON OPCIÓN AL TRATAMIENTO DE CAPITAL NEUTRO

**Artículo 16**.- Sin menoscabo de lo dispuesto en su Convenio Constitutivo, las inversiones directas de la Corporación Andina de Fomento, serán consideradas como nacionales, en cada País Miembro del Acuerdo de Cartagena.

**Artículo 17**.- Las entidades financieras internacionales gubernamentales, de las que no formen parte todos los Países Miembros del Acuerdo de Cartagena, y las entidades gubernamentales extranjeras de cooperación para el desarrollo, cualquiera que sea su naturaleza jurídica, podrán solicitar a la Comisión, la calificación de capital neutro para sus inversiones y su inclusión en el Anexo del presente Régimen. La Comisión deberá resolver las solicitudes que se le sometan en la primera reunión siguiente a la presentación de la misma.

**Artículo 18**.- Con su solicitud, las entidades mencionadas en el artículo anterior, deberán presentar un ejemplar del convenio constitutivo o del estatuto legal que las rige y la más amplia información posible sobre su política de inversión, reglas de operación e inversiones realizadas, por países y sectores.

**Disposición Transitoria Primera**.- Las empresas extranjeras que tengan convenio vigente de transformación, en los términos del Capítulo II de la Decisión 220, podrán solicitar ante los respectivos organismos nacionales competentes que se deje sin efecto dicho convenio.

**Disposición Transitoria Segunda**.- Cuando se trate de proyectos que correspondan a productos reservados o asignados en forma exclusiva a Ecuador, los cuatro países restantes se comprometen a no registrar inversión extranjera directa en sus territorios.

Dada en la ciudad de Lima, Perú, a los veintiún días del mes de marzo de mil novecientos noventa y uno.

## ANEXO
## NÓMINA DE ENTIDADES CON OPCIÓN AL TRATAMIENTO DE CAPITAL NEUTRO PARA SUS INVERSIONES

- Banco Interamericano de Desarrollo (BID)
- Corporación Financiera Internacional (CFI)
- Sociedad Alemana de Cooperación Económica (DEG)
- Fondo de Industrialización de Dinamarca para Países en Vías de Desarrollo (IFU)
- Corporación Interamericana de Inversiones.

Quincuagésimo quinto Período de Sesiones
Ordinarias de la Comisión
21 - 22 de marzo de 1991
Lima - Perú

## DECISIÓN 292
## RÉGIMEN UNIFORME PARA EMPRESAS MULTINACIONALES ANDINAS

**LA COMISIÓN DEL ACUERDO DE CARTAGENA,**

**VISTOS**: Los Artículos 7 y 28 del Acuerdo de Cartagena, la Decisión 244 de la Comisión y la Propuesta 229 de la Junta;

**CONSIDERANDO**: Que es necesario actualizar y perfeccionar el Régimen Uniforme de Empresas Multinacionales Andinas, con el fin de preservar y estimular la asociación de inversionistas nacionales en los Países Miembros, para la ejecución de proyectos de interés compartido y alcance multinacional;

**DECIDE**:

## CAPÍTULO I
## DEFINICIONES Y REQUISITOS

**Artículo 1.-** Para los efectos del presente Régimen, se entiende por empresa multinacional andina, la que cumple con los requisitos siguientes:

a) Su domicilio principal estará situado en el territorio de uno de los Países Miembros, o en el que tenga lugar la transformación o fusión de la empresa.

b) Deberá constituirse como sociedad anónima con sujeción al procedimiento previsto en la legislación nacional correspondiente y agregar a su denominación las palabras "Empresa Multinacional Andina" o las iniciales "EMA".

c) Su capital estará representado por acciones nominativas y de igual valor que conferirán a los accionistas iguales derechos e impondrán iguales obligaciones.

d) Tendrá aportes de propiedad de inversionistas nacionales de dos o más Países Miembros que en conjunto sean superiores al 60% del capital de la empresa.

e) Cuando esté constituida con aportes de inversionistas de sólo dos Países Miembros, la suma de los aportes de los inversionistas de cada País Miembro no podrá ser inferior al quince por ciento del capital de la empresa. Si existen inversionistas de más de dos Países Miembros, la suma de los aportes de los accionistas de por lo menos dos países, cumplirán, cada uno, con el porcentaje mencionado. En ambos casos, las inversiones del país del domicilio principal serán por lo menos igual al quince por ciento o más del capital de la empresa.

Deberá preverse por lo menos un Director por cada País Miembro cuyos nacionales tengan una participación no inferior al quince por ciento en el capital de la empresa.

f) La mayoría subregional del capital se refleje en la dirección técnica, administrativa, financiera y comercial de la empresa, a juicio del correspondiente organismo nacional competente.

g) En el Estatuto Social, deberán contemplarse plazos y previsiones que aseguren a los accionistas el ejercicio del derecho de preferencia. Asimismo, otros mecanismos que contemple la legislación respectiva o se hubieren contemplado en el Estatuto Social. No obstante, el inversionista podrá renunciar al ejercicio del derecho de preferencia, si así lo considerase conveniente.

**Artículo 2.-** El valor nominal de las acciones se expresará en moneda nacional del país de su domicilio principal o en otra moneda si la legislación aplicable lo permite.

**Artículo 3.-** Los aportes de inversionistas extranjeros y subregionales se harán en monedas libremente convertibles o en bienes físicos o tangibles tales como plantas industriales, maquinarias nuevas y reacondicionadas, equipos nuevos y reacondicionados, repuestos, partes y piezas, materias primas y productos intermedios, provenientes de cualquier país distinto al del domicilio principal, o en moneda nacional proveniente de recursos con derecho a ser remitidos al exterior.

También podrán realizarse aportes en contribuciones tecnológicas intangibles, en las mismas condiciones que se establezcan para los inversionistas extranjeros.

**Artículo 4.-** Los aportes que se efectúen deberán registrarse en moneda libremente convertible, previa verificación, por parte del organismo nacional competente, de la calidad de nacional del inversionista. En caso de personas jurídicas, bastará para tal efecto, que el organismo nacional competente del País Miembro de origen de los aportes, expida la certificación que las califique como nacionales. En el caso de personas naturales, será suficiente la presentación del carnet, documento o cédula de identidad en la que conste la condición de nacional del respectivo País Miembro.

## CAPÍTULO II
### DE LA CONSTITUCIÓN Y FUNCIONAMIENTO DE EMPRESAS MULTINACIONALES ANDINAS

**Artículo 5.-** Las empresas o sociedades legalmente constituidas en los Países Miembros que no posean la calidad de sociedad anónima, podrán transformarse en empresa multinacional andina con sujeción a lo dispuesto en el presente Régimen.

Las sociedades anónimas podrán adoptar la forma de empresa multinacional andina mediante la venta de acciones a inversionistas subregionales o la ampliación de su capital y la adecuación de sus estatutos a lo establecido en la presente Decisión.

**Artículo 6.-** También podrá adoptarse la forma de una empresa multinacional andina mediante la fusión de dos o más empresas nacionales o mixtas, siempre que se mantengan los porcentajes que trata el artículo 1.

**Artículo 7.-** La empresa multinacional andina se rige por las siguientes normas:

1.- Su estatuto social, el cual deberá conformarse a las disposiciones del presente Régimen.

2.- El presente Régimen en todo lo que no estuviere establecido en su estatuto social.

3.- En aspectos no regulados por el estatuto social o por el presente Régimen, se aplicarán:

a)       La legislación del país del domicilio principal; y,

b)       Cuando fuere el caso, la legislación del país donde se establezca la relación jurídica o la de aquel donde hayan de surtir efecto los actos jurídicos de la empresa multinacional andina, según lo establezcan las normas de derecho internacional privado aplicables.

**Artículo 8.-** Corresponde al organismo nacional encargado del control de las sociedad o compañías del País Miembro donde las empresas multinacionales andinas estén constituidas o tengan sucursales, ejercer su vigilancia y supervisión, sin perjuicio que la ejerzan los organismos nacionales a que se refiere el artículo 6 de la Decisión 291 en los aspectos de su competencia.

## CAPÍTULO III
### DEL TRATAMIENTO ESPECIAL A LAS EMPRESAS MULTINACIONALES ANDINAS

**Artículo 9.-** Las empresas multinacionales andinas y sus sucursales gozarán de un tratamiento no menos favorable que el establecido para las empresas nacionales, en materia de preferencias, para las adquisiciones de bienes o servicios del sector público.

**Artículo 10.-** Los aportes destinados al capital de las Empresas Multinacionales Andinas y sus sucursales, circularán libremente dentro de la Subregión.

**Artículo 11.-** Cuando los aportes subregionales al capital de una empresa multinacional consistan en bienes físicos o tangibles, el País Miembro de origen y el del domicilio principal, permitirán su exportación e importación, libre de gravámenes, restricciones u obstáculos, siempre que dichos bienes cumplan con las normas subregionales de origen.

**Artículo 12.-** Las empresas multinacionales andinas tendrán acceso a los mecanismos de fomento a las exportaciones en las mismas condiciones previstas para las empresas nacionales en la actividad económica que desarrollen, siempre que cumplan con los requisitos exigidos para estas empresas por la legislación correspondiente. Asimismo, las empresas multinacionales andinas podrán utilizar los sistemas especiales de importación-exportación establecidos en la legislación nacional del País Miembro del domicilio principal y de la sucursal.

**Artículo 13.-** Las inversiones de una Empresa Multinacional Andina, así como sus reinversiones, se registrarán ante el organismo nacional competente, previo cumplimiento de los requisitos que se establezcan en el presente Régimen.

**Artículo 14.-** Las empresas multinacionales andinas o sus sucursales podrán participar en los sectores de la actividad económica reservados para las empresas nacionales, de conformidad con las respectivas legislaciones de los Países Miembros.

**Artículo 15.-** Las empresas multinacionales andinas tendrán derecho a instalar sucursales en Países Miembros distintos del país del domicilio principal. Su funcionamiento se sujetará a lo dispuesto en la legislación nacional del País Miembro en el que se instalen.

**Artículo 16.-** Las sucursales de las empresas multinacionales andinas tendrán derecho a transferir al domicilio principal, en divisas libremente convertibles, la totalidad de sus utilidades netas comprobadas, que provengan de su inversión directa, previo pago de los impuestos correspondientes.

**Artículo 17.-** Los inversionistas extranjeros y subregionales en una empresa multinacional andina, tendrán derecho a transferir al exterior, en divisas libremente convertibles, la totalidad de las utilidades netas comprobadas que provengan de su inversión directa, previo pago de los impuestos correspondientes.

**Artículo 18.-** Las empresas multinacionales andinas y sus sucursales gozarán, en materia de impuestos nacionales internos, del mismo tratamiento establecido o que se estableciere para las empresas nacionales en la actividad económica que desarrollen, siempre que cumplan con los mismos requisitos exigidos para estas empresas por la legislación nacional correspondiente.

**Artículo 19.-** Con el fin de evitar situaciones de doble tributación se observarán, además de las disposiciones establecidas en la Decisión 40 y las normas que la adicionen, modifiquen o sustituyan, las siguientes reglas:

a) El País Miembro del domicilio principal no gravará con los impuestos a la renta y a las remesas la parte de los dividendos distribuidos por la empresa multinacional andina, que correspondan a las utilidades obtenidas por sus sucursales instaladas en los demás Países Miembros;

b) En el País Miembro del domicilio principal no se gravará con el impuesto a la renta la redistribución que realice la empresa inversionista de la parte de los dividendos percibidos de la empresa multinacional andina que corresponda a las utilidades obtenidas por las sucursales de esta última instaladas en los demás Países Miembros;

c) En los Países Miembros distintos al del domicilio principal, no se gravará con el impuesto a la renta la redistribución que realice la empresa inversionista de los dividendos percibidos de la empresa multinacional andina.

**Artículo 20.-** Para los efectos del ejercicio del derecho consagrado en el artículo anterior, la empresa multinacional andina expedirá las certificaciones que se señalan a continuación:

a) La sucursal de la empresa multinacional andina instalada en un País Miembro distinto al de su domicilio principal, expedirá un certificado con destino al domicilio principal en el cual se señale la utilidad obtenida por aquella, una vez cancelados los impuestos correspondientes en el país de su instalación;

b)     La empresa multinacional andina en su domicilio principal expedirá certificados con destino a sus inversionistas en los cuales se señale la razón social de la empresa multinacional andina respectiva; el nombre o razón social de la persona natural o inversionista; el dividendo de aquella; el porcentaje y la suma de dicho dividendo que no se grava con el impuesto a la renta y, cuando corresponda, el porcentaje y la suma de dicho dividendo que no se grava con el impuesto a las remesas.

En todo caso, las Administraciones Nacionales de Impuestos de los Países Miembros podrán verificar la información en las certificaciones que trata el presente artículo y, en caso    de inexactitud, aplicar las sanciones que correspondan de conformidad con lo      establecido en la legislación del País Miembro.

**Artículo 21.-** Los Países Miembros facilitarán la contratación de personal de origen subregional por las empresas multinacionales andinas, para que laboren en el País Miembro de su domicilio principal o en los Países Miembros de sus sucursales.

Los Países Miembros considerarán como nacional, al personal calificado de origen subregional de las empresas multinacionales andinas, para los efectos de la aplicación de las disposiciones sobre cupos de trabajadores extranjeros.

**Artículo 22.-** Para los efectos de la constitución y el funcionamiento de las empresas multinacionales andinas, los promotores inversionistas y ejecutivos de dichas empresas, podrán ingresar y permanecer en el territorio de los Países Miembros por el tiempo necesario para la realización de la labor correspondiente. Con este propósito, los Países Miembros otorgarán las visas que autoricen su ingreso y permanencia, con la sola verificación de su calidad de promotor, inversionista o ejecutivo de la empresa respectiva.

**Artículo 23.-** En la contratación de tecnología en cualquiera de sus formas, incluso marcas o patentes, los Países Miembros darán preferencia a las empresas multinacionales andinas con plena aplicación de la Decisión 84 y las disposiciones que la reformen.

## CAPÍTULO IV
## DISPOSICIONES FINALES

**Artículo 24.-** Corresponderá al organismo u organismos nacionales competentes a que se refiere la Decisión 291, emitir los registros y demás actos administrativos a que se refiere la presente Decisión.

**Artículo 25.-** Los aportes de la Corporación Andina de Fomento se considerarán como de inversionistas nacionales para los efectos del cálculo del porcentaje de participación subregional prevista en esta Decisión.

Los aportes de las demás entidades incluidas en la nómina que trata el Anexo de la Decisión 291 en una empresa multinacional andina, se consideran como capital neutro; en consecuencia, se excluirán de la base de cálculo para la calificación de la empresa respectiva.

**Artículo 26.-** Los Países Miembros se comprometen a estimular la constitución de empresas multinacionales andinas con el objeto de facilitar el proceso de desarrollo industrial conjunto en la Subregión en las distintas modalidades de integración industrial previstas en el Acuerdo de Cartagena.

Asimismo, promoverán y facilitarán la constitución de empresas multinacionales andinas en el campo de los servicios y otros sectores productivos.

**Artículo 27.-** Para los efectos del presente Régimen, las inversiones que realicen las empresas mixtas en una empresa multinacional andina se computarán en la misma proporción nacional y extranjera que tengan en su capital los aportes nacionales y extranjeros.

**Artículo 28.-** En caso de infracciones al presente Régimen cometidas por una empresa multinacional andina en el País Miembro de su domicilio principal o por sus sucursales, el organismo nacional competente del País Miembro donde se haya cometido la infracción, aplicará, de conformidad a sus disposiciones internas, las sanciones o medidas correspondientes e inclusive podrá dejar sin efecto la calidad de multinacional andina de la empresa o de sus sucursales, de lo cual dará noticia a la Junta y ésta lo pondrá en conocimiento de los demás Países Miembros.

En caso se haya dejado sin efecto la calidad de multinacional andina de la empresa o de su sucursal, ésta o ambas, según el caso, perderán el derecho de ampararse en las disposiciones del presente Régimen y les serán aplicables las disposiciones de la Decisión 291 y los dispositivos legales del respectivo país.

**Artículo 29.-** Los Países Miembros, por medio del organismo nacional competente y dentro de los sesenta días siguientes a la constitución, transformación o adecuación de las empresas multinacionales andinas, informarán documentadamente a la Junta y ésta llevará un registro de las empresas multinacionales andinas. La Junta, a su vez, dentro de un plazo de treinta días a partir de la fecha de recepción de la información, la llevará a conocimiento de los demás Países Miembros.

**Artículo 30.-** En todo lo no previsto en la presente Decisión, los inversionistas subregionales y extranjeros en una empresa multinacional andina, se regirán por las disposiciones de la Decisión 291 y las normas internas de cada País Miembro.

**Artículo 31.-** La presente Decisión sustituye la Decisión 244.

## DISPOSICIÓN TRANSITORIA

**Artículo 32.-** Las empresas multinacionales andinas destinadas a la producción o explotación de productos asignados o reservados dentro de cualquiera de las modalidades de la programación subregional no podrán constituirse sino en el País o Países Miembros beneficiarios de la correspondiente asignación o reserva.

Dada en la ciudad de Lima, Perú, a los veintiún días del mes de marzo de mil novecientos noventa y uno.

# LEGISLACIÓN NACIONAL

## DECRETO LEGISLATIVO N° 662
## RÉGIMEN DE ESTABILIDAD JURÍDICA A LA INVERSIÓN EXTRANJERA (02/09/91)

**POR CUANTO:**

El Congreso de la República, de conformidad con lo previsto en el artículo 188° de la Constitución Política del Perú, por Ley N° 25327 ha delegado en el Poder Ejecutivo la facultad de legislar en materia de crecimiento de la inversión privada;

Que el Congreso de la República, mediante la Resolución Legislativa N° 25312 ha ratificado el Convenio Constitutivo de la Agencia Multilateral de Garantías a las Inversiones Extranjeras (MIGA) con el objeto de crear un clima favorable a las inversiones extranjeras que contribuyan a la expansión de la economía de la libre empresa en el país;

Que la inversión extranjera y la transferencia de tecnología son vitales para el dinamismo económico que se requiere imprimir al desarrollo del país como necesario complemento en la inversión nacional, tal como lo dispone el artículo 137° de la Constitución Política del Perú;

Que es objetivo del Gobierno remover los obstáculos y restricciones a la inversión extranjera a fin de garantizar la igualdad de derechos y obligaciones entre inversionistas extranjeros y nacionales;

Que el Gobierno debe otorgar un régimen de estabilidad jurídica a los inversionistas extranjeros mediante el reconocimiento de ciertas garantías que les aseguren la continuidad de las reglas establecidas;

Con el voto aprobatorio del Consejo de Ministros;

Ha dado el Decreto Legislativo siguiente:

## TÍTULO I
## DEL FOMENTO Y GARANTÍAS A LA INVERSIÓN EXTRANJERA

**Artículo 1°.-** El Estado promueve y garantiza las inversiones extranjeras efectuadas y por efectuarse en el país, en todos los sectores de la actividad económica y en cualquiera de las formas empresariales o contractuales permitidas por la legislación nacional. Para estos efectos, serán consideradas como inversiones extranjeras las inversiones provenientes del exterior que se realicen en actividades económicas generadoras de renta, bajo cualesquiera de las siguientes modalidades;

a) Aportes de propiedad de personas naturales o jurídicas extranjeras, canalizadas a través del Sistema Financiero Nacional, al capital de una empresa nueva o existente en cualquiera de las formas societarias señaladas en la Ley General de Sociedades, en moneda libremente convertible o en bienes físicos o tangibles, tales como plantas industriales, maquinas nuevas y reacondicionadas, equipos nuevos y reacondicionados, repuestos, piezas y partes, materias primas y productos intermedios;

b) Las inversiones en moneda nacional provenientes de recursos con derecho a ser remitidos al exterior;

c) La conversión de obligaciones privadas con el exterior en acciones;

d) Las reinversiones que se efectúen de conformidad con la legislación vigente;

e) Las inversiones en bienes ubicados físicamente en el territorio de la República;

f) Las contribuciones tecnológicas intangibles, tales como marcas, modelos industriales, asistencia técnica y conocimientos técnicos patentados o no patentados que puedan presentarse bajo la forma de bienes físicos, documentos técnicos e instrucciones;

g) Las inversiones destinadas a la adquisición de títulos, documentos y papeles financieros cotizados en bolsas de valores o certificados de depósito bancario en moneda nacional o extranjera;

h) Los recursos destinados a contratos de asociación en participación o similares que otorgan al inversionista extranjero una forma de participación en la capacidad de producción de una empresa, sin que ello suponga aporte de capital y que corresponde a operaciones comerciales de carácter contractual a través de las cuales el inversionista extranjero provee bienes o servicios a la empresa receptora a cambio de una participación en volumen de producción física, en el monto global de las ventas o en las utilidades netas de la referida empresa receptora;

Las inversiones comprendidas en el presente inciso deben sujetarse a la legislación tributaria sobre la materia; y,

i) Cualquier otra modalidad de inversión extranjera que contribuya al desarrollo del país;

**Artículo 2º.-** Los inversionistas extranjeros y las empresas en la que éstos participan tienen los mismos derechos y obligaciones que los inversionistas nacionales y empresas nacionales, sin más excepciones que las que establecen la Constitución Política del Perú y las disposiciones del presente Decreto Legislativo.

En ningún caso el ordenamiento jurídico nacional discriminará entre inversionistas ni entre empresas en función a la participación nacional o extranjera en las inversiones.

**Artículo 3º.-** Las inversiones extranjeras que se efectúen en el país quedan autorizadas automáticamente. Una vez efectuadas, deben registrarse ante el Organismo Nacional Competente.

**Artículo 4º.-** El derecho de propiedad de los inversionistas extranjeros no tiene más limitaciones que las que establece la Constitución Política del Perú.

**Artículo 5º.-** Los derechos de propiedad intelectual e industrial de los inversionistas extranjeros se sujetan a las mismas condiciones que se aplican a los inversionistas nacionales.

**Artículo 6º.-** Los inversionistas extranjeros gozan de los derechos a la libertad de comercio e industria y a la libertad de exportación e importación.

**Artículo 7º.-** Se garantiza el derecho de los inversionistas extranjeros a transferir al exterior, en divisas libremente convertibles, sin autorización previa de ninguna autoridad del Gobierno Central u organismos públicos descentralizados, Gobiernos Regionales o Gobiernos Municipales, previo pago de los impuestos de ley, lo siguiente:

a) El íntegro de sus capitales provenientes de las inversiones contempladas en el artículo 1º del presente Decreto Legislativo y registradas ante el Organismo Nacional Competente, incluyendo la venta de acciones, participaciones o derechos, reducción de capital o liquidación parcial y total de empresas; y,

b) El íntegro de los dividendos o las utilidades netas comprobadas provenientes de su inversión así como las contraprestaciones por el uso o disfrute de bienes ubicados físicamente en el país, registrada ante el Organismo Nacional Competente y de las regalías y contraprestaciones por el uso y transferencia de tecnología, incluido cualquier otro elemento constitutivo de propiedad industrial que autorice el Organismo Nacional Competente.

**Artículo 8º.-** Se garantiza el derecho de los inversionistas extranjeros, y de las empresas en las que éstos participan a adquirir acciones, participaciones o derechos de propiedad de inversionistas nacionales o subregionales. El pago de tales adquisiciones, canalizado a través del Sistema Financiero Nacional, se considerará como inversión extranjera para los efectos del presente Decreto Legislativo.

**Artículo 9º.-** En todos los casos en que corresponda convertir la moneda extranjera a moneda nacional, los inversionistas extranjeros tendrán derecho a utilizar el tipo de cambio/compra más favorable al momento de efectuar la operación cambiaria. Tratándose de conversión de moneda nacional a moneda extranjera, tendrán derecho a utilizar el tipo de cambio/venta más favorable al momento de efectuar la operación cambiaria.

# TÍTULO II
## DE LA ESTABILIDAD JURÍDICA A LA INVERSIÓN EXTRANJERA

**Artículo 10°.-** El Organismo Nacional Competente, en representación del Estado, podrá celebrar con los inversionistas extranjeros, con anterioridad a la realización de la inversión y al registro correspondiente, convenios para garantizarles los siguientes derechos:

a) Estabilidad del régimen tributario vigente al momento de celebrarse el convenio.

En virtud de la estabilidad del régimen tributario que se garantiza, el inversionista extranjero respecto al impuesto a la renta de cargo de la empresa receptora de la inversión y al que afecte las utilidades que se le atribuyan y/o los dividendos que se distribuyan en su favor, no se verá afectado con una tasa mayor que aquella considerada en el convenio correspondiente, de manera tal que si el Impuesto a la Renta de cargo de la empresa aumentará, se reducirá la tasa que afecte al inversionista extranjero en la parte necesaria para permitir que la utilidad de la empresa que finalmente sea de libre disposición para él, sea por lo menos igual a la garantizada;

b) Estabilidad del régimen de libre disponibilidad de divisas y de los derechos contemplados en los artículos 7° y 9° del presente Decreto Legislativo; y,

c) Estabilidad del derecho a la no discriminación contemplado en el artículo 2° del presente Decreto Legislativo.

**Artículo 11°.-** Sólo podrán acogerse al régimen establecido en el artículo anterior, los inversionistas extranjeros que se obliguen a cumplir, en un plazo que no excederá de dos años contados a partir de la fecha de celebración del convenio respectivo, con lo siguiente:

a) Efectuar aportes dinerarios, canalizados a través del Sistema Financiero Nacional, al capital de una empresa establecida o por establecerse con sujeción a la ley peruana o realizar inversiones de riesgo que formalice con terceros, por un monto que no sea inferior a US$ 2'000,000.00 (Dos millones de dólares de los Estados Unidos de América); o

b) Efectuar aportes dinerarios, canalizados a través del Sistema Financiero Nacional, al capital de una empresa establecida o por establecerse, con sujeción a la ley peruana o realizar inversiones de riesgo que formalice con terceros, por un monto que no sea inferior a US$ 500,000.00 (Quinientos mil dólares de los Estados Unidos de América), siempre que:

i) La inversión determine la generación directa de más de veinte puestos de trabajo permanentes; o,

ii) La inversión determine la generación directa de no menos de US$ 2'000,000.00 (Dos millones de dólares de los Estados Unidos de América) de ingreso de divisas por concepto de exportaciones durante los tres años siguientes a la suscripción del Convenio.

La vigencia del régimen de estabilidad se iniciará en la fecha en que se celebre el Convenio, el cual incluirá, bajo responsabilidad, la condición resolutoria expresa que en caso de incumplimiento de los aportes, su reducción o su transferencia a terceros, deje sin efecto dicho Convenio, con las penalidades consiguientes y el pago de los tributos que se hubieran dejado de pagar al Fisco.

**Artículo 12°.-** Las empresas que se constituyan o las ya establecidas en el Perú con nuevos aportes de capitales extranjeros efectuados de conformidad con el artículo anterior, gozarán de los siguientes derechos:

a) Estabilidad de los regímenes de contratación de trabajadores en cualesquiera de sus formas; y,

b) Estabilidad de los regímenes especiales orientados exclusivamente a la exportación como admisión temporal, zonas francas industriales, comerciales y turísticas, zonas de tratamiento especial, y otros que se creen en el futuro.

Tales derechos permanecerán vigentes en tanto el inversionista extranjero no incurra en lo dispuesto en el último párrafo del artículo anterior, y los respectivos convenios que suscriban las empresas antes indicadas, sus inversionistas extranjeros y el Organismo Nacional Competente, no sean resueltos o rescindidos de acuerdo a lo establecido en dicho párrafo.

**Artículo 13º.-** Para gozar del régimen de estabilidad a que se refiere el artículo 10º del presente Decreto Legislativo, los inversionistas extranjeros deberán presentar una solicitud ante el Organismo Nacional Competente respecto a cualesquiera de las modalidades señaladas en el artículo 11º.

**Artículo 14º.-** El Estado se obliga a mantener vigentes los convenios de estabilidad celebrados de conformidad con las disposiciones contenidas en el presente Título hasta su culminación, no pudiendo modificarlos unilateralmente por decreto supremo expedido al amparo del inciso 20) del artículo 211º de la Constitución Política del Perú.

**Artículo 15º.-** Los convenios de estabilidad se otorgarán por un plazo de vigencia de diez años contados a partir de la fecha de su celebración.

**Artículo 16º.-** El Estado podrá someter las controversias derivadas de los convenios de estabilidad a tribunales arbitrales constituidos en virtud de tratados internacionales de los cuales sea parte el Perú.

**Artículo 17º.-** Los derechos en el presente Título no afectan ni limitan en forma alguna el derecho de los inversionistas extranjeros a acceder a los beneficios que se les otorgue o hayan otorgado mediante otros dispositivos legales.

**Artículo 18º.-** El presente Título entrará en vigencia a partir del 01 de enero de 1992.

## TÍTULO III
## DEL REGISTRO DE INVERSIONES Y TECNOLOGÍAS EXTRANJERAS

**Artículo 19º.-** La inversión extranjera, una vez efectuada, debe registrarse ante el Organismo Nacional Competente.

Las inversiones extranjeras formalizadas contractualmente con una empresa peruana, incluyendo las asociaciones en participación, y cualquier otra forma de asociaciones de riesgo, también se registran ante el Organismo Nacional Competente.

**Artículo 20º.-** La inversión extranjera, una vez registrada ante el Organismo Nacional Competente, otorga a su titular los derechos contemplados en los artículos 7º y 9º del presente Decreto Legislativo.

**Artículo 21º.-** Los contratos de licencia de uso de tecnología, patentes, marcas u otros derechos de propiedad industrial de origen extranjero, así como de asistencia técnica, ingeniería básica y de detalle, gerencia y franquicia que estipulen el pago de regalías calculadas sobre porcentajes de las ventas netas de un producto determinado u otro sistema de cálculo, se entienden automáticamente registrados con su sola presentación al Organismo Nacional Competente, sin limitación de cantidad o porcentaje alguno y siempre que cumplan con los requisitos establecidos en el artículo 13º y en los dos últimos párrafos del artículo 14º de la Decisión Nº 291 de la Comisión del Acuerdo de Cartagena.

Las empresas locales consideradas como filiales de empresas extranjeras podrán celebrar con su casa matriz u otras empresas filiales de la misma casa matriz, los contratos que estipulen el pago de regalías en los términos previstos en el presente Decreto Legislativo, correspondiendo la deducción de tal pago como gasto para efectos del Impuesto a la Renta.

Los pagos de regalías señalados en el presente artículo se efectuarán previa cancelación de los impuestos de ley.*

---

\* De acuerdo a la Ley de Organización y Funciones del INDECOPI, corresponde a la Oficina de Registro de Tecnología Extranjera llevar el registro de los contratos de licencia de uso de tecnología, patentes, marcas u otros derechos de propiedad industrial de origen extranjero, así como de asistencia básica y de detalle, gerencia y franquicia que estipulen el pago de regalías,

**Artículo 22°.-** Los contratos, una vez registrados ante el Organismo Nacional Competente, confieren al licenciatario o receptor el derecho a transferir al exterior, en moneda libremente convertible, utilizando el tipo de cambio/venta más favorable al momento de realizar la operación cambiaria, las regalías o contraprestación pactadas, previo pago de los impuestos de ley.

## TÍTULO IV
## DE LA FORMULACIÓN DE POLÍTICAS DE PROMOCIÓN DE LAS INVERSIONES EXTRANJERAS

**Artículo 23°.-** El Organismo Nacional Competente coordinará la promoción de inversiones extranjeras y centralizará las acciones de promoción de inversiones extranjeras que desarrollen las diversas entidades del Sector Público.

**Artículo 24°.-** El Organismo Nacional Competente coordinará con el Ministerio de Relaciones Exteriores la celebración de convenios para la Promoción y Protección de Inversiones y Convenios para evitar la doble tributación.

**Artículo 25°.-** Las entidades o dependencias del Sector Público están obligadas a proporcionar la información y asistencia técnica que el Organismo Nacional Competente requiera para el cumplimiento de sus funciones.

**Artículo 26°.-** El organismo Nacional Competente coordinará con el Ministerio de Relaciones Exteriores la promoción de inversiones en el exterior para efectuarse en el país. Las representaciones comerciales y diplomáticas en el exterior apoyarán activamente en la prestación de un servicio de información y orientación al inversionista.

## DISPOSICIONES COMPLEMENTARIAS

**Artículo 27°.-** Las disposiciones del presente Decreto Legislativo se aplican a los inversionistas subregionales andinos, de acuerdo con los tratados de integración y las Decisiones de la Comisión del Acuerdo de Cartagena.

**Artículo 28°.-** Las personas naturales y jurídicas extranjeras que hayan efectuado inversiones en el Perú y que a la fecha de entrada en vigencia del presente Decreto Legislativo no las hayan registrado, podrán en cualquier momento registrarse ante el Organismo Nacional Competente como inversionistas extranjeros para adecuarse a las disposiciones establecidas en el presente Decreto Legislativo. Con este fin, podrán valerse de cualquier medio probatorio documentario preconstituido que permita la ley para acreditar el origen y el destino de su inversión.

**Artículo 29°.-** Ninguna autoridad del Gobierno Central, organismos públicos descentralizados, empresas u organismos de Gobierno Regional o Gobierno Municipal, podrá, bajo responsabilidad, dar tratamiento diferenciado entre inversionistas nacionales o extranjeros. Dentro de ello se comprende, asimismo:

a) Establecer condiciones distintas a las previstas por el presente Decreto Legislativo:

b) Otorgar un tratamiento diferenciado entre los inversionistas extranjeros y los nacionales; y,

c) Cobrar tributos, contribuciones o tarifas diferenciadas en cuanto a su monto a extranjeros respecto a los cobros efectuados a nacionales.

**Artículo 30°.-** Para efectos de lo dispuesto en el presente Decreto Legislativo, el Organismo Nacional Competente es la Comisión Nacional de Inversiones y Tecnologías Extranjeras (CONITE).

---

conforme a lo dispuesto en el presente artículo.

**Artículo 31°.-** A partir de la vigencia del presente Decreto Legislativo, quedan derogadas todas las leyes que limitan o restrinjan de alguna manera la inversión extranjera en los sectores de la actividad económica.

**Artículo 32°.-** El presente Decreto Legislativo entrará en vigencia a los treinta días siguientes a su publicación en el diario oficial "El Peruano", de conformidad con lo dispuesto por la Ley N° 25327, excepto el título II que entrará en vigencia en la fecha señalada en el artículo 18°.

**POR TANTO:**

Mando se publique y cumpla.

Dado en la casa de gobierno en Lima, a los veintinueve días del mes de agosto de mil novecientos noventaiuno.

**DECRETO LEGISLATIVO N° 757**

# LEY MARCO PARA EL CRECIMIENTO DE LA INVERSIÓN PRIVADA
## (13/11/91)

POR CUANTO:

El Congreso de la República, de conformidad con lo dispuesto por el artículo 188° de la Constitución Política del Perú, mediante Ley N° 25327, delegó en el Poder Ejecutivo, entre otras la facultad de dictar decretos legislativos orientados a crear las condiciones necesarias para la inversión privada de los diferentes sectores productivos;

Que es necesario consolidar el programa de Reformas Estructurales de la economía que ha emprendido el Gobierno, motivo por el cual resulta pertinente expedir una Ley Marco que contenga las disposiciones requeridas para el crecimiento de la inversión privada en todos los sectores de la economía;

Que para cumplir con dicha finalidad resulta indispensable eliminar todas las trabas y distorsiones legales y administrativas que entorpecen el desarrollo de las actividades económicas y restringen la libre iniciativa privada, la que es esencial para una exitosa inserción en el mercado internacional;

Que asimismo, es necesario dictar disposiciones que otorguen seguridad jurídica a los inversionistas e incentivar un modelo de desarrollo que armonice la inversión productiva con la conservación del medio ambiente;

De conformidad con lo establecido en el inciso 10) del artículo 211° de la Constitución Política del Perú; y,

Con el voto aprobatorio del Consejo de Ministros;

Ha dado el Decreto Legislativo siguiente:

## LEY MARCO PARA EL CRECIMIENTO DE LA INVERSIÓN PRIVADA

### ÍNDICE

## TÍTULO I

## DE LOS ALCANCES DE LA LEY

### OBJETO Y CONTENIDO DE LA LEY

**Artículo 1º.-** La presente Ley tiene por objeto garantizar la libre iniciativa y las inversiones privadas, efectuadas o por efectuarse, en todos los sectores de la actividad económica y en cualesquiera de las formas empresariales o contractuales permitidas por la Constitución y las leyes.

Establece derechos, garantías y obligaciones que son de aplicación a todas las personas naturales o jurídicas, que sean titulares de inversiones en el país. Sus normas son de observancia obligatoria por todos los organismos del Estado, ya sean del Gobierno Central, Gobiernos Regionales o Locales, a todo nivel.

## TÍTULO II
## DE LA ESTABILIDAD JURÍDICA DEL RÉGIMEN ECONÓMICO

### ECONOMÍA SOCIAL DE MERCADO
**Artículo 2º.-** El Estado garantiza la libre iniciativa privada. La Economía Social de Mercado se desarrolla sobre la base de la libre competencia y el libre acceso a la actividad económica.

### CONCEPTO DE LIBRE INICIATIVA PRIVADA
**Artículo 3º.-** Se entiende por libre iniciativa privada el derecho que tiene toda persona natural o jurídica a dedicarse a la actividad económica de su preferencia, que comprende la producción o comercialización de bienes o la prestación de servicios, en concordancia con lo establecido por la Constitución, los tratados internacionales suscritos por el Perú y las leyes.

### LIBRE COMPETENCIA
**Artículo 4º.-** La libre competencia implica que los precios en la economía resultan de la oferta y la demanda, de acuerdo con lo dispuesto en la Constitución y las leyes.

Los únicos precios que pueden fijarse administrativamente son las tarifas de los servicios públicos conforme a lo que se disponga expresamente por ley del Congreso de la República.

### PLURALISMO ECONÓMICO
**Artículo 5º.-** El Estado garantiza el pluralismo económico. Toda empresa tiene el derecho de organizarse bajo cualquier forma empresarial en la legislación nacional.

No puede limitarse el acceso directo o indirecto de los inversionistas o las empresas en que estos participen a actividades económicas específicas, en función a la forma empresarial que adopten. Están exceptuados de esta disposición el sistema financiero de acuerdo a la ley que lo regula, y las excepciones que en el futuro se establezcan por ley del Congreso. Queda derogada toda disposición legal que contravenga lo dispuesto en el presente artículo.

En los casos en que la ley establezca que la explotación de los recursos naturales o la prestación de los servicios públicos deba realizarse mediante concesiones u otras formas de otorgamiento a los particulares, se respetará lo dispuesto en el presente Decreto Legislativo en lo que no contravenga la legislación sectorial.

### RESERVAS EN FAVOR DEL ESTADO
**Artículo 6º.-** Queda derogada toda reserva a favor del Estado, ya sea parcial o total, para la realización de actividades económicas o la explotación de recursos naturales, con excepción a las referidas a las áreas naturales protegidas. Tales reservas sólo procederán por causa de interés social o seguridad nacional, y deberán ser dispuestas expresamente mediante ley del Congreso de la República o conforme a lo establecido en el artículo 54º del presente Decreto Legislativo.

De conformidad con el artículo 285° de la Constitución Política, la fabricación de armas de guerra podrá realizarse por empresas privadas solamente al amparo de convenios que celebra el Estado con dicha finalidad.

## IGUALDAD DE TRATO
**Artículo 7°.-** Cuando una misma actividad económica es realizada por el Estado y por empresas privadas, iguales condiciones son aplicables a ambos.

En ningún caso se otorgará a las empresas del Estado atribuciones de imperio o propias de la Administración Pública, con excepción de las facultades que el Estado delegue para la cobranza coactiva de tributos.

## PROPIEDAD PRIVADA
**Artículo 8°.-** El Estado garantiza la propiedad privada sin más límites que los que establece la Constitución Política.

En aplicación del artículo 131° de la Constitución Política, que reconoce la libertad empresarial, y en concordancia con las disposiciones contempladas en el presente capítulo, el Estado no expropiará empresas ni acciones o participaciones en ellas, salvo los casos de interés nacional debidamente sustentados mediante ley del Congreso de la República.

## LIBERTAD DE EMPRESA
**Artículo 9°.-** De conformidad con lo prescrito en los artículos 130° y 131° de la Constitución Política, toda empresa tiene derecho a organizar y desarrollar sus actividades en la forma que juzgue conveniente.

Queda derogada toda disposición legal que fije modalidades de producción o índices de productividad, que prohíba u obligue a la utilización de insumos o procesos tecnológicos y, en general que intervenga en los procesos productivos de las empresas en función al tipo de actividad económica que desarrollen, su capacidad instalada, o cualquier otro factor económico similar, salvo las disposiciones legales referidas a la higiene y seguridad industrial, la conservación del medio ambiente y la salud.

## LIBERTAD EN DISTRIBUCIÓN DE UTILIDADES
**Artículo 10°.-** El Estado garantiza el derecho a las empresas, cualquiera que sea la forma empresarial que adopten, a acordar libremente la distribución del íntegro de las utilidades o dividendos que generen y el derecho de los inversionistas a recibir la totalidad de los que les correspondan, inclusive los referidos al ejercicio en curso de acuerdo a balances periódicos, sin perjuicio de las obligaciones concernientes a la participación de los trabajadores, la reserva legal y las responsabilidades del caso conforme a lo establecido en la Ley General de Sociedades, siempre que se cumplan con las obligaciones tributarias pertinentes.

La distribución de utilidades de las empresas del sistema financiero se rige por la ley de la materia.

## SERVICIOS PÚBLICOS BÁSICOS
**Artículo 11°.-** El Estado asegura la prestación de servicios públicos básicos promoviendo la participación del sector privado, a fin de mejorar la calidad de los servicios.

## IGUALDAD DE TRATO A INVERSIONISTAS Y EMPRESAS NACIONALES O EXTRANJERAS
**Artículo 12°.-** El Estado no establece tratamientos discriminatorios ni diferenciados en materia cambiaria, precios, tarifas o derechos no arancelarios, entre los inversionistas y las empresas en que éstos participen ni basándose en sectores o tipo de actividades o en la ubicación geográfica de las empresas. Tampoco podrá establecerlos entre las personas naturales nacionales o extranjeras.

Ninguna autoridad, funcionario o empleado del Gobierno Central, Gobiernos Regionales o Locales en cualesquiera de sus niveles, ni empresas del Estado, podrá establecer o aplicar tratamientos discriminatorios ni diferenciados, de conformidad con lo dispuesto en el presente artículo, bajo responsabilidad.

## INVERSIÓN PRIVADA EN ZONAS DE FRONTERA

**Artículo 13°.-** De conformidad con lo prescrito en el último párrafo del artículo 126° de la Constitución Política*, declárase de necesidad nacional la inversión privada, nacional y extranjera, en actividades productivas realizadas o por realizarse en las zonas de frontera del país. En consecuencia, las personas naturales y jurídicas extranjeras podrán adquirir concesiones y derechos sobre minas, tierras, bosques, aguas, combustibles, fuentes de energía y otros recursos que sean necesarios para el desarrollo de sus actividades productivas dentro de cincuenta kilómetros de las fronteras del país, previa autorización otorgada mediante resolución suprema refrendada por el Ministro que ejerza la Presidencia del Consejo de Ministros y el Ministro del Sector correspondiente. Dicha resolución suprema podrá establecer las condiciones a las cuales se sujeta la adquisición o explotación.

Las autoridades sectoriales competentes otorgarán las concesiones y otras formas de autorización para la explotación de recursos naturales ubicados dentro de cincuenta kilómetros de las fronteras del país a favor de las personas naturales o jurídicas extranjeras que lo soliciten, previo cumplimiento de las disposiciones legales aplicables y luego de verificar que se haya expedido la resolución suprema a la que se refiere el párrafo anterior.

## TÍTULO III
## DE LA SEGURIDAD JURÍDICA DE LAS INVERSIONES EN MATERIA TRIBUTARIA

## PRINCIPIO DE LEGALIDAD EN MATERIA TRIBUTARIA

**Artículo 14°.-** El principio constitucional de la legalidad en materia tributaria implica que la creación, modificación y supresión de tributos, así como la concesión de exoneraciones, y otros beneficios tributarios, la determinación del hecho imponible, de los sujetos pasivos del tributo, de los perceptores y retenedores, de las alícuotas correspondientes y de la base imponible, deben ser hechas por ley del Congreso de la República, de acuerdo a lo establecido en el presente artículo.

El principio de legalidad también se cumple en los siguientes casos:

a) Cuando se expiden decretos legislativos al amparo y dentro de los límites establecidos por una ley de delegación de facultades legislativas, la misma que debe determinar expresamente la materia tributaria a tratarse, los alcances de la delegación de facultades y el plazo para el ejercicio de dicha facultad;

b) Cuando los Gobiernos Regionales crean, modifican o suprimen tributos, o exoneran de ellos, al amparo de las facultades que se les delegan por Ley del Congreso de la República, siempre que la Ley de delegación de facultades cumpla con los siguientes requisitos:

1. Que determine la materia específica objeto de delegación, los alcances de la misma y el plazo para el ejercicio de dicha facultad; y,

---

*En la Constitución Política Vigente Art. 71°, que dice: "En cuanto a la propiedad, los extranjeros, sean personas naturales o jurídicas, están en la misma condición que los peruanos, sin que, en caso alguno, puedan invocar excepción ni protección diplomática.

Sin embargo, dentro de cincuenta kilómetros de las fronteras, los extranjeros no pueden adquirir ni poseer, por título alguno, minas, tierras, bosques, aguas, combustibles ni fuentes de energía, directa ni indirectamente, individualmente ni en la sociedad, bajo pena de perder, en beneficio del Estado, el derecho así adquirido. Se exceptúa el caso de necesidad pública expresamente declarada por decreto supremo aprobado por el Consejo de Ministros conforme a ley.

2. En caso de creación de tributos, que establezca expresamente la materia imponible, el hecho generador del tributo, los sujetos pasivos, las exoneraciones y las alícuotas correspondientes, así como el plazo de vigencia del tributo que se autoriza a crear y, de ser el caso, los agentes perceptores o retenedores, iguales requisitos se exigen para la modificación del tributo, en cuanto sean aplicables.

En uso de las potestades impositivas a que se refiere el presente inciso, los tributos creados por los Gobiernos Regionales no podrán contravenir las disposiciones de la legislación nacional. Los Gobiernos Regionales no pueden crear tributos cuya materia imponible esté sujeta a imposición nacional.

c) Cuando los Gobiernos Locales crean, modifican o suprimen contribuciones, arbitrios o derechos o exoneran de ellos, al amparo de las facultades que se les delegan por ley del Congreso de la República, siempre que la ley de delegación de facultades cumpla con los siguientes requisitos:

1. Que determine la materia específica objeto de delegación, los alcances de la misma y el plazo para el ejercicio de dicha facultad; y,

2. En caso de creación de las contribuciones, arbitrios o derechos, que establezca expresamente la materia imponible, el hecho generador del tributo, los sujetos pasivos, así como el plazo de vigencia del tributo que se autoriza a crear y, de ser el caso, los agentes perceptores o retenedores. Iguales requisitos se exigen para la modificación de las contribuciones arbitrios o derechos, en cuanto sean aplicables.

Las contribuciones, arbitrios y derechos se aprueban por Edicto Municipal, conforme a lo establecido en el presente inciso y dentro de los siguientes limites:

2.1 Las contribuciones de mejoras son los pagos obligatorios que deben realizar los contribuyentes a las Municipalidades por los beneficios individuales comprobables que obtengan de la realización de obras públicas.

El rendimiento de las contribuciones solamente será destinado a la recuperación de la inversión realizada en dichas obras públicas o al financiamiento de su mantenimiento;

2.2 Los arbitrios son las tasas que deben pagar obligatoriamente el contribuyente a la Municipalidad en mérito a un servicio público que ésta presta. El monto que se cobre por ese concepto no excederá del costo total de prestación del servicio público y su rendimiento solamente será destinado al financiamiento del mismo;

2.3 Los derechos son las tasas que debe pagar obligatoriamente el contribuyente a la Municipalidad en mérito a un servicio administrativo que ésta la preste.

El monto que se cobre por este concepto no excederá del costo total de prestación del servicio administrativo y su rendimiento solamente será destinado al financiamiento del mismo.

El uso de las potestades impositivas a que se refiere el presente inciso, las contribuciones, arbitrios y derechos creados por los Gobiernos Locales, no podrán gravar la entrada, salida o tránsito de bienes, mercadería, productos y animales, los derechos de peaje o puntazgo que establezcan los Gobiernos Locales solamente podrán gravar el uso por vehículo de la vía pública o de puentes construidos por el Municipio o mantenidos por éste, siempre y cuando tales vías no formen parte de la red vial nacional:

d) Cuando se regulan las tarifas arancelarias por decreto supremo; y,

e) Cuando se modifica la cuantía de los tributos denominados tasas por decreto supremo.

## PRINCIPIO DE PUBLICIDAD EN MATERIA TRIBUTARIA

**Artículo 15º.-** El principio de publicidad en materia tributaria supone que todas las normas tributarias deben ser publicadas en el diario oficial con una anticipación no menor de cinco 05 días calendario al vencimiento de la fecha en que las obligaciones tributarias formales o sustanciales sean exigibles, a fin de permitir el cumplimiento de las mismas por los contribuyentes.

Tratándose de decretos legislativos, los mismos deberán ser publicados dentro del plazo previsto para el ejercicio de las facultades delegadas y con la anticipación indicada en el párrafo anterior.

## RECURSOS DE IMPUGNACIÓN
**Artículo 16°.-** Las empresas y sus inversiones tendrán derecho a acceder en vía de impugnación ante el Tribunal Fiscal o el Tribunal de Aduanas, en su caso, en las materias relativas a los impuestos, contribuciones, tasas, arbitrios, derechos registrales, aranceles, tasas y otros derechos que se cobre por la tramitación de procedimientos administrativos, debiéndose sujetarse al procedimiento de ley. El Tribunal Fiscal o el Tribunal de Aduanas, según corresponda, constituyen la última instancia administrativa.

## TÍTULO IV
## DE LA SEGURIDAD JURÍDICA DE LAS INVERSIONES EN MATERIA ADMINISTRATIVA

### ÁMBITO DE APLICACIÓN
**Artículo 17°.-** El presente título es de aplicación para todos los procedimientos y trámites administrativos que sigan las empresas e inversiones ante las autoridades del Estado. Tales procedimientos deben otorgar certeza en cuanto al curso de las solicitudes, y tendrán como característica la simplicidad y la transparencia de todos los trámites y sus correspondientes requisitos.

### ESTABLECIMIENTO DE TRÁMITES O REQUISITOS ADMINISTRATIVOS

**Artículo 18°.-** Con la finalidad de aliviar las cargas y obligaciones que se imponen a las empresas e inversionistas en su relación con la administración pública e iniciar un efectivo proceso de desburocratización en el país, solamente podrán establecerse trámites o requisitos administrativos mediante Decreto Supremo, Decreto Ejecutivo Regional u Ordenanza Municipal, según se trate del Gobierno Central, los Gobiernos Regionales o los Gobiernos Locales.

### NORMAS SUPLETORIAS

**Artículo 19°.-** El Decreto Supremo N° 006-67-SC-Reglamento de Normas Generales de Procedimientos Administrativos y la Ley N° 25035 – Ley de Simplificación Administrativa, rigen en todo lo que no se oponga a lo prescrito en este título.

## CAPÍTULO II
## DE LA ELIMINACIÓN DE LAS RESTRICCIONES ADMINISTRATIVAS PARA LA INVERSIÓN

### UNIFICACIÓN, REDUCCIÓN Y SIMPLIFICACIÓN DE PROCEDIMIENTOS Y TRÁMITES ADMINISTRATIVOS

**Artículo 20°.-** Los ministerios, instituciones y organismos públicos, y otras entidades de la Administración Pública de cualquier naturaleza, ya sean dependientes del Gobierno Central, Gobiernos Regionales o Locales, están obligadas a aprobar normas legales destinadas a unificar, reducir y simplificar drásticamente todos los procedimientos y trámites administrativos que se siguen ante la respectiva entidad, conforme a lo prescrito en el presente título.

### TEXTO ÚNICO DE PROCEDIMIENTOS ADMINISTRATIVOS

**Artículo 21°.-** Las entidades a que se refiere el artículo anterior deberán aprobar su correspondiente Texto Único de Procedimientos Administrativos (TUPA), en el cual constará obligatoriamente lo siguiente:

a) Todos los procedimientos administrativos que se realicen ante la entidad;

b) Una descripción clara y detallada de los requisitos exigidos para la realización de cada procedimiento administrativo;

c) La calificación de cada trámite según se trate de:

1. Si es de aprobación automática, de acuerdo con lo prescrito en el artículo 24° del presente Decreto Legislativo;

2. Si requiere una evaluación previa de la Administración Pública, en este caso, también deberá determinarse lo siguiente:

2.1.Si vencido el plazo correspondiente procede el silencio administrativo positivo o negativo, conforme a lo prescrito en los artículos 25° y 26° del presente Decreto Legislativo; o,

2.2. Si no procede la aplicación de los plazos ni opera el silencio administrativo, por tratarse de los procedimientos administrativos a que se refiere el artículo 27° del presente Decreto Legislativo.

d) Los casos en que proceda el pago de derechos y el monto de los mismos;

e) La dependencia ante la cual deben presentarse las solicitudes;

f) La autoridad competente para la aprobación de cada trámite; y,

g) Las autoridades o entidades competentes para resolver los recursos impugnativos.

## APROBACIÓN, PUBLICACIÓN Y MODIFICACIÓN DE LOS TUPA

**Artículo 22°.-** Los TUPA a que se refiere el artículo anterior se aprobarán por decreto supremo del sector correspondiente en el caso de entidades dependientes del Gobierno Central; por Decreto Ejecutivo Regional si las entidades dependen de los Gobiernos Regionales, y por Ordenanza Municipal en el caso de los Gobiernos Locales.

Las normas legales a que se refiere el primer párrafo del presente artículo deberán ser aprobadas y publicadas en el diario oficial antes del 30 de junio de 1992, bajo responsabilidad del titular del sector o entidad pertinente, vencido dicho plazo, no podrán ser exigibles a los interesados para la realización de las actividades económicas, todos los procedimientos administrativos, sus requisitos y el pago de los derechos correspondientes que no hayan sido incluidos en el TUPA.

Toda modificación con relación a los procedimientos administrativos que se siguen ante las entidades, a que se refiere el artículo 20° del presente Decreto Legislativo, que implique la creación de nuevos trámites, su evaluación previa, la procedencia del silencio administrativo negativo o el aumento de los requisitos exigidos, deberá referirse al correspondiente TUPA y requerirá ser aprobada por Decreto Supremo, por Decreto Regional y Ordenanza Municipal según se trate de entidades dependientes del Gobierno Central, Gobiernos Regionales o Locales, respectivamente.

Sin perjuicio de lo dispuesto en el párrafo anterior, las disposiciones concernientes a la eliminación de trámites o requisitos podrán aprobarse por resolución ministerial, resolución ejecutiva regional o acuerdo municipal, según se trate de entidades dependientes del Gobierno Central, Gobiernos Regionales o Locales, respectivamente. También deberán referirse al correspondiente TUPA.

Los TUPA deben actualizarse anualmente y publicarse en el diario oficial a más tardar el 30 de junio de cada año, bajo responsabilidad del titular del sector o entidad de que se trate, salvo que el TUPA vigente no haya sufrido modificaciones, lo cual deberá ser dado a conocer a los interesados mediante aviso publicado en el diario oficial.

En caso contrario, será de aplicación lo dispuesto en el segundo párrafo del presente artículo.*

---

* Por Decreto Ley N° 25587, publicado el 28/06/92, se prorrogó por noventa (90) días

## EXIGENCIAS MÁXIMAS. RESPONSABILIDAD

**Artículo 23º.-** Solamente podrá exigirse a los interesados el cumplimiento de los procedimientos administrativos, no podrán requerirse otra información, documentación o pago que no conste en los mismos bajo responsabilidad del funcionario que lo exija.

## APROBACIÓN AUTOMÁTICA DE SOLICITUDES

**Artículo 24º.-** Las solicitudes presentadas ante las distintas entidades de la Administración Pública a que se refiere el artículo 20º del presente Decreto Legislativo, se considerarán automáticamente aprobadas el mismo día de la presentación del recurso o formato correspondientes, siempre que se cumpla con los requisitos y se entregue la documentación completa exigidos por el TUPA para cada caso.

Para efectos de lo dispuesto en el párrafo anterior, bastará como constancia de la aprobación automática de la solicitud, la copia del recurso o formato que haya presentado el interesado, que contenga el sello oficial de recepción.

## EVALUACIÓN PREVIA DE PROCEDIMIENTOS ADMINISTRATIVOS

**Artículo 25º.-** En casos excepcionales, podrá establecerse que los procedimientos administrativos requerirán de evaluación previa, lo que se deberá expresar en el TUPA. En estos casos, la entidad pertinente contará con un plazo máximo de 30 días calendario para emitir el pronunciamiento correspondiente, contados a partir de la fecha de la presentación de la solicitud o formato. Transcurrido dicho plazo sin que medie pronunciamiento definitivo, el trámite se considerará aprobado.

## DENEGACIÓN DE SOLICITUD O FORMATO EN CASOS CALIFICADOS

**Artículo 26º.-** Solamente en casos debidamente calificados se podrá establecer que la solicitud o formato se considerará denegada una vez transcurrido el plazo a que se refiere el artículo anterior, a efectos de que el interesado interponga los recursos administrativos pertinentes, lo que deberá figurar en el TUPA.

## EXCEPCIÓN DE DETERMINADOS PROCEDIMIENTOS

**Artículo 27º.-** No son de aplicación obligatoria a los procedimientos tributarios, a los procedimientos administrativos que resuelvan cuestiones contenciosas entre dos o más participantes, a los procedimientos para la enajenación o adquisición de bienes y servicios por o para el Estado, ni aquellos referidos al otorgamiento de concesiones para obras de infraestructura, las disposiciones contenidas en los artículos 24º, 25º, 26º, 28º y 32º del presente Decreto Legislativo.

## SUBSANACIÓN DE DEFECTO U OMISIÓN EN SOLICITUDES O FORMATOS

**Artículo 28º.-** Las solicitudes o formatos para la realización de procedimientos administrativos que se siguen ante las distintas entidades de la Administración Pública que se presenten sin cumplir con los correspondientes requisitos, deberán recibirse bajo condición de ser subsanado el defecto u omisión en el término de 48 horas, anotándose en el escrito y en la copia dicha

---

calendario el plazo señalado para la aprobación y publicación del respectivo TUPA. Posteriormente, por disposición del Decreto Ley Nº 26111, publicada el 30/12/92, se vuelve a prorrogar hasta el 31/04/93. La nueva prórroga y plazo definitivo se establecen por Decreto Supremo Extraordinario Nº 062-93-PCM, publicado el 01/06/93, señalándose como término el 30/07/93.

circunstancia. Transcurrido el referido plazo sin que el defecto u omisión fuera subsanado, el documento se tendrá por no presentado y se devolverá al interesado.

## CARÁCTER DE DECLARACIÓN JURADA DE DOCUMENTOS
**Artículo 29°.-** Todo documento, solicitud o información que se presente a las entidades a que se refiere el artículo 22° del presente Decreto Legislativo para la realización de procedimientos administrativos, tendrá carácter de declaración jurada y deberá estar refrendado por el interesado o su representante, quienes serán responsables de la veracidad de las informaciones y la autenticidad de los documentos presentados, bajo pena de incurrir en los delitos contra la fe pública tipificados en el título XIX del Código Penal, según corresponda y sin perjuicio de la fiscalización posterior de carácter administrativo.

## COBRO DE DERECHOS. FORMULARIOS O FORMATOS
**Artículo 30°.-** Las entidades a que se refiere el artículo 22° del presente Decreto Legislativo sólo podrán cobrar los derechos que consten en el TUPA por la realización de procedimientos administrativos.
El cobro de estos derechos procederá únicamente cuando dichos procedimientos sean seguidos a solicitud de parte, y siempre que la tramitación correspondiente implique para la entidad la prestación de un servicio inherente a dicho trámite. El monto de los derechos no podrá exceder del costo real del servicio, sustentado por la oficina de administración de la entidad competente, bajo responsabilidad.
Cuando el TUPA exija la presentación de formularios o formatos, la Administración Pública aceptará la presentación de copias simples de los formatos correspondientes en reemplazo de los originales, salvo que estos últimos sean de distribución gratuita y estén a disposición de los interesados.

## PROHIBICIÓN A LAS ENTIDADES DE PEDIR COPIAS DE DOCUMENTOS
**Artículo 31°.-** Las entidades a que se refiere el artículo 20° del presente Decreto Legislativo no podrán solicitar las copias de documentos que hayan sido expedidos por la misma entidad, ni documentación que haya sido presentada con anterioridad por el interesado ante dicha entidad que no haya perdido su validez o vigencia, según esté establecida en el mismo documento.

## VALOR DE LAS COPIAS DE DOCUMENTOS, TRADUCCIONES
**Artículo 32°.-** Las copias de documentos, estén o no certificadas por notarios, funcionarios o servidores públicos en el ejercicio de sus funciones, tendrán el mismo valor que los originales para el cumplimiento de los requisitos correspondientes a los procedimientos administrativos seguidos ante cualquier entidad de la Administración Pública a que se refiere el artículo 20° del presente Decreto Legislativo. Dichas entidades no exigirán la presentación de traducciones oficiales bastando que se presente traducción simple bajo responsabilidad solidaria del traductor y el interesado.

## HORARIO DE ATENCIÓN PÚBLICA
**Artículo 33°.-** La presentación de documentos o recursos, el retiro de notificaciones, certificados, pronunciamientos o descuentos, el requerimiento de información por los interesados, así como cualquier otra gestión de carácter administrativo, deberá de realizarse durante el horario de atención pública. Por ningún motivo las entidades de la Administración Pública fraccionarán su horario de atención para dedicar una parte del tiempo a atender sólo determinados asuntos.

## OFICINA DE TRÁMITE DOCUMENTARIO
**Artículo 34°.-** Las entidades de la Administración Pública a que se refiere el artículo 20° del presente Decreto Legislativo deberán establecer una sola oficina de trámite documentario, a

través de la cual los interesados realizarán todas las gestiones y obtendrán la información que requieran para la realización de los procedimientos administrativos.

## CAPÍTULO III
## DE LA TRANSPARENCIA EN LA TRAMITACIÓN DE PROCEDIMIENTOS ADMINISTRATIVOS

### SUMINISTRO DE INFORMACIÓN A LOS PARTICULARES
**Artículo 35°.-** Los documentos, antecedentes, estudios, dictámenes, opiniones, datos estadísticos y toda otra información que las entidades del sector público tengan en su poder, debe ser suministrado a los particulares que así lo soliciten. En caso de ser necesaria la expedición de copias, los interesados deberán sufragar los correspondientes gastos. Quedan exceptuadas la documentación e información que puedan afectar a la seguridad nacional y las relaciones exteriores, las que tengan alcances y circulación meramente internos de la administración pública, y las correspondientes a los particulares que tengan carácter reservado conforme a los dispositivos legales vigentes o que se refieran a secretos comerciales o tecnológicos.

### FALTA DISCIPLINARIA. RECURSO DE QUEJA
**Artículo 36°.-** Los funcionarios y servidores públicos que incumplan las disposiciones contenidas en el artículo 24° del presente Decreto Legislativo, incurrirán en falta disciplinaria sancionable de conformidad con lo dispuesto en el artículo 26° del Decreto Legislativo N° 276. Los interesados podrán interponer, indistinta o conjuntamente, el recurso de queja a que se refiere el artículo 108° del Decreto Supremo N° 006-67-SC, dirigirse al órgano de control interno de la entidad respectiva, o interponer el recurso de queja ante el Fiscal de la Nación a que se refiere el artículo 67° del Decreto Legislativo N° 52, sin perjuicio de las acciones civiles o penales a que hubiera lugar.

### DENUNCIA DE CORRUPCIÓN
**Artículo 37°.-** Las personas a quienes los funcionarios y servidores públicos soliciten un donativo, una promesa o cualquier ventaja indebida para favorecer, realizar u omitir un trámite, ya sea en cumplimiento o en violación de sus funciones, podrán denunciar tales hechos, indistinta o conjuntamente, al órgano de control interno de la entidad respectiva o al Ministerio Público, conforme a lo dispuesto en los artículos 11°, 12° y 13° del Decreto Legislativo N° 52, sin perjuicio de las acciones civiles o penales a que hubiera lugar.

## TÍTULO V
## DE LA ESTABILIDAD JURÍDICA DE LAS INVERSIONES

## CAPÍTULO PRIMERO
## DE LOS CONVENIOS DE ESTABILIDAD JURÍDICA

### IGUALDAD DE TRATO PARA INVERSIONISTAS NACIONALES Y EXTRANJEROS
**Artículo 38°.-** El presente artículo otorga a los inversionistas nacionales y a las empresas en que éstos participan, un tratamiento igual al establecido en el Título II del Decreto Legislativo N° 662, de manera tal que las indicadas disposiciones y las contenidas en este capítulo son aplicables en la misma medida a los inversionistas nacionales y extranjeros y a las empresas en que éstos participan.

### CONVENIOS DE ESTABILIDAD JURÍDICA

**Artículo 39º.-** Los convenios de estabilidad jurídica se celebran al amparo del artículo 1357º del Código Civil y tienen la calidad de contratos con fuerza de ley, de manera que no pueden ser modificados o dejados sin efecto unilateralmente por el Estado. Tales contratos tienen carácter civil y no administrativo, y sólo podrán modificarse o dejarse sin efecto por acuerdo entre las partes.

## ESTABILIDAD TRIBUTARIA PARA LA INVERSIÓN EXTRANJERA
**Artículo 40º.-** Los convenios que se celebran al amparo del artículo 12º del Decreto Legislativo Nº 662 pueden tener por objeto también garantizar la estabilidad del régimen tributario aplicable a las empresas receptoras de la inversión, exclusivamente en cuanto a los impuestos cuya materia imponible esté constituida por la renta de las empresas, siempre y cuando el monto total de las nuevas inversiones, recibidas por la empresa sea mayor al 50% de su capital y reservas y esté destinado a la ampliación de la capacidad productiva o el mejoramiento tecnológico. Asimismo, se podrá celebrar tales convenios cuando se trate de la transferencia de más del 50% de las acciones de las empresas comprendidas en la actividad empresarial del Estado.

## ESTABILIDAD JURÍDICA A LA INVERSIÓN EXTRANJERA
**Artículo 41º.-** Los Convenios de Estabilidad que se celebren al amparo del título II del Decreto Legislativo Nº 662 pueden tener por objeto también garantizar la estabilidad del régimen tributario aplicable a los contratos de arrendamiento financiero, siempre que el valor de los bienes objeto del contrato no sea inferior a US$ 2,000.000; o siendo menor, con un límite no inferior a US$ 500.000, la adquisición de los bienes determine la generación directa o indirecta de más de veinte puesto de trabajo permanente o no menos de US$ 2,000.000 de ingreso de divisas por concepto de exportaciones durante los tres años siguientes a la suscripción del convenio, sin que exista obligación de aporte de capital o plazos mínimos.

## CESIÓN DE POSICIÓN CONTRACTUAL
**Artículo 42º.-** El Estado podrá aprobar la cesión de posición contractual realizada por un inversionista a favor de otro inversionista con respecto al convenio de estabilidad jurídica que hubiera celebrado.

## TRÁMITES Y PROCEDIMIENTOS ADMINISTRATIVOS
**Artículo 43º.-** Todos los trámites y procedimientos relativos a los convenios de estabilidad jurídica que sigan los inversionistas nacionales, se realizarán ante la dependencia que designe el Ministerio del Sector correspondiente.

## GOBIERNOS REGIONALES Y LOCALES
**Artículo 44º.-** Los Gobiernos Regionales y Locales podrán celebrar convenios de estabilidad jurídica con los inversionistas que efectúen inversiones en sus respectivas jurisdicciones, y con las empresas establecidas o que se establezcan en ellas, exclusivamente con respecto a las materias de su competencia.

## ACOGIMIENTO A OTROS REGÍMENES DE ESTABILIDAD
**Artículo 45º.-** Los derechos, garantías y seguridades contempladas en el presente capítulo no limitan en forma alguna la facultad de los inversionistas o empresas de acogerse también a regímenes previstos en otros dispositivos legales.

## CAPÍTULO SEGUNDO

## DE LOS SEGUROS DE LA INVERSIÓN PRIVADA

**LIBERTAD DE CONTRATACIÓN**
**Artículo 46°.-** Todo inversionista está facultado para contratar, dentro y fuera del país, seguros que cubran sus inversiones contra riesgos comerciales y no comerciales.

**AGENCIA MULTILATERAL DE GARANTÍA DE INVERSIONES**
**Artículo 47°.-** El Estado facilita a los inversionistas la cobertura de sus inversiones por la Agencia Multilateral de Garantía de Inversiones (MIGA) del Banco Mundial, u otras entidades similares, de las cuales el Perú forma parte. En consecuencia, el Estado tomará las acciones y presentará los documentos requeridos para tal efecto, en el caso de los inversionistas extranjeros. El Estado presta su conformidad a la cobertura solicitada por los inversionistas.

## CAPÍTULO TERCERO
## DE LA SOLUCIÓN DE CONTROVERSIAS RELATIVAS A LA INVERSIÓN

**SOMETIMIENTO A ARBITRAJE NACIONAL O INTERNACIONAL**
**Artículo 48°.-** En sus relaciones con particulares el Estado, sus dependencias, el Gobierno Central, los Gobiernos Regionales y Municipales y otras personas de derecho público, así como las empresas comprendidas en la actividad empresarial del Estado, podrán someter a arbitraje nacional e internacional, de los cuales el Perú es parte, toda controversia referida a sus bienes y obligaciones, siempre que deriven de una relación jurídica patrimonial de derecho privado o de naturaleza contractual.

## TÍTULO VI
## DE LA SEGURIDAD JURÍDICA EN LA CONSERVACIÓN DEL MEDIO AMBIENTE

**PAPEL DEL ESTADO**
**Artículo 49°.-** El Estado estimula el equilibrio racional entre el desarrollo socio-económico, la conservación del medio ambiente y el uso sostenido de los recursos naturales, garantizando la debida seguridad jurídica a los inversionistas mediante el establecimiento de normas claras de protección del medio ambiente.
En consecuencia, el Estado promueve la participación de empresas o instituciones privadas en las actividades destinadas a la protección del medio ambiente y la reducción de la contaminación ambiental.

**AUTORIDADES SECTORIALES COMPETENTES**
**Artículo 50°.-** Las autoridades sectoriales competentes para conocer sobre los asuntos relacionados con la aplicación de las disposiciones del Código del Medio Ambiente y los Recursos Naturales son los Ministerios o los organismos fiscalizadores, según sea el caso, de los sectores correspondientes a las actividades que desarrollan las empresas, sin perjuicio de las atribuciones que correspondan a los Gobiernos Regionales y Locales conforme a lo dispuesto en la Constitución Política. (*Párrafo modificado por la Novena Disposición Complementaria de la Ley N° 26734 publicado el 31/12/96*).
En caso de que la empresa desarrollara dos o más actividades de competencia de distintos sectores, será la autoridad sectorial competente la que corresponda a la actividad de la empresa por la que se generen mayores ingresos brutos anuales.

**ESTUDIOS DE IMPACTO AMBIENTAL**
**Artículo 51°.-** La Autoridad Sectorial Competente comunicará al Consejo Nacional del Ambiente – CONAM, sobre las actividades a desarrollarse en su sector, que por su riesgo ambiental, pudieran exceder los niveles o estándares tolerables de contaminación o deterioro del ambiente,

las que obligatoriamente deberán presentar estudios de impacto ambiental previos a su ejecución y, sobre los límites máximos permisibles del impacto ambiental acumulado.

Asimismo, propondrá al Consejo Nacional del Ambiente – CONAM:

a) Los requisitos para la elaboración de los Estudios de Impacto Ambiental y Programas de Adecuación del Manejo Ambiental;

b) El trámite para la aprobación de dichos estudios, así como la supervisión correspondiente; y,

c) Las demás normas referentes al Impacto Ambiental.

Con la opinión favorable del CONAM, las actividades y límites permisibles del Impacto Ambiental acumulado, así como las propuestas mencionadas en el párrafo precedente serán aprobados por el Consejo de Ministros, mediante Decreto Supremo.

Los estudios de Impacto Ambiental y Programas de Adecuación del Manejo Ambiental serán realizados por empresas o instituciones que se encuentren debidamente calificadas e inscritas en el registro que para el efecto abrirá la Autoridad Sectorial Competente. *(Artículo modificado por la Ley N° 26786, publicada el 13/05/97).*

## PELIGRO GRAVE O INMINENTE PARA EL MEDIO AMBIENTE

**Artículo 52°.-** En los costos de peligro grave o inminente para el medio ambiente, la Autoridad Sectorial Competente, con conocimiento del CONAM, podrá disponer la adopción de una de las siguientes medidas de seguridad por parte del titular de la actividad *(Párrafo modificado por la Ley N° 26786, publicada el 13/05/97).*:

a) Procedimientos que hagan desaparecer el riesgo o lo disminuyan a niveles permisibles, estableciendo para el efecto los plazos adecuados en función a su gravedad e inminencia; o,

b) Medidas que limiten el desarrollo de las actividades que generen peligro grave e inminente para el medio ambiente.

En caso de que el desarrollo de las actividades fuera capaz de causar un daño irreversible con peligro grave para el medio ambiente, la vida o la salud de la población, la autoridad sectorial competente podrá suspender los permisos, licencias o autorizaciones que hubiera otorgado para el efecto.

## ABASTECIMIENTO DE AGUA POTABLE Y ALCANTARILLADO

**Artículo 53°.-** Las empresas que presten servicios de abastecimiento de agua potable y alcantarillado deberán contar con la correspondiente certificación de que cumplen con las normas de calidad física, química y bacteriológica de agua potable y las condiciones de tratamiento de desagüe para su disposición final. Los directores de dichas empresas, en caso de que la misma no cuente con los certificados de calidad con la periodicidad requerida por el Ministerio de Salud, incurrirán en el delito previsto en el artículo 305° del Código Penal.

El control de calidad del agua para consumo humano está a cargo de empresas o instituciones públicas o privadas especializadas en saneamiento ambiental, que serán debidamente calificadas y registradas en un Registro Especial que para efecto abrirá el Ministerio de Salud, el que establecerá los requisitos que deberán cumplirse para el efecto y supervisará las actividades de las referidas empresas o instituciones.

## ÁREA NATURAL PROTEGIDA

**Artículo 54°.-** La calidad de área natural protegida solamente puede otorgarse por decreto supremo que cumple con el voto aprobatorio del Consejo de Ministros. Las áreas naturales protegidas pueden ser nacionales, regionales o locales, según el Gobierno que las administre, lo que será determinado en el decreto de su creación. Las políticas de manejo de dichas áreas las fijará el Gobierno Nacional.

El establecimiento de áreas naturales protegidas no tiene efectos retroactivos ni afecta los derechos adquiridos con anterioridad a la creación de las mismas.

## INTERNACIÓN DE RESIDUOS O DESECHOS PELIGROSOS O RADIOACTIVOS

**Artículo 55º.-** Está prohibido internar al territorio nacional residuos o desechos, cualquiera sea su origen o estado material, que por su naturaleza, uso o fines, resultare peligrosos o radiactivos. Por decreto supremo que cuente con el voto aprobatorio del Consejo de Ministros se establecerá la relación de dichos bienes. El internamiento de cualquier otro tipo de residuos o desechos sólo podrá estar destinado a su reciclaje, reutilización o transformación.

## ADJUDICACIÓN DE TIERRAS CON FINES DE ECOTURISMO

**Artículo 56º.-** El Estado puede adjudicar tierras con fines de ecoturismo a particulares, en propiedad o en uso, previa presentación del denuncio correspondiente.

## DISPOSICIONES COMPLEMENTARIAS

## ADOPCIÓN DE MEDIDAS DE RECONVERSIÓN EMPRESARIAL PARA LA COMPETITIVIDAD

**PRIMERA.-** Las medidas excepcionales de interés nacional que deben adaptarse en vías de reconversión empresarial para adecuar la situación de las empresas a los cambios en el entorno mundial y las acciones conducentes para lograr la competitividad de los sectores productivos nacionales frente a los productores internacionales y, en especial, como consecuencia de los acuerdos internacionales en el ámbito latinoamericano y de los países integrantes del Pacto Andino, se rigen por los siguientes principios:

- Los fundamentos del régimen económico de la República, previstos en el artículo 110º de la Constitución Política;
- El cumplimiento de los tratados, en particular los relativos a la integración a que se refieren los artículos 100º, 101º y 106º de la Constitución Política; y,
- El deber de todos los peruanos de contribuir al bien común.

## INCREMENTO EN PRECIOS Y TARIFAS Y MEJORAS REMUNERATIVAS

**SEGUNDA.-** Los incrementos en precios y tarifas o las mejoras remunerativas se sujetarán a las siguientes reglas:

a) Los precios y tarifas que por mandato legal sean fijados administrativamente se reajustarán teniendo en consideración factores económicos y no sistemas o métodos de reajuste automáticos basados en índices de variación de precios; y,

b) Los pactos o convenios colectivos de trabajo no podrán contener sistemas de reajuste automático de remuneraciones fijados en función a índices de variación de precios, o ser pactados o referidos a moneda extranjera.

Los trabajadores del régimen de la actividad privada regidos total o parcialmente por normas, pactos o cláusulas de dicha índole, tienen derecho a solicitar el reajuste de sus remuneraciones y la mejora de las condiciones de trabajo a través del procedimiento de la negociación colectiva, al igual que los demás trabajadores del régimen común de la actividad privada, debiendo considerarse, entre otros factores, el incremento de la producción y la productividad *(Párrafo sustituido por el Decreto Ley Nº 25541, publicado el 11/06/92).*

## REGISTRO DE BIENES MUEBLES DE LOS SISTEMAS DE ADMINISTRACIÓN DE FONDOS COLECTIVOS

**TERCERA.-** Con el objeto de promover las inversiones privadas en los sistemas de administración de fondos colectivos y de garantizar su adecuado funcionamiento, créase el Registro de Bienes Muebles en los Sistemas de Administración de Fondos Colectivos, el que estará a cargo de la Comisión Nacional Supervisora de Empresas y Valores.

Por decreto supremo, refrendado por el Ministro de Economía y Finanzas, deberá aprobarse el Reglamento del Registro a que se refiere el párrafo anterior en un plazo que no excederá de 60 días calendario.

Para efectos del cálculo de los derechos a que se refiere el artículo 4° del Decreto Ley N° 23186, no se tomará en cuenta las cuotas capitales de las empresas administradoras de fondos colectivos, por cuanto no constituyen ingresos efectivos de las mismas.

## CONSEJO DIRECTIVO DE ASOCIACIONES CIVILES
**CUARTA.-** En las asociaciones civiles, para la inscripción en el registro pertinente de los integrantes del Consejo Directivo, bastará la presentación de copia del acta de la Asamblea General de Asociados en la que consta dicho acuerdo. Igualmente, en el caso de gerentes y demás apoderados, bastará la presentación de la copia del acta del órgano competente. Esta disposición rige para todas las inscripciones que se realicen a partir de la fecha de vigencia del presente Decreto Legislativo, aunque los acuerdos o nombramientos se hubieran producido anteriormente.

## APODERADOS DE ENTIDADES EXTRANJERAS
**QUINTA.-** Precísase que las entidades del extranjero pueden realizar negocios en el país mediante apoderados con facultades especiales o generales, para lo cual pueden contratar personal y obtener los registros laborales y de otra índole que sean necesarios para el desarrollo de sus actividades. El nombramiento de los apoderados de dichas entidades se inscribe en el Registro Mercantil, para lo cual se abrirá partidas especiales en cada caso.

## DONACIÓN DE BIENES MUEBLES E INMUEBLES
**SEXTA.-** Entiéndase que a toda mención a "sueldos mínimos vitales mensuales" hecha en los artículos 1623°, 1624° y 1625° del Código Civil, se entenderá referida a Unidades Impositivas Tributarias (UIT).

## CAUSAL DE DISOLUCIÓN DE SOCIEDADES
**SÉTIMA.-** Sustitúyase el inciso 3) del artículo 359° de la Ley General de Sociedades, cuyo texto único ordenado ha sido aprobado por el Decreto Supremo N° 003-85-JUS, por el siguiente:
*"3. Perdidas que, al cierre del ejercicio social, reduzcan el patrimonio social a cantidad inferior a la tercera parte del capital, salvo que se reintegre o se reduzca, o que los accionistas directamente o por intermedios de terceros otorguen garantía en beneficio de los acreedores de la sociedad, que cuente con la aceptación de estos, por un monto equivalente al de la reducción del patrimonio social".*

**OCTAVA.-** *(Derogada por el Decreto Ley N° 26092, publicada el 28/12/92. El artículo preceptuaba: "Agréguese al artículo 8° de la Ley N° 23323 el siguiente párrafo: En ningún caso el monto a pagar al Fondo Mutual por un contrato excederá de 5 Unidades Impositivas Tributarias -UIT").*

## AUTORIDAD COMPETENTE EN MATERIA AMBIENTAL
**NOVENA.-** Toda mención hecha en el Decreto Legislativo N° 613 – Código del medio Ambiente y los Recursos Naturales a "autoridades", "autoridad competente" o "autoridad ambiental" se entenderán referidos a la autoridad sectorial competente, es decir, al Ministerio del Sector correspondiente a la actividad que se desarrolla.

Asimismo, toda prohibición hecha en dicha norma legal de contaminar el medio ambiente, se entenderá referida a la que exceda los niveles tolerables de contaminación establecidos para cada efluente por la autoridad sectorial competente, tomando en consideración la degradación acumulativa.

**ACCIONES INTERPUESTAS EN DEFENSA DEL MEDIO AMBIENTE**
**DÉCIMA.-** Sustitúyase el artículo 137º del Decreto Legislativo Nº 613 por el siguiente:
*"Artículo 137º - Las acciones interpuestas en defensa del medio ambiente o cuya materia principal tiene dicho propósito, son ejercidas ante el juez del lugar donde se afectó el derecho o donde tiene su domicilio el demandado".*

**ACCIONES EN MATERIA AMBIENTAL DESESTIMADAS**
**DÉCIMA PRIMERA.-** Quien inicie una acción ante el Poder Judicial al amparo de lo dispuesto en el segundo párrafo del artículo 3º del título preliminar del Decreto Legislativo Nº 613 que sea desestimada, será responsable por los daños y perjuicios que hubiera causado.

**IMPUESTO SELECTIVO AL CONSUMO DE COMBUSTIBLES**
**DÉCIMA SEGUNDA.-** Quedan exceptuadas del plazo dispuesto en el artículo 15º del presente Decreto Legislativo, las normas legales por medio de las cuales se fija el Impuesto Selectivo al Consumo que afecta a los combustibles.

**PUBLICIDAD COMERCIAL PRODUCIDA EN EL EXTRANJERO**
**DÉCIMA TERCERA.-** La publicidad comercial producida o elaborada en el extranjero que se transmita por cualquier medio de comunicación en el país, deberá cumplir previamente con el pago de los tributos correspondientes.
Para los efectos de la valorización y de la aplicación de las tarifas arancelarias, tal publicidad tendrá el tratamiento de las películas cinematográficas a ser exhibidas en el Perú en cuanto resulte aplicable.
Los medios de comunicación que transmitan publicidad comercial producida o elaborada en el extranjero exigirán la acreditación del pago de los tributos correspondientes.

## DISPOSICIONES TRANSITORIAS

**INSPECCIÓN  Y CONTROL DE PRODUCTOS FARMACÉUTICOS**
**PRIMERA.-** La Autoridad de Salud supervigilará la inspección y control de los productos farmacéuticos, los mismos que deberán responder en sus análisis cualitativos y cuantitativos a la fórmula declarada por el fabricante.
La inspección y control de los productos farmacéuticos estará a cargo de empresas o instituciones públicas o privadas especializadas, debidamente calificadas y registradas por el Ministerio de Salud.
Queda prohibida la fabricación, importación, tenencia y transferencia a cualquier título de productos farmacéuticos contaminados, adulterados, falsificados o alterados.
El presente artículo mantendrá su vigencia en tanto se dicten por decretos supremos las nuevas disposiciones que regulen dichas materias, las mismas que no podrán establecer mayores condicionamientos que los contemplados en el artículo 12º del Decreto Legislativo Nº 668.*

**INSOLVENCIA DE LA SOCIEDAD**
**SEGUNDA.-** Suspéndase hasta el 31 de diciembre de 1997, lo dispuesto en el último párrafo del artículo 169º, en el segundo párrafo del artículo 222º y en el inciso 3) del artículo 359º del Texto Único Ordenado de la Ley General de Sociedades, aprobada por Decreto Supremo Nº 003-85-

---

\* Derogada al publicarse el Decreto Ley Nº 25596, el 04/07/92, que estableció los requisitos para la obtención del Registro Sanitario y de la autorización para la importación y comercialización de medicamentos genéricos.

JUS. *(Sustituida por el artículo 1° de la Ley N° 26395, publicada el 22/11/94 y posteriormente por el artículo 1° de la Ley N° 26724 publicada el 29/12/96).*

## SISTEMAS PARA LA FIJACIÓN DE TARIFAS PÚBLICAS
**TERCERA.-** Las disposiciones contenidas en leyes y decretos legislativos que establezcan o regulen sistemas para la fijación de tarifas públicas, que se encuentren vigentes a la fecha de entrada en vigor del presente Decreto Legislativo, subsistirán hasta que por decreto supremo se adecúen a lo prescrito en el primer párrafo del artículo 4° de esta norma legal.

## DERECHOS POR REALIZACIÓN DE PROCEDIMIENTOS ADMINISTRATIVOS
**CUARTA.-** En tanto no sea aprobado el respectivo TUPA a que se refiere el capítulo II del título IV del presente Decreto Legislativo, las dependencias de la Administración Pública, sean del Gobierno Central, los Gobiernos Regionales o Locales, no podrán elevar los derechos por la realización de procedimientos administrativos vigentes a la fecha de entrada en vigor de este Decreto Legislativo.

## DERECHOS COBRADOS A INVERSIONISTAS EXTRANJEROS
**QUINTA.-** Precísase que las disposiciones contenidas en los artículos 5° y 29° del Decreto Legislativo N° 662 implican que los derechos, tasas o aranceles administrativos cobrados a inversionistas extranjeros deben ser reducidos a los niveles de los cobrados a los nacionales al momento de la entrada en vigencia del Decreto Legislativo N° 662.

## DISPOSICIONES FINALES

### DEROGATORIA
**PRIMERA.-** Deróguese las siguientes disposiciones legales:

a) El artículo V del título preliminar, los artículos 8°, 17°, 56°, 57°, 89°, 107°, y 115° y los capítulos XXI y XXII del Decreto Legislativo N° 613.

b) La Ley N° 25200, el artículo 19° de la Ley N° 25185 y el Decreto Supremo N° 014-89-PE.

c) El inciso 1) del artículo 1599° y el inciso 2) del artículo 1913° del Código Civil.

d) Los Decretos Supremos N° 020-90-TR, 021-90-TR y el inciso c) del artículo 1° del Decreto Supremo N° 034-90-TR.

e) Los Decretos Supremos N° 399-86-EF, 400-86-EF, 226-90-EF, 254-90-EF y demás disposiciones complementarias, modificatorias y reglamentarias; y,

f) Toda otra norma legal que se oponga a lo dispuesto en el presente Decreto Legislativo.

### IMPORTACIÓN DE LECHE EN POLVO Y DEMAS INSUMOS LACTEOS
**SEGUNDA.-** Manténgase la vigencia de lo dispuesto en la Décima Quinta Disposición Complementaria del Decreto Legislativo N° 653.

Lo establecido en el artículo 12° del presente Decreto Legislativo no comprende las disposiciones vigentes en defensa del productor agrario, incluyendo los derechos específicos, sobretasas y cláusulas de salvaguardia.

### ENTRADA EN VIGENCIA
**TERCERA.-** El presente Decreto Legislativo entrará en vigencia treinta días después de su publicación en el diario oficial "El Peruano".

# LEGISLACIÓN EXTRANJERA

## CONVENCIÓN DE WASHINGTON
## CONVENIO SOBRE ARREGLO DE DIFERENCIAS RELATIVAS A INVERSIONES ENTRE ESTADOS Y NACIONALES DE OTROS ESTADOS

---

**PREÁMBULO**

**Los Estados Contratantes**

**Considerando** la necesidad de la cooperación internacional para el desarrollo económico y la función que en ese campo desempeñan las inversiones internacionales de carácter privado;

**Teniendo** en cuenta la posibilidad de que a veces surjan diferencias entre Estados Contratantes y nacionales de otros Estados Contratantes en relación con tales inversiones;

**Reconociendo** que aun cuando tales diferencias se someten corrientemente a sistemas procesales nacionales, en ciertos casos el empleo de métodos internacionales de arreglo puede ser apropiado para su solución;

**Atribuyendo** particular importancia a la disponibilidad de medios de conciliación o arbitraje internacionales a los que puedan los Estados Contratantes y los nacionales de otros Estados Contratantes, si lo desean, someter dichas diferencias;

**Deseando** crear tales medios bajo los auspicios del Banco Internacional de Reconstrucción y Fomento;

**Reconociendo** que el consentimiento mutuo de las partes en someter dichas diferencias a conciliación o a arbitraje a través de dichos medios constituye un acuerdo obligatorio, lo que exige particularmente que se preste la debida consideración a las recomendaciones de los conciliadores y que se cumplan los laudos arbitrales; y

**Declarando** que la mera ratificación, aceptación o aprobación de este Convenio por parte del Estado Contratante, no se reputará que constituye una obligación de someter ninguna diferencia determinada a conciliación o arbitraje, a no ser que medie el consentimiento de dicho Estado;

**Han acordado lo siguiente:**

## CAPÍTULO I
## CENTRO INTERNACIONAL DE ARREGLO DE DIFERENCIAS RELATIVAS A INVERSIONES

### Sección 1
### Creación y Organización

**Artículo 1**

**(1)** Por el presente Convenio se crea el Centro Internacional de Arreglo de Diferencias Relativas a Inversiones (en lo sucesivo llamado el Centro).

**(2)** El Centro tendrá por objeto facilitar la sumisión de las diferencias relativas a inversiones entre Estados Contratantes y nacionales de otros Estados Contratantes a un procedimiento de conciliación y arbitraje de acuerdo con las disposiciones de este Convenio.

**Artículo 2**

La sede del Centro será la oficina principal del Banco Internacional de Reconstrucción y Fomento (en lo sucesivo llamado el Banco). La sede podrá trasladarse a otro lugar por decisión del Consejo Administrativo adoptada por una mayoría de dos terceras partes de sus miembros.

**Artículo 3**

El Centro estará compuesto por un Consejo Administrativo y un Secretariado, y mantendrá una Lista de Conciliadores y una Lista de Árbitros.

## Sección 2
## El Consejo Administrativo

**Artículo 4**

**(1)** El Consejo Administrativo estará compuesto por un representante de cada uno de los Estados Contratantes. Un suplente podrá actuar con carácter de representante en caso de ausencia del titular de una reunión o de incapacidad del mismo.

**(2)** Salvo en caso de designación distinta, el gobernador y el gobernador suplente del Banco nombrados por un Estado Contratante serán *ex officio* el representante y el suplente de ese Estado, respectivamente.

**Artículo 5**

El Presidente del Banco será ex *officio* Presidente del Consejo Administrativo (en lo sucesivo llamado el Presidente) pero sin derecho a voto. En caso de ausencia o incapacidad para actuar y en caso de vacancia del cargo de Presidente del Banco, la persona que lo sustituya en el Banco actuará como Presidente del Consejo Administrativo.

**Artículo 6**

**(1)** Sin perjuicio de las demás facultades y funciones que le confieren otras disposiciones de este Convenio, el Consejo Administrativo tendrá las siguientes:

**(a)**     adoptar los reglamentos administrativos y financieros del Centro;

**(b)**     adoptar las reglas de procedimiento a seguir para iniciar la conciliación y el arbitraje;

**(c)**     adoptar las reglas procesales aplicables a la conciliación y al arbitraje (en lo sucesivo llamadas Reglas de Conciliación y Reglas de Arbitraje);

**(d)**     aprobar los arreglos con el Banco sobre la utilización de sus servicios administrativos a instalaciones;

**(e)**     fijar las condiciones del desempeño de las funciones del Secretario General y de los Secretarios Generales Adjuntos;

**(f)**     adoptar el presupuesto anual de ingresos y gastos del Centro;

**(g)**     aprobar el informe anual de actividades del Centro.

Para la aprobación de lo dispuesto en los incisos (a), (b), (c) y (f) se requerirá una mayoría de dos tercios de los miembros del Consejo Administrativo.

**(2)** El Consejo Administrativo podrá nombrar las Comisiones que considere necesarias.

**(3)** Además, el Consejo Administrativo ejercerá todas las facultades y realizará todas las funciones que a su juicio sean necesarias para llevar a efecto las disposiciones del presente Convenio.

**Artículo 7**

**(1)** El Consejo Administrativo celebrara una reunión anual y las demás que sean acordadas por el Consejo, o convocadas por el Presidente, o por el Secretario General cuando lo soliciten a este último no menos de cinco miembros del Consejo.

**(2)** Cada miembro del Consejo Administrativo tendrá un voto, y salvo disposición expresa en contrario de este Convenio, todos los asuntos que se presenten ante el Consejo se decidirán por mayoría de votos emitidos.

**(3)** Habrá quórum en las reuniones del Consejo Administrativo cuando esté presente la mayoría de sus miembros.

**(4)** El Consejo Administrativo podrá establecer, por mayoría de dos tercios de sus miembros, un procedimiento mediante el cual el Presidente pueda pedir votación del Consejo sin convocar a una reunión del mismo. Sólo se considerará válida esta votación si la mayoría de los miembros del Consejo emiten el voto dentro del plazo fijado en dicho procedimiento.

**Artículo 8**

Los miembros del Consejo Administrativo y el Presidente desempeñarán sus funciones sin remuneración por parte del Centro.

## Sección 3
## El Secretariado

**Artículo 9**

El Secretariado estará constituido por un Secretario General, por uno o más Secretarios Generales Adjuntos y por el personal del Centro.

**Artículo 10**

**(1)** El Secretario General y los Secretarios Generales Adjuntos serán elegidos, a propuesta del Presidente, por el Consejo Administrativo por mayoría de dos tercios de sus miembros por un periodo de servicio no mayor de seis años, pudiendo ser reelegidos. Previa consulta a los miembros del Consejo Administrativo, el Presidente presentará uno o más candidatos para cada uno de esos cargos.

**(2)** Los cargos de Secretario General y de Secretario General Adjunto serán incompatibles con el ejercicio de toda función política. Ni el Secretario General ni ningún Secretario General Adjunto podrán desempeñar cargo alguno o dedicarse a otra actividad, sin la aprobación del Consejo Administrativo.

**(3)** Durante la ausencia o incapacidad del Secretario General y durante la vacancia del cargo, el Secretario General Adjunto actuará como Secretario General. Si hubiere más de un Secretario General Adjunto, el Consejo Administrativo determinará anticipadamente el orden en que deberán actuar como Secretario General.

**Artículo 11**

El Secretario General será el representante legal y el funcionario principal del Centro y será responsable de su administración, incluyendo el nombramiento del personal, de acuerdo con las disposiciones de este Convenio y los reglamentos dictados por el Consejo Administrativo, desempeñará la función de registrador, y tendrá facultades para autenticar los laudos arbitrales dictados conforme a este Convenio y para conferir copias certificadas de los mismos.

## Sección 4
## Las Listas

**Artículo 12**

La Lista de Conciliadores y la Lista de Árbitros estarán integradas por los nombres de las personas calificadas, designadas tal como se dispone más adelante, y que estén dispuestas a desempeñar sus cargos.

**Artículo 13**

**(1)** Cada Estado Contratante podrá designar cuatro personas para cada Lista quienes podrán ser, o no, nacionales de ese Estado.

**(2)** El Presidente podrá designar diez personas para cada Lista, cuidando que las personas así designadas sean de diferente nacionalidad.

**Artículo 14**

**(1)** Las personas designadas para figurar en las Listas deberán gozar de amplia consideración moral, tener reconocida competencia en el campo del Derecho, del comercio, de la industria o de las finanzas, e inspirar plena confianza en su imparcialidad de juicio. La competencia en el campo del Derecho será circunstancia particularmente relevante para las personas designadas en la Lista de Árbitros.

**(2)** Al hacer la designación de las personas que han de figurar en las Listas, el Presidente deberá además tener presente la importancia de que en dichas Listas estén representados los principales sistemas jurídicos del mundo y los ramos más importantes de la actividad económica.

**Artículo 15**

**(1)** La designación de los integrantes de las Listas se hará por periodos de seis años, renovables.

**(2)** En caso de muerte o renuncia de un miembro de cualquiera de las Listas, la autoridad que lo hubiere designado tendrá derecho a nombrar otra persona que le reemplace en sus funciones por el resto del periodo para el que aquel fue nombrado.

**(3)** Los componentes de las Listas continuarán en las mismas hasta que sus sucesores hayan sido designados.

**Artículo 16**

**(1)** Una misma persona podrá figurar en ambas Listas.

**(2)** Cuando alguna persona hubiere sido designada para integrar una Lista por más de un Estado Contratante o por uno o más Estados Contratantes y el Presidente, se entenderá que lo fue por la autoridad que lo designó primero; pero si una de esas autoridades es el Estado de que es nacional, se entenderá designada por dicho Estado.

**(3)** Todas las designaciones se notificarán al Secretario General y entrarán en vigor en la fecha en que la notificación fue recibida.

## Sección 5
## Financiación del Centro

**Artículo 17**

Si los gastos del Centro no pudieren ser cubiertos con los derechos percibidos por la utilización de sus servicios, o con otros ingresos, la diferencia será sufragada por los Estados Contratantes miembros del Banco en proporción a sus respectivas subscripciones de capital del Banco, y por los Estados Contratantes no miembros del Banco de acuerdo con las reglas que el Consejo Administrativo adopte.

## Sección 6
## Status, Inmunidades y Privilegios

**Artículo 18**

El Centro tendrá plena personalidad jurídica internacional. La capacidad legal del Centro comprende, entre otras, la de:

**(a)** contratar,

**(b)** adquirir bienes muebles a inmuebles y disponer de ellos,

**(c)** comparecer en juicio.

**Artículo 19**

Para que el Centro pueda dar cumplimiento a sus fines, gozará, en los territorios de cada Estado Contratante, de las inmunidades y privilegios que se señalan en esta Sección.

**Artículo 20**

El Centro, sus bienes y derechos, gozarán de inmunidad frente a toda acción judicial, salvo que renuncie a ella.

**Artículo 21**

El Presidente, los miembros del Consejo Administrativo, las personas que actúen como conciliadores o árbitros o como miembros de una Comisión designados de conformidad con lo dispuesto en el apartado (3) del Artículo 52, y los funcionarios y empleados del Secretariado:

**(a)** gozarán de inmunidad frente a toda acción judicial respecto de los actos realizados por ellos en el ejercicio de sus funciones, salvo que el Centro renuncie a dicha inmunidad;

**(b)** cuando no Sean nacionales del Estado donde ejerzan sus funciones, gozarán de las mismas inmunidades en materia de inmigración, de registro de extranjeros y de obligaciones, derivadas del servicio militar a otras prestaciones análogas, y asimismo gozarán de idénticas facilidades respecto a régimen de cambios a igual tratamiento respecto a facilidades de desplazamiento, que los Estados Contratantes concedan a los representantes, funcionarios y empleados de rango similar de otros Estados Contratantes.

**Artículo 22**

Las disposiciones del Artículo 21 se aplicarán a las personas que comparezcan en los procedimientos promovidos conforme a este Convenio como partes, apoderados; consejeros, abogados, testigos o peritos, con excepción de las contenidas en el párrafo (b) del mismo, que se aplicarán solamente en relación con su desplazamiento hacia y desde el lugar donde los procedimientos se tramiten y con su permanencia en dicho lugar.

**Artículo 23**

**(1)** Los archivos del Centro, dondequiera que se encuentren, serán inviolables.

**(2)** Respecto de sus comunicaciones oficiales, el Centro recibirá de cada Estado Contratante un trato no menos favorable que el acordado a otras organizaciones internacionales.

**Artículo 24**

**(1)** El Centro, su patrimonio, sus bienes y sus ingresos y las operaciones y transacciones autorizadas por este Convenio estarán exentos de toda clase de impuestos y de derechos arancelarios. El Centro quedará también exento de toda responsabilidad respecto a la recaudación o pago de tales impuestos o derechos.

**(2)** No estarán sujetas a impuestos las cantidades pagadas por el Centro al Presidente o a los miembros del Consejo Administrativo por razón de dietas, ni tampoco los sueldos, dietas y demás emolumentos pagados por el Centro a los funcionarios o empleados del Secretariado, salvo la facultad del Estado de gravar a sus propios nacionales.

**(3)** No estarán sujetas a impuestos las cantidades recibidas a titulo de honorarios o dietas por las personas que actúen como conciliadores o árbitros o como miembros de una Comisión designados de conformidad con lo dispuesto en el apartado (3) del Artículo 52, en los procedimientos promovidos conforme a este Convenio, por razón de servicios prestados en dichos procedimientos, si la única base jurisdiccional de imposición es la ubicación del Centro, el lugar donde se desarrollen los procedimientos o el lugar de pago de los honorarios o dietas.

## CAPÍTULO II
## JURISDICCIÓN DEL CENTRO

**Artículo 25**

**(1)** La jurisdicción del Centro se extenderá a las diferencias de naturaleza jurídica que surjan directamente de una inversión entre un Estado Contratante (o cualquiera subdivisión política u organismo público de un Estado Contratante acreditados ante el Centro por dicho Estado) y el nacional de otro Estado Contratante y que las partes hayan consentido por escrito en someter al Centro. El consentimiento dado por las partes no podrá ser unilateralmente retirado.

**(2)** Se entenderá como "nacional de otro Estado Contratante":

**(a)** toda persona natural que tenga, en la fecha en que las partes consintieron someter la diferencia a conciliación o arbitraje y en la fecha en que fue registrada la solicitud prevista en el apartado (3) del Artículo 28 o en el apartado (3) del Artículo 36, la nacionalidad de un Estado Contratante distinto del Estado parte en la diferencia; pero en ningún caso comprenderá las personas que, en cualquiera de ambas fechas, también tenían la nacionalidad del Estado parte en la diferencia; y

**(b)** toda persona jurídica que, en la fecha en que las partes prestaron su consentimiento a la jurisdicción del Centro para la diferencia en cuestión, tenga la nacionalidad de un Estado Contratante distinto del Estado parte en la diferencia, y las personas jurídicas que, teniendo en la referida fecha la nacionalidad del Estado parte en la diferencia, las partes hubieren acordado atribuirle tal carácter, a los efectos de este Convenio, por estar sometidas a control extranjero.

**(3)** El consentimiento de una subdivisión política u organismo público de un Estado Contratante requerirá la aprobación de dicho Estado, salvo que este notifique al Centro que tal aprobación no es necesaria.

(4) Los Estados Contratantes podrán, al ratificar, aceptar o aprobar este Convenio o en cualquier momento ulterior, notificar al Centro la clase o clases de diferencias que aceptarían someter, o no, a su jurisdicción. El Secretario General transmitirá inmediatamente dicha notificación a todos los Estados Contratantes. Esta notificación no se entenderá que constituye el consentimiento a que se refiere el apartado (1) anterior.

**Artículo 26**

Salvo estipulación en contrario, el consentimiento de las partes al procedimiento de arbitraje conforme a este Convenio se considerará como consentimiento a dicho arbitraje con exclusión de cualquier otro recurso. Un Estado Contratante podrá exigir el agotamiento previo de sus vías administrativas o judiciales, como condición a su consentimiento al arbitraje conforme a este Convenio.

**Artículo 27**

(1) Ningún Estado Contratante concederá protección diplomática ni promoverá reclamación internacional respecto de cualquier diferencia que uno de sus nacionales y otro Estado Contratante hayan consentido en someter o hayan sometido a arbitraje conforme a este Convenio, salvo que este último Estado Contratante no haya acatado el laudo dictado en tal diferencia o haya dejado de cumplirlo.

(2) A los efectos de este Artículo, no se considerará como protección diplomática las gestiones diplomáticas informales que tengan como único fin facilitar la resolución de la diferencia.

## CAPÍTULO III
## LA CONCILIACIÓN

### Sección 1
### Solicitud de Conciliación

**Artículo 28**

(1) Cualquier Estado Contratante o nacional de un Estado Contratante que quiera incoar un procedimiento de conciliación, dirigirá, a tal efecto, una solicitud escrita al Secretario General quien enviará copia de la misma a la otra parte.

(2) La solicitud deberá contener los datos referentes al asunto objeto de la diferencia, a la identidad de las partes y al consentimiento de éstas a la conciliación, de conformidad con las reglas de procedimiento a seguir para iniciar la conciliación y el arbitraje.

(3) El Secretario General registrará la solicitud salvo que, de la información contenida en dicha solicitud, encuentre que la diferencia se halla manifiestamente fuera de la jurisdicción del Centro. Notificará inmediatamente a las partes el acto de registro de la solicitud, o su denegación.

### Sección 2
### Constitución de la Comisión de Conciliación

**Artículo 29**

(1) Una vez registrada la solicitud de acuerdo con el Artículo 28, se procederá lo antes posible a la constitución de la Comisión de Conciliación (en lo sucesivo llamada la Comisión).

(2)

(a) La Comisión se compondrá de un conciliador único o de un número impar de conciliadores, nombrados según lo acuerden las partes.

(b) Si las partes no se pusieren de acuerdo sobre el número de conciliadores y el modo de nombrarlos, la Comisión se constituirá con tres conciliadores designados, uno por cada parte y el tercero, que presidirá la Comisión, de común acuerdo.

**Artículo 30**

Si la Comisión no llegare a constituirse dentro de los 90 días siguientes a la fecha del envío de la notificación del acto de registro, hecho por el Secretario General conforme al apartado (3) del Artículo 28, o dentro de cualquier otro plazo que las partes acuerden, el Presidente, a petición de cualquiera de éstas y, en lo posible, previa consulta a ambas partes, deberá nombrar el conciliador o los conciliadores que aún no hubieren sido designados.

**Artículo 31**

**(1)** Los conciliadores nombrados podrán no pertenecer a la Lista de Conciliadores, salvo en el caso de que los nombre el Presidente conforme al Artículo 30.

**(2)** Todo conciliador que no sea nombrado de la Lista de Conciliadores deberá reunir las cualidades expresadas en el apartado (1) del Artículo 14.

**Sección 3**
**Procedimiento de Conciliación**

**Artículo 32**

**(1)** La Comisión resolverá sobre su propia competencia.

**(2)** Toda alegación de una parte que la diferencia cae fuera de los límites de la jurisdicción del Centro, o que por otras razones la Comisión no es competente para oírla, se considerará por la Comisión, la que determinará si ha de resolverla como cuestión previa o conjuntamente con el fondo de la cuestión.

**Artículo 33**

Todo procedimiento de conciliación deberá tramitarse según las disposiciones de esta Sección y, salvo acuerdo en contrario de las partes, de conformidad con las Reglas de Conciliación vigentes en la fecha en que las partes prestaron su consentimiento a la conciliación. Toda cuestión de procedimiento no prevista en esta Sección, en las Reglas de Conciliación o en las demás reglas acordadas por las partes, será resuelta por la Comisión.

**Artículo 34**

**(1)** La Comisión deberá dilucidar los puntos controvertidos por las partes y esforzarse por lograr la avenencia entre ellas, en condiciones aceptables para ambas. A este fin, la Comisión podrá, en cualquier estado del procedimiento y tantas veces como sea oportuno, proponer a las partes formulas de avenencia. Las partes colaborarán de buena fe con la Comisión al objeto de posibilitarle el cumplimiento de sus fines y prestarán a sus recomendaciones la misma consideración.

**(2)** Si las partes llegaren a un acuerdo, la Comisión levantará un acta haciéndolo Constar y anotando los puntos controvertidos. Si en cualquier estado del procedimiento la Comisión estima que no hay probabilidades de lograr un acuerdo entre las partes, declarará concluso el procedimiento y redactará un acta, haciendo constar que la controversia fue sometida a conciliación sin lograrse la avenencia. Si una parte no compareciere o no participare en el procedimiento, la Comisión lo hará constar así en el acta, declarando igualmente concluso el procedimiento.

**Artículo 35**

Salvo que las partes acuerden otra cosa, ninguna de ellas podrá invocar, en cualquier otro procedimiento, ya sea arbitral o judicial o ante cualquier otra autoridad, las consideraciones, declaraciones, admisión de hechos a ofertas de avenencia, hechas por la otra parte dentro del procedimiento de conciliación, o el informe o las recomendaciones propuestas por la Comisión.

# CAPÍTULO IV
# EL ARBITRAJE

## Sección 1
## Solicitud de Arbitraje

**Artículo 36**

**(1)** Cualquier Estado Contratante o nacional de un Estado Contratante que quiera incoar un procedimiento de arbitraje, dirigirá, a tal efecto, una solicitud escrita al Secretario General quien enviará copia de la misma a la otra parte.

**(2)** La solicitud deberá contener los datos referentes al asunto objeto de la diferencia, a la identidad de las partes y al consentimiento de estas al arbitraje, de conformidad con las reglas de procedimiento a seguir para iniciar la conciliación y el arbitraje.

**(3)** El Secretario General registrará la solicitud salvo que, de la información contenida en dicha solicitud, encuentre que la diferencia se halla manifiestamente fuera de la jurisdicción del Centro. Notificará inmediatamente a las partes el acto de registro de la solicitud, o su denegación.

## Sección 2
## Constitución del Tribunal

**Artículo 37**

**(1)** Una vez registrada la solicitud de acuerdo con el Artículo 36, se procederá lo antes posible a la constitución del Tribunal de Arbitraje (en lo sucesivo llamado el Tribunal).

**(2)**

**(a)** El Tribunal se compondrá de un árbitro único o de un número impar de árbitros, nombrados según lo acuerden las partes.

**(b)** Si las partes no se pusieren de acuerdo sobre el número de árbitros y el modo de nombrarlos, el Tribunal se constituirá con tres árbitros designados, uno por cada parte y el tercero, que presidirá el Tribunal, de común acuerdo.

**Artículo 38**

Si el Tribunal no llegare a constituirse dentro de los 90 días siguientes a la fecha del envío de la notificación del acto de registro, hecho por el Secretario General conforme al apartado (3) del Artículo 36, o dentro de cualquier otro plazo que las partes acuerden, el Presidente, a petición de cualquiera de éstas y, en lo posible, previa consulta a ambas partes, deberá nombrar el arbitro o los árbitros que aún no hubieren sido designados. Los árbitros nombrados por el Presidente conforme a este Artículo no podrán ser nacionales del Estado Contratante parte en la diferencia, o del Estado Contratante cuyo nacional sea parte en la diferencia.

**Artículo 39**

La mayoría de los árbitros no podrá tener la nacionalidad del Estado Contratante parte en la diferencia, ni la del Estado a que pertenezca el nacional del otro Estado Contratante: La limitación anterior no será aplicable cuando ambas partes, de común acuerdo, designen el árbitro único o cada uno de los miembros del Tribunal.

**Artículo 40**

**(1)** Los árbitros nombrados podrán no pertenecer a la Lista de Árbitros, salvo en el caso de que los nombre el Presidente conforme al Artículo 38.

**(2)** Todo árbitro que no sea nombrado de la Lista de Árbitros deberá reunir las cualidades expresadas en el apartado (1) del Artículo 14.

## Sección 3
## Facultades y Funciones del Tribunal

### Artículo 41

**(1)** El Tribunal resolverá sobre su propia competencia.

**(2)** Toda alegación de una parte que la diferencia cae fuera de los límites de la jurisdicción del Centro, o que por otras razones el Tribunal no es competente para oírla, se considerará por el Tribunal, el que determinará si ha de resolverla como cuestión previa o conjuntamente con el fondo de la cuestión.

### Artículo 42

**(1)** El Tribunal decidirá la diferencia de acuerdo con las normas de derecho acordadas por las partes. A falta de acuerdo, el Tribunal aplicará la legislación del Estado que sea parte en la diferencia, incluyendo sus normas de derecho internacional privado, y aquellas normas de derecho internacional que pudieren ser aplicables.

**(2)** El Tribunal no podrá eximirse de fallar so pretexto de silencio u obscuridad de la ley.

**(3)** Las disposiciones de los precedentes apartados de este Artículo no impedirán al Tribunal, si las partes así lo acuerdan, decidir la diferencia *ex aequo et bono*.

### Artículo 43

Salvo que las partes acuerden otra cosa, el Tribunal en cualquier momento del procedimiento, podrá, si lo estima necesario:

**(a)** solicitar de las partes la aportación de documentos o de cualquier otro medio de prueba;

**(b)** trasladarse al lugar en que se produjo la diferencia y practicar en él las diligencias de prueba que considere pertinentes.

### Artículo 44

Todo procedimiento de arbitraje deberá tramitarse según las disposiciones de esta Sección y, salvo acuerdo en contrario de las partes, de conformidad con las Reglas de Arbitraje vigentes en la fecha en que las partes prestaron su consentimiento al arbitraje. Cualquier cuestión de procedimiento no prevista en esta Sección, en las Reglas de Arbitraje o en las demás reglas acordadas por las partes, será resuelta por el Tribunal.

### Artículo 45

**(1)** El que una parte no comparezca en el procedimiento o no haga uso de su derecho, no supondrá la admisión de los hechos alegados por la otra parte ni allanamiento a sus pretensiones.

**(2)** Si una parte dejare de comparecer o no hiciere use de su derecho, podrá la otra parte, en cualquier estado del procedimiento, instar del Tribunal que resuelva los puntos controvertidos y dicte el laudo. Antes de dictar laudo el Tribunal, previa notificación, concederá un periodo de gracia a la parte que no haya comparecido o no haya hecho uso de sus derechos, salvo que este convencido que dicha parte no tiene intenciones de hacerlo.

### Artículo 46

Salvo acuerdo en contrario de las partes, el Tribunal deberá, a petición de una de ellas, resolver las demandas incidentales, adicionales o reconvencionales que se relacionen directamente con la diferencia, siempre que estén dentro de los límites del consentimiento de las partes y caigan además dentro de la jurisdicción del Centro.

### Artículo 47

Salvo acuerdo en contrario de las partes, el Tribunal, si considera que las circunstancias así lo requieren, podrá recomendar la adopción de aquellas medidas provisionales que considere necesarias para salvaguardar los respectivos derechos de las partes.

## Sección 4
## El Laudo

**Artículo 48**

**(1)** El Tribunal decidirá todas las cuestiones por mayoría de votos de todos sus miembros.

**(2)** El laudo deberá dictarse por escrito y llevará la firma de los miembros del Tribunal que hayan votado en su favor.

**(3)** El laudo contendrá declaración sobre todas las pretensiones sometidas por las partes al Tribunal y será motivado.

**(4)** Los árbitros podrán formular un voto particular, estén o no de acuerdo con la mayoría, o manifestar su voto contrario si disienten de ella.

**(5)** El Centro no publicará el laudo sin consentimiento de las partes.

**Artículo 49**

**(1)** El Secretario General procederá a la inmediata remisión a cada parte de una copia certificada del laudo. Este se entenderá dictado en la fecha en que tenga lugar dicha remisión.

**(2)** A requerimiento de una de las partes, instado dentro de los 45 días después de la fecha del laudo, el Tribunal podrá, previa notificación a la otra parte, decidir cualquier punto que haya omitido resolver en dicho Laudo y rectificar los errores materiales, aritméticos o similares del mismo. La decisión constituirá parte del laudo y se notificará en igual forma que éste. Los plazos establecidos en el apartado (2) del Artículo 51 y apartado (2) del Artículo 52 se computarán desde la fecha en que se dicte la decisión.

## Sección 5
## Aclaración, Revisión y Anulación del Laudo

**Artículo 50**

**(1)** Si surgiere una diferencia entre las partes acerca del sentido o alcance del laudo, cualquiera de ellas podrá solicitar su aclaración mediante escrito dirigido al Secretario General.

**(2)** De ser posible, la solicitud deberá someterse al mismo Tribunal que dictó el laudo. Si no lo fuere, se constituirá un nuevo Tribunal de conformidad con lo dispuesto en la Sección 2 de este Capítulo. Si el Tribunal considera que las circunstancias lo exigen, podrá suspender la ejecución del laudo hasta que decida sobre la aclaración.

**Artículo 51**

**(1)** Cualquiera de las partes podrá pedir, mediante escrito dirigido al Secretario General, la revisión del laudo, fundada en el descubrimiento de algún hecho que hubiera podido influir decisivamente en el laudo, y siempre que, al tiempo de dictarse el laudo, hubiere sido desconocido por el Tribunal y por la parte que inste la revisión y que el desconocimiento de esta no se deba a su propia negligencia.

**(2)** La petición de revisión deberá presentarse dentro de los 90 días siguientes al día en que fue descubierto el hecho y, en todo caso, dentro de los tres años siguientes a la fecha de dictarse el laudo.

**(3)** De ser posible, la solicitud deberá someterse al mismo Tribunal que dictó el laudo. Si no lo fuere, se constituirá un nuevo Tribunal de conformidad con lo dispuesto en la Sección 2 de este Capítulo.

**(4)** Si el Tribunal considera que las circunstancias lo exigen, podrá suspender la ejecución del laudo hasta que decida sobre la revisión. Si la parte pidiere la suspensión de la ejecución del laudo en su solicitud, la ejecución se suspenderá provisionalmente hasta que el Tribunal decida sobre dicha petición.

**Artículo 52**

**(1)** Cualquiera de las partes podrá solicitar la anulación del laudo mediante escrito dirigido al Secretario General fundado en una o más de las siguientes causas:

**(a)** que el Tribunal se hubiere constituido incorrectamente;

**(b)** que el Tribunal se hubiere extralimitado manifiestamente en sus facultades;

**(c)** que hubiere habido corrupción de algún miembro del Tribunal;

**(d)** que hubiere quebrantamiento grave de una norma de procedimiento; o

**(e)** que no se hubieren expresado en el laudo los motivos en que se funde.

**(2)** Las solicitudes deberán presentarse dentro de los 120 días a contar desde la fecha de dictarse el laudo. Si la causa alegada fuese la prevista en la letra (c) del apartado (1) de este Artículo, el referido plazo de 120 días comenzará a computarse desde el descubrimiento del hecho pero, en todo caso, la solicitud deberá presentarse dentro de los tres años siguientes a la fecha de dictarse el laudo.

**(3)** Al recibo de la petición, el Presidente procederá a la inmediata constitución de una Comisión *ad hoc* integrada por tres personas seleccionadas de la Lista de Árbitros. Ninguno de los miembros de la Comisión podrá haber pertenecido al Tribunal que dicto el laudo, ni ser de la misma nacionalidad que cualquiera de los miembros de dicho Tribunal; no podrá tener la nacionalidad del Estado que sea parte en la diferencia ni la del Estado a que pertenezca el nacional que también sea parte en ella, ni haber sido designado para integrar la Lista de Árbitros por cualquiera de aquellos Estados ni haber actuado como conciliador en la misma diferencia. Esta Comisión tendrá facultad para resolver sobre la anulación total o parcial del laudo por alguna de las causas enumeradas en el apartado (1).

**(4)** Las disposiciones de los Artículos 41- 45, 48, 49, 53, 54 y de los Capítulos VI y VII se aplicaran, *mutatis mutandis*, al procedimiento que se tramite ante la Comisión.

**(5)** Si la Comisión considera que las circunstancias lo exigen, podrá suspender la ejecución del laudo hasta que decida sobre la anulación. Si la parte pidiere la suspensión de la ejecución del laudo en su solicitud, la ejecución se suspenderá provisionalmente hasta que la Comisión de su decisión respecto a tal petición.

**(6)** Si el laudo fuere anulado, la diferencia será sometida, a petición de cualquiera de las partes, a la decisión de un nuevo Tribunal que deberá constituirse de conformidad con lo dispuesto en la Sección 2 de este Capítulo.

## Sección 6
### Reconocimiento y Ejecución del Laudo

### Artículo 53

**(1)** El laudo será obligatorio para las partes y no podrá ser objeto de apelación ni de cualquier otro recurso, excepto en los casos previstos en este Convenio. Las partes lo acatarán y cumplirán en todos sus términos, salvo en la medida en que se suspenda su ejecución, de acuerdo con lo establecido en las correspondientes cláusulas de este Convenio.

**(2)** A los fines previstos en esta Sección, el término "laudo" incluirá cualquier decisión que aclare, revise o anule el laudo, según los Artículos 50, 51 o 52.

### Artículo 54

**(1)** Todo Estado Contratante reconocerá al laudo dictado conforme a este Convenio carácter obligatorio y hará ejecutar dentro de sus territorios las obligaciones pecuniarias impuestas por el laudo como si se tratare de una sentencia firme dictada por un tribunal existente en dicho Estado.

El Estado Contratante que se rija por una constitución federal podrá hacer que se ejecuten los laudos a través de sus tribunales federales y podrá disponer que dichos tribunales reconozcan al laudo la misma eficacia que a las sentencias firmes dictadas por los tribunales de cualquiera de los Estados que lo integran.

**(2)** La parte que inste el reconocimiento o ejecución del laudo en los territorios de un Estado Contratante deberá presentar, ante los tribunales competentes o ante cualquier otra autoridad designados por los Estados Contratantes a este efecto, una copia del mismo, debidamente certificada por el Secretario General. La designación de tales tribunales o autoridades y cualquier cambio ulterior que a este respecto se introduzca será notificada por los Estados Contratantes al Secretario General.

**(3)** El laudo se ejecutará de acuerdo con las normas que, sobre ejecución de sentencias, estuvieren en vigor en los territorios en que dicha ejecución se pretenda.

**Artículo 55**

Nada de lo dispuesto en el Artículo 54 se interpretará como derogatorio de las leyes vigentes en cualquier Estado Contratante relativas a la inmunidad en materia de ejecución de dicho Estado o de otro Estado extranjero.

## CAPÍTULO V
## SUSTITUCIÓN Y RECUSACIÓN DE CONCILIADORES Y ÁRBITROS

**Artículo 56**

**(1)** Tan pronto quede constituida una Comisión o un Tribunal y se inicie el procedimiento, su composición permanecerá invariable. La vacante por muerte, incapacidad o renuncia de un conciliador o árbitro será cubierta en la forma prescrita en la Sección 2 del Capítulo III y Sección 2 del Capítulo IV.

**(2)** Los miembros de una Comisión o un Tribunal continuarán en sus funciones aunque hayan dejado de figurar en las Listas.

**(3)** Si un conciliador o árbitro, nombrado por una de las partes, renuncia sin el consentimiento de la Comisión o Tribunal de que forma parte, el Presidente nombrará, de entre los que integran la correspondiente Lista, la persona que deba sustituirle.

**Artículo 57**

Cualquiera de las partes podrá proponer a la Comisión o Tribunal correspondiente la recusación de cualquiera de sus miembros por la carencia manifiesta de las cualidades exigidas por el apartado (1) del Artículo 14. Las partes en el procedimiento de arbitraje podrán, asimismo, proponer la recusación por las causas establecidas en la Sección 2 del Capítulo IV.

**Artículo 58**

La decisión sobre la recusación de un conciliador o árbitro se adoptará por los demás miembros de la Comisión o Tribunal, según los casos, pero, si hubiere empate de votos o se tratare de recusación de un conciliador o árbitro único, o de la mayoría de los miembros de una Comisión o Tribunal, corresponderá resolver al Presidente. Si la recusación fuere estimada, el conciliador o árbitro afectado deberá ser sustituido en la forma prescrita en la Sección 2 del Capítulo III y Sección 2 del Capítulo IV.

## CAPÍTULO VI
## COSTAS DEL PROCEDIMIENTO

**Artículo 59**

Los derechos exigibles a las partes por la utilización del Centro serán fijados por el Secretario General de acuerdo con los aranceles adoptados por el Consejo Administrativo.

**Artículo 60**

**(1)** Cada Comisión o Tribunal determinará, previa consulta al Secretario General, los honorarios y gastos de sus miembros, dentro de los límites que periódicamente establezca el Consejo Administrativo.

**(2)** Sin perjuicio de lo dispuesto en el apartado (1) de este Artículo, las partes podrán acordar anticipadamente con la Comisión o el Tribunal la fijación de los honorarios y gastos de sus miembros.

**Artículo 61**

**(1)** En el caso de procedimiento de conciliación las partes sufragarán por partes iguales los honorarios y gastos de los miembros de la Comisión así como los derechos devengados por la utilización del Centro. Cada parte soportará cualquier otro gasto en que incurra, en relación con el procedimiento.

(2) En el caso de procedimiento de arbitraje el Tribunal determinará, salvo acuerdo contrario de las partes, los gastos en que estas hubieren incurrido en el procedimiento, y decidirá la forma de pago y la manera de distribución de tales gastos, de los honorarios y gastos de los miembros del Tribunal y de los derechos devengados por la utilización del Centro. Tal fijación y distribución formarán parte del laudo.

## CAPÍTULO VII
## LUGAR DEL PROCEDIMIENTO

### Artículo 62
Los procedimientos de conciliación y arbitraje se tramitarán, sin perjuicio de lo dispuesto en el Artículo siguiente, en la sede del Centro.

### Artículo 63
Si las partes se pusieran de acuerdo, los procedimientos de conciliación y arbitraje podrán tramitarse:

(a)     en la sede de la Corte Permanente de Arbitraje o en la de cualquier otra institución apropiada, pública o privada, con la que el Centro hubiere llegado a un acuerdo a tal efecto; o

(b)     en cualquier otro lugar que la Comisión o Tribunal apruebe, previa consulta con el Secretario General.

## CAPÍTULO VIII
## DIFERENCIAS ENTRE ESTADOS CONTRATANTES

### Artículo 64
Toda diferencia que surja entre Estados Contratantes sobre la interpretación o aplicación de este Convenio y que no se resuelva mediante negociación se remitirá, a instancia de una a otra parte en la diferencia, a la Corte Internacional de Justicia, salvo que dichos Estados acuerden acudir a otro modo de arreglo.

## CAPÍTULO IX
## ENMIENDAS

### Artículo 65
Todo Estado Contratante podrá proponer enmiendas a este Convenio. El texto de la enmienda propuesta se comunicará al Secretario General con no menos de 90 días de antelación a la reunión del Consejo Administrativo a cuya consideración se ha de someter, y aquel la transmitirá inmediatamente a todos los miembros del Consejo Administrativo.

### Artículo 66
(1) Si el Consejo Administrativo lo aprueba por mayoría de dos terceras partes de sus miembros, la enmienda propuesta será circulada a todos los Estados Contratantes para su ratificación, aceptación o aprobación. Las enmiendas entrarán en vigor 30 días después de la fecha en que el depositario de este Convenio despache una comunicación a los Estados Contratantes notificándoles que todos los Estados Contratantes han ratificado, aceptado o aprobado la enmienda.

(2) Ninguna enmienda afectará los derechos y obligaciones, conforme a este Convenio, de los Estados Contratantes, sus subdivisiones políticas a organismos públicos, o de los nacionales de

dichos Estados nacidos del consentimiento a la jurisdicción del Centro dado con anterioridad a la fecha de su entrada en vigor.

# CAPÍTULO X
## DISPOSICIONES FINALES

**Artículo 67**

Este Convenio quedará abierto a la firma de los Estados miembros del Banco. Quedará también abierto a la firma de cualquier otro Estado signatario del Estatuto de la Corte Internacional de Justicia al que el Consejo Administrativo, por voto de dos tercios de sus miembros, hubiere invitado a firmar el Convenio.

**Artículo 68**

**(1)** Este Convenio será ratificado, aceptado o aprobado por los Estados signatarios de acuerdo con sus respectivas normas constitucionales.

**(2)** Este Convenio entrará en vigor 30 días después de la fecha del depósito del vigésimo instrumento de ratificación, aceptación o aprobación. Entrará en vigor respecto a cada Estado que con posterioridad deposite su instrumento de ratificación, aceptación o aprobación, 30 días después de la fecha de dicho depósito.

**Artículo 69**

Los Estados Contratantes tomaran las medidas legislativas y de otro orden que sean necesarias para que las disposiciones de este Convenio tengan vigencia en sus territorios.

**Artículo 70**

Este Convenio se aplicará a todos los territorios de cuyas relaciones internacionales sea responsable un Estado Contratante salvo aquellos que dicho Estado excluya mediante notificación escrita dirigida al depositario de este Convenio en la fecha de su ratificación, aceptación o aprobación, o con posterioridad.

**Artículo 71**

Todo Estado Contratante podrá denunciar este Convenio mediante notificación escrita dirigida al depositario del mismo. La denuncia producirá efecto seis meses después del recibo de dicha notificación.

**Artículo 72**

Las notificaciones de un Estado Contratante hechas al amparo de los Artículos 70 y 71 no afectarán a los derechos y obligaciones, conforme a este Convenio, de dicho Estado, sus subdivisiones políticas u organismos públicos, o de los nacionales de dicho Estado nacidos del consentimiento a la jurisdicci6n del Centro dado por alguno de ellos con anterioridad al recibo de dicha notificación por el depositario.

**Artículo 73**

Los instrumentos de ratificación, aceptación o aprobación de este Convenio y sus enmiendas se depositarán en el Banco, quien desempeñará la función de depositario de este Convenio. El depositario transmitirá copias certificadas del mismo a los Estados miembros del Banco y a cualquier otro Estado invitado a firmarlo.

**Artículo 74**

El depositario registrará este Convenio en el Secretariado de las Naciones Unidas de acuerdo con el Artículo 102 de la Carta de las Naciones Unidas y el Reglamento de la misma adoptado por la Asamblea General.

**Artículo 75**

El depositario notificará a todos los Estados signatarios lo siguiente:

**(a)**     las firmas, conforme al Artículo 67;

**(b)**     los depósitos de instrumentos de ratificación, aceptación y aprobación, conforme al Artículo 73;

**(c)**     la fecha en que este Convenio entre en vigor, conforme al Artículo 68;

**(d)**     las exclusiones de aplicación territorial, conforme al Artículo 70;

**(e)**     la fecha en que las enmiendas de este Convenio entren en vigor, conforme al Artículo 66; y

**(f)**     las denuncias, conforme al Artículo 71.

**HECHO** en Washington, en los idiomas español, francés e inglés, cuyos tres textos son igualmente auténticos, en un solo ejemplar que quedará depositado en los archivos del Banco Internacional de Reconstrucción y Fomento, el cual ha indicado con su firma su conformidad con el desempeño de las funciones que se le encomienden en este Convenio.

# BIBLIOGRAFÍA BÁSICA

AGOSIN R. Manuel. *Inversión extranjera directa en América Latina: su contribución al desarrollo*. 1ª edición. Fondo de cultura económica S.A. Chile. 1996.

ALEGRE CHANG, Ada; CARBAJAL VALENZUELA, Christian; FERRE MURGUIA, Diego. Tratamiento de la inversión extranjera en el marco de los organismos internacionales reguladores del comercio y su incidencia en el desarrollo económico. En: *Revista de derecho Themis*. N. 42. Lima. Perú. 2001.

ALLPAS, Mavel. *Convenios de estabilidad tributaria*. Tesis. PUCP. Lima. 1988.

- Liberalización comercial en América Latina. Revista de la CEPAL N° 51. 1993.

ALVAREZ, Gabriel. *Metodología de la investigación jurídica: Hacia una nueva perspectiva*. Santiago de Chile, Facultad de Derecho, Universidad Central, 2002.

BAILEY, K.D. *Methods of social research*. New York, Free Press. 1982.

BANAKAR, Reza and TRAVERS, Max. *Theory and method in socio-legal research*. Hart Publishing Oxford and Portland Oregon. 2005.

BEHRMAN, Jack N. *Criterios para la toma de decisiones sobre inversión extranjera directa en América Latina*. México D.F.: Noema Editores. 1979.

BENAVIDES TORRES, Eduardo. *El principio de igualdad de trato al extranjero en materia de inversiones en el Perú*. Themis. Pontificia Universidad Católica del Perú. Facultad de Derecho. N°. 33. Lima. 1996.

BIGGS, Gonzalo. Solución de controversias sobre comercio e inversiones internacionales. En: *Revista de la CEPAL*. N° 80. Agosto 2003.

BITTENCOURT, Gustavo; DOMINGO Rosario. Los determinantes de la Inversión extranjera directa y el efecto del Mercosur. En: *Revista Trimestre Económico*. Volumen 71. Número 281. Ene - Mar 2004.

BOERSNER, Demetrio: *Las relaciones internacionales en América Latina*. Ediciones Nueva Sociedad. Buenos Aires. 1996.

CEGARRA SÁNCHEZ, José. *Metodología de la investigación científica y tecnológica*. Editorial Díaz de Santos. Madrid. 2004.

CENTRO DE ESTUDIOS MONETARIOS LATINOAMERICANOS. Normatividad internacional referente a la inversión extranjera directa. Organización Mundial del Comercio. En: *Boletín*. Volumen XLIII, Número 4. 1997.

CHATTERJEE, Charles. *Methods of research in law*. Old Bailey Press. London. 1997.

CIADI. Anual Report. En: *International Centre for Settlement of Investment Disputes*. 1995.

COMISIÓN ECONÓMICA PARA AMÉRICA LATINA Y EL CARIBE. *Las empresas transnacionales y la inversión extranjera en Brasil*. Santiago de Chile: CEPAL, LC-L.619. 1991.

COMISIÓN INVESTIGADORA DE DELITOS ECONÓMICOS Y FINANCIEROS. *Decretos secretos y mal uso de los fondos públicos*. Lima: Fondo Editorial del Congreso del Perú. Documentos parlamentarios. 2002.

CHAVEZ PÉREZ, Rosa Isabel. *Inversión extranjera directa en países del Grupo Andino*. Lima - Perú. 1982.

- *Disposiciones Legales y Reglamentarias de la Inversión extranjera en el Perú*. Ediciones. S.E. 1ª edición. Lima: 1978.

CHUDNOVSKY, Daniel; LÓPEZ RESTREPO, Andrés. Estrategias de las empresas transnacionales en la Argentina de los años 1990. N°. 76. En: *Revista de la CEPAL*. 2002.

CZINKOTA, Michael R. *Negocios internacionales*. Thomson. México D.F. 2007.

DIEZ CANSECO CISNEROS, Javier. *Balance de la inversión privada y privatización 1990 - 2001: objetivos/resultados*. Lima: Fondo editorial del Congreso del Perú. Documentos parlamentarios. 2002.

DIRECCIÓN DE ESTUDIOS ECONÓMICOS. *La inversión extranjera directa en el marco de la decisión 24 del acuerdo de Cartagena*. Lima: 1981.

DOLZER, R. y STEVENS M. *Bilateral Investment Treaties*. Martinus Nijhoff Publishers. La Haya. 1995.

DUVERGER, Maurice. *Métodos de las Ciencias Sociales*. Barcelona. Editorial Ariel, 9na. Edición, 1991.

EDITORA NORMAS LEGALES. Regímenes de garantía a la inversión privada. En: *Compendio de legislación y jurisprudencia. Energía y minas*. 1ª edición. 2do volumen. Trujillo - Perú. 2000.

FARFÁN VALDIVIA, Doris. *Impacto de las empresas multinacionales a través de la inversión directa extranjera en la industria de alimentos*. Facultad de Economía. Universidad de Lima. Lima, 1986.

FERRERO COSTA, Eduardo. *Consideraciones sobre la inversión extranjera en el Perú. El Perú frente al capital extranjero; deudas e inversión*. 1ª edición. Lima: CEPAL. 1985.

FESTINGER, Katz. *Métodos de Investigación en Ciencias Sociales*. Piados. Barcelona, 1992.

FRANK, André Gunder. *La inversión extranjera en el subdesarrollo latinoamericano*. Editora Causachun. Lima, 1976.

FRITSCH, Winston; FRANCO DE BARROSO, Gustavo Enrique. Inversión extranjera directa y pautas de la industrialización y el comercio exterior en los países en desarrollo: notas con referencia a la experiencia brasileña. En: *Revista Desarrollo Económico*. Volumen 30 N° 120. Enero-Marzo 1991.

GARRIGA GARZÓN, Federico; LÓPEZ BRAVO, J. Daniel; RAJADELL CARRERAS, Manuel. Las inversiones extranjeras directas en América Latina. En: *Revista Alta Dirección*. Volumen 37. Número 218. Jul.- Ago. 2001.

GIRALDO, ÁNGEL, Jaime. *Metodología y Técnica de la Investigación Jurídica*. Editorial Legis, Bogotá, 1999.

GUERRA - BORGES, Alfredo. Factores determinantes de la inversión extranjera: introducción a una teoría inexistente. En: *Revista Comercio Exterior*. Volumen 51. Número 9. Set. 2001.

HERNÁNDEZ SAMPIERI, Roberto. *Metodología de la Investigación*. Editorial McGraw-Hill, México, 1998.

HERRERA PERRET, Carlos. Condiciones y garantías de la inversión extranjera en el Perú. En: *Retos y desafíos de una economía emergente: el caso peruano*. Ministerio de Justicia. Dirección Nacional de Asuntos jurídicos. 1997.

HERZ, Mariana. Régimen argentino de promoción y protección de inversiones en los albores del nuevo milenio: de los tratados bilaterales, MERCOSUR, ALCA y la OMC. En: *Revista electrónica de estudios internacionales*. N° 7. 2003.

INFORME ELABORADO POR ENCARGO DE ADEPSEP. Impacto Económico de la inversión asociada a los Convenios de Estabilidad Jurídica en el Perú. En: *Asociación de Empresas Privada de Servicios Públicos*. Grupo Macroconsult SA. Mayo 2003.

INSTITUTO DE INVESTIGACIÓN DE CIENCIAS FINANCIERAS Y CONTABLES. Ordenamiento Legal Vigente para la Inversión Extranjera. En: *Finanzas XXI*. Año 5. N°. 13. Abril-Junio. Imprenta de la Universidad Nacional Mayor de San Marcos. 1999.

KHALIL, M. I. Treatment of Foreign Investment in Bilateral Investment Treaties. En: *ICSD Review - Foreign Investment Law Journal*. 1992.

LAVIEC, J.P. *Protection et Promotion des Investissements; Etude de Droit International Economique, Presses Universitaires de France*. Paris. 1985.

LINARES JARA, Mario. *El sistema internacional de protección de la inversión extranjera y los contratos públicos*. Editorial Grijley. Lima, 2006.

LIZÁRRAGA BOBBIO, Raúl. Tratados de libre comercio. Riesgos y oportunidades: El caso peruano. En: *Revista de la Facultad de Ciencias Económicas*. UNMSM. Serie 10. 1991.

LOUNGANI, Prakash; RAZIN, Assaf. Que beneficios aporta la inversión extranjera directa. En: *Revista Finanzas y Desarrollo*. Volumen 38. Número 2. Junio 2001.

MACROCONSULT. Competitividad y actividad comercial del Perú en América Latina. En: *Reporte Económico Mensual*. Octubre 1999.

MARQUEZ POZOS, Jorge Miguel, ISLAS CAMARGO, Alejandro, VENEGAS - MARTINEZ, Francisco. *Corrientes internacionales de capital e inversión extranjera de cartera: El caso México 1989-1999*. Volumen 70. Número 280. Oct. 2003.

MARZORATI, Osvaldo J. *Derecho de los Negocios Internacionales*. T. 2, Ed. Astrea, 2003.

MASSAD, C. "Los desafíos del crecimiento económico: una visión general". En: *revista Economía Chilena*. Volumen 5, Nº. 1. 2002.

MIRANDA ALZAMORA, Luís. La seguridad jurídica en la contratación con el Estado: El contrato Ley. En: *Revista de derecho Themis*. PUCP. Nº 33. 1996.

MONTOYA ALBERTI, Ulises. Medios de protección a la inversión extranjera. En: *Revista de Derecho y Ciencias Políticas, Universidad Nacional Mayor de San Marcos*. Vols. 52 (Nº.2), pp. 107-124. Lima, 1995.

- *Legislación comercial y bursátil*. Tomo II. San Marcos. Lima, 1997.

NACIONES UNIDAS. *Conferencia de las Naciones Unidas sobre el comercio y desarrollo*. Informe sobre inversiones en el mundo. Nueva York, 2007.

OCAMPO, José Antonio. *Más allá del Consenso de Washington: Una agenda de desarrollo para América Latina*. CEPAL - SERIE Estudios y perspectivas. Publicación de las Naciones Unidas. N.26. México D.F. 2005.

ORTÍZ WADGYMAR, Arturo. *La nueva economía mundial: Actualidad de las teorías del comercio internacional en un mundo globalizado*. 1ª edición. Editorial Porrua, México, 1999.

PALOMINO ROEDEL, José. Acuerdo de Cartagena: Evaluación sobre la situación de la inversión extranjera en el grupo andino. En: *Documentos sobre integración y cooperación financiera y monetaria*. *Lima: Acuerdo de Cartagena*. 1985.

PETERS, P. Dispute Settlement Arrangements in Investment Treaties. En: *Netherlands Yearbook of International Law*. 1991.

PINEDA Saúl, VALENCIA Alexis. *35 años de integración económico y comercial: un balance para los países andinos*. Comisión Andina de Juristas. Lima. 2004.

PROINVERSIÓN. *Perú: Un marco jurídico promotor y estable para la inversión extranjera*. 1ª. Edición. 2004.

REY, Jacobo; REY, Alonso. La privatización de empresas estatales. En: *Guía legal de Negocio. Invirtiendo en el Perú*. PromPerú. Tercera edición corregida y aumentada. Lima, 1998.

ROBINSON, Richard. *Performance requirements for foreign business: US management response*. New York: Praeger, 1983.

RODRIGUEZ FERNANDEZ BACA, Daniel. *La inversión directa extranjera en el Perú en el periodo: 1980-1989. Lima - Perú*.

SABINO, Carlos A. *El Proceso de Investigación*. Buenos Aires. Editorial Lumen. 1996.

SAMUEL, Geoffrey. *Epistemology and Method in Law*. Kent Law School UK. England. 2003.

SÁNCHEZ VÁSQUEZ, Rafael. *Metodología de la ciencia del Derecho*. Porrúa, México. 2001.

SCHUKNECHT, Ludger. Los controles de capital desde la perspectiva de la política comercial. En: *Revista Finanzas y Desarrollo*. Vol. 36. Nº 1. Marzo 1999.

SHATZ, H. Expandiendo la inversión extranjera directa en los países andinos. En: *Center for International Development at Harvard University*. 2001.

SIERRALTA RÍOS, Aníbal. *Negociaciones Comerciales Internacionales. Texto y casos*. Fondo Editorial Pontificia Universidad Católica del Perú. Lima, 2005.

STEPAN, A. *The state and society: Peru in comparative perspective*. Princeton University Press, 1978.

STIGLITZ, Joseph E. *Diálogos académicos en el marco del grupo de Río*. Ministerio de Relaciones Exteriores. Jhire Gratel. Lima, 2003.

_____ *El malestar en la globalización*. Ediciones Taurus. Buenos Aires, (AR) 2002.

_____ El rumbo de las reformas: hacia una nueva agenda para América Latina. En: *Revista de la CEPAL*. Nº 80 Santiago de Chile, agosto 2003.

SOMAVIA, Eduardo. *Naciones Unidas sobre empresas*. Pacto andino Decisión 24. Lima, 1982.

UGARTECHE, Oscar. La inversión extranjera. En: *Revista de la Superintendencia de Banca y Seguros*. Volumen VII. N°. 25-26. Lima. 1998.

TAYLOR, S.J. y R. BOGDAN. *Introducción a los métodos cualitativos de investigación*. Paidós. Barcelona. 1987.

TEULLET, Patricia; CASTILLO GARAY, Antonio; ROSAS BERNEDO, José. Estrategias de inserción en el mercado mundial. En: *Revista Gerencia*. N° 254 Nov 2002.

TORRES CUZCANO, Víctor; ECHAVE C. José de. *La desregulación de la inversión extranjera en los TLC y sus efectos en la actividad minera*. Cooper acción. Lima. 2005.

VAITSOS, Constantine V. *Efectos de las inversiones extranjeras directas sobre la ocupación en los países en vías de desarrollo*. N° 162 Abril - Junio 1974.

VALDIVIESO TRILLO, Adán. Evolución de la inversión extranjera directa en el Perú. En: *Revista de la Facultad de Economía*. Año. XVI. N°. 36. Universidad de Lima. 1995.

YRRAZABAL, J. *The legal System in Chile: Stability and Progress*. New York: Euromoney, 1993.

ZEGARRA VALDIVIA, Diego. *El contrato Ley - Los contratos de estabilidad jurídica*. Gaceta Jurídica Editores. 1ª edición. 1997.

# BIBLIOGRAFÍA COMPLEMENTARIA

ALCALDE C. Javier. La liberalización de la inversión extranjera directa en América Latina: Un breve enfoque comparativo de Brasil, Chile, Perú y el Grupo Andino. En: *Revista de ciencias Sociales*. Apuntes 41. Universidad del Pacífico. Lima, 1997.

AQUISE CHAVEZ, Sofía. *Análisis de la incidencia de la inversión extranjera directa en la industria peruana: 1980-1989*. Tesis (Bachiller). Universidad de Lima. Facultad de Economía. 1991.

BANCO INTERAMERICANO DE DESARROLLO. Sistema de registro y fiscalización de las inversiones extranjeras en América Latina. En: *Cronograma jurídico sobre inversiones internacionales en América Latina*. Buenos Aires. 1978.

BARRETO, Emilio G. *La globalización económica y el comercio internacional*. 1ª edición. Editorial "La pluma". Lima. 1996.

BATIEVSKY, Jack. Minería. En: *Guía legal de Negocio. Invirtiendo en el Perú*. PromPerú. Tercera edición. Lima, abril - 1998.

BIELSCHOWSKY, Ricardo. *Investimentos na indústria brasileira depois da abertura e do real: mini-ciclo de modernizacoes*. En: Serie Reformas Económicas. N 44 (LC/L.1289), 1999. Santiago de Chile.

BITAR, Sergio. Inversión extranjera en América Latina. En: *Perú frente al capital extranjero: deuda e inversión*. Lima: CEPEI, 1985.

BOLETÍN ECONÓMICO DEL ICE. *Los beneficios de la liberalización comercial*. Subdirección General de Estudios del Sector Exterior. Ministerio de Economía y hacienda. Información comercial española. Número 2587, 21- 27 septiembre de 1998.

BOUZAS, Roberto. *Integración económica e Inversión extranjera: la experiencia reciente de Argentina y Brasil*. CEPAL: Naciones Unidas. Santiago de Chile. 1997.

BOZA, Beatriz. Propiedad privada y expropiaciones. En: *Guía legal de Negocio. Invirtiendo en el Perú*. PromPerú. Tercera edición corregida y aumentada. Lima, abril - 1998.

CALDERÓN, A. *Tendencias recientes de la inversión extranjera directa en América Latina y el Caribe: elementos de política y resultados*. CEPAL. Santiago de Chile, 1993.

CANALS, Jordi. La internacionalización de la empresa: como evaluar la penetración en mercados exteriores. Mc Graw-Hill. En: *Instituto de Estudios Superiores de la Empresa*. IESE. Madrid 1996.

CASILLAS R. Luís. *La doble tributación y la inversión extranjera: Una política sobre el movimiento de capitales en América Latina*. N° 161. Enero - Marzo 1974.

CASTAÑEDA ARRASCUE, Oscar. Decisión 24 - Mito o realidad. En: *Centro de documentación e información andina*. Editorial Universo. Lima, 1981.

CEMLA BOLETIN. Normatividad internacional referente a la inversión extranjera directa, En: *Centro de Estudios Monetarios Latinoamericanos*. Volumen XLIII. Número 4. México D.F. Julio-Agosto 1997.

CEPAL. *Inversión extranjera directa en América Latina y el Caribe 1970-1990*. LC/R.1188 (Sem.67/3)/Add.2. Santiago de Chile. Setiembre, 1992.

_____ La economía Cubana: Reformas estructurales y desempeño en los 90. Fondo de Cultura Económica. México, 1997.

COMISIÓN NACIONAL DE INVERSIONES Y TECNOLOGÍAS EXTRANJERAS. *Guía para el establecimiento de empresas multinacionales andinas en el Perú*. Ediciones: La comisión. Lima, 1986.

CONSEJO NACIONAL DE DESCENTRALIZACIÓN (PERÚ). Gestión Institucional, 2002-2005. 1ª edición. Aleph impresiones. Lima: 2006.

CORREA, Carlos M. Regulación de la inversión extranjera en América Latina y el Caribe. En: *Instituto para la integración de América Latina*. Banco Interamericano de Desarrollo. Buenos Aires, 1984.

CORREA, Eugenia. Liberalización y crisis financiera. En: *Revista Comercio Exterior*. Vol. 49. N° 1 Enero 1999.

DE LA PUENTE Y LAVALLE, Manuel. La libertad de contratar. En: *Revista de derecho Themis*. Segunda época. PUCP. N° 33. 1996.

DESORMEAUX, J. *La inversión extranjera y su rol en el desarrollo de Chile*. Volumen N° 119. Instituto de Economía, Pontificia Universidad Católica de Chile. Santiago, Chile, 1989.

DÍEZ-HOCHLEITNER, Javier. La eficacia de los Tratados de Protección de inversiones extranjeras. En: *Real Instituto El cano de Estudios Internacionales y Estratégicos*. Madrid. www.realinstitutoelcano.org.

FERNÁNDEZ, María Antonia: Las Zonas Francas y la economía Nacional. En: *Boletín informativo, Economía Cubana*. CIEM. N. 37. 1997.

FERNÁNDEZ FONT, Mario L: "Cuba: Recuperación Económica y Apertura: Nuevas reflexiones sobre el "Período Especial". En: *Revista Bimestre Cubana*. N° 12. 2000.

FIGUERAS, Miguel. *Reflexiones sobre los Acuerdos Regionales y Eventuales Acuerdos Multilaterales de Inversión. Ponencia a la Reunión de expertos sobre Acuerdos Regionales y Multilaterales Existentes y sus consecuencias para el desarrollo*. UNCTAD, abril de 1998.

_____ *Las inversiones extranjeras en Cuba*. MINVEC, 1997.

GARCÍA MENENDEZ, José Ramón. Inversiones directas españolas en Iberoamérica: presente y perspectivas. En: *Revista socialismo y participación*. N° 92. Abril 2002.

GREENE, Joshua; VILLANUEVA, Delano. La inversión privada en los países en desarrollo: Un análisis empírico. En: *El financiamiento del desarrollo en América Latina*. Vol. I. CEMLA - BID. 1ª edición. México D.F. 1995.

ILLESCAS M., Javier. Opciones de política de comercio del Perú en el entorno económico internacional. En: *Revista Moneda*. Banco Central de Reserva del Perú. N° 126. 2001.

JIMÉNEZ, Félix. Industrialización, comercio y competitividad en el Perú. En: *Revista Economía*. Serie XIII. PUCP. Departamento de Economía. Lima. Dic. 1990.

KLINE, J. M. International Regulation of Transnational Business: Providing the Missing Leg of Global Investment Standard. En: *Transnational Corporations, Transnational Corps*. Vol 2. 1993.

KULJEVAN PAGADOR, Antonio. *Disposiciones legales y reglamentarias de la inversión extranjera en el Perú. Compilación, notas, sumillas y concordancias*. Lima: Bolsa de valores de Lima. 1978.

KWAW, E. Trade related investment measures in the Uruguay Round, En: *North Carolina Journal of international and commercial regulation*. 1991.

LEVY, Santiago; NOLAN, Sean. Políticas de comercio internacional y de inversión extranjera en competencia imperfecta. En: *Revista Trimestre Económico*. Vol. 58 N° 230. Abr - jun 1991.

LI LAU, Antonio E. *Algunas consideraciones sobre la inversión directa extranjera de EE.UU. en el Perú, su incidencia en el sector industrial en el periodo 1966 a 1974*. Tesis (Bachiller) Universidad de Lima. Facultad de Economía. Lima, 1979.

MAGALHAES PRATER, Daniela; La experiencia de apertura financiera en Argentina, Brasil y México. En: *Revista de la CEPAL. N°. 70*. Abril 2000.

MAGDOFF, Harry. La crisis económica internacional y el tercer mundo. En: *Amerique Latine Review*. Secretaría de Programación y Presupuesto. México, Setiembre 1982.

MÉNDEZ VILLARREAL, Sofía. El tratado de libre comercio y la globalización. En: *Integración y globalización. Instituto de investigaciones económicas*. UNAM, México, 1992.

MESA REDONDA: DEUDA E INVERSIONES EXTRANJERAS. En: *Centro Peruano de Estudios Internacionales*. 1ª edición. Lima: CEPEI. 1995.

MINDREAU MONTERO, Manuel. Del GATT a la OMC (1947-2005). *La economía política internacional del sistema multilateral del comercio*. Centro de investigación de la Universidad del Pacífico. Lima. 2005.

MONTENEGRO OLIVA, Alfredo y MORALES CHU, Iván. *Inversión extranjera en el Perú: Historia y marco legal*. Ediciones ICARO Comunicaciones. Lima, 1990.

MOQUILLANSKY, Graciela; BIELCHOWSKY Ricardo A. *Inversión y reformas económicas en América Latina*. Fondo de cultura económica. México D.F. 2000.

MORALES COSTA, Lastenio; ARANAGA MANRIQUE, David. *Las zonas francas y otras alternativas para la inversión y desarrollo en el Perú*. Lima: San Marcos. 1989.

MORAN, Theodore H. *Inversión extranjera directa y desarrollo; nueva agenda política para países en vías de desarrollo y economías en transición*. México D.F.: Oxford University Press. 2000.

NACIONES UNIDAS: COMISIÓN ECONÓMICA PARA AMÉRICA LATINA. *La inversión extranjera en América Latina y el Caribe. CEPAL*. Santiago de Chile. 2004.

OGATA SHIMOKAWA, Clara. *Políticas explícitas de tratamiento al capital extranjero en el Perú*. Ed. DESCO. Centro de Estudios y Promoción del Desarrollo. Lima, 1981.

OLARREAGA, Marcelo; ROCHA, Ricardo. *La nueva agenda del comercio en la OMC*. Instituto del Banco Mundial. Universidad del Rosario. Santa fe de Bogotá. Colombia. 2000.

ORGANIZATION FOR ECONOMIC COOPERATION AND DEVELOPMENT. OCDE. *Technology and the economic: the key relationships*. París. 1992.

ORGANIZACIÓN MUNDIAL DEL COMERCIO. *El futuro de la OMC: Una respuesta a los desafíos institucionales del nuevo milenio*. Ginebra, OMC, 2004.

PAEZ, Marisol. La expropiación indirecta frente al CIADI: Consideraciones para la autorregulación de los actos administrativos de los Estados. En: *Revista del Instituto de Estudios Internacionales de la Universidad de Santiago de Chile*. N° 153, 2006.

PAZ BAÑEZ, Manuela A. de. *Economía mundial: tránsito hacia el nuevo milenio*. Madrid. Pirámide 2005.

POLANYI, Karl. *La gran transformación: Los orígenes políticos y económicos de nuestro tiempo*. Prólogo de Joseph E. Stiglitz. Fondo de Cultura Económica. México, 2003.

PREBISCH, Raúl. *Hacia una dinámica del desarrollo latinoamericano*. México, FCE, 1970.

RAMOS, J. Política industrial y competitividad en economías abiertas. En: *Desarrollo productivo*. Volumen N° 34, LC/G.1928. CEPAL. Santiago de Chile, 1997.

ROCA TAVELLA, Santiago, SHIMABUKO N. Luís. *Inversión en el Perú 2002-2003; entorno, industrias, regiones, financiamiento y estrategias empresariales*. Lima: ESAN, 2002.

- *El comercio y las inversiones entre la Unión Europea y América Latina: Características y consecuencias sobre la especialización productiva*. ESAN. Lima: Gráfica Técnica. 2003.

RODRIGO PRADO, Luís Carlos. *Promoción a la inversión en la actividad minera: los contratos de estabilidad. Sociedad Nacional de Minería, Petróleo y Energía*. Informativo mensual. Volumen VIII. N° 9. Setiembre 1999.

RONDOÑO, Juan Luís. Comercio, recursos y desigualdad en América Latina. En: *Revista de la CEPAL*. N° 78. Dic. 2002.

ROSAS, María Cristina. Los retos de la OMC en el siglo XXI. En: *Capítulos OMC y ALCA: Prioridades en la agenda comercial de ALC*. Revista SELA 63. Set- Dic 2001.

ROZAS, P. Inversión extranjera y empresas transnacionales en la economía de Chile 1974-1989. En: *Estudios e informes de la CEPAL N° 85*. Santiago de Chile. 1992.

SAMPER PIZANO, Ernesto. *Bases para un Derecho Constitucional Financiero*. Pontificia Universidad Javeriana. 1976.

SERCOVICH, Francisco. *La convergencia hacia mejores prácticas productivas y de políticas: el acuerdo de la OMC sobre medidas de inversión vinculadas al comercio. Comisión Económica para América Latina y el Caribe*. Revista de la CEPAL. Naciones Unidas. 1998.

STIGLITZ, Joseph E. y YUSUF, Shahid. Aspectos del desarrollo: resueltos y pendientes. En: *Fronteras de la Economía del Desarrollo. El futuro en perspectiva*. Ed. Alfaomega. México. D.F. 2002.

_____ *Cómo hacer que el comercio sea justo. Cómo hacer que funcione la globalización*. Ediciones Taurus. Buenos Aires. 2001.

SUÁREZ SUÁREZ, Andrés Santiago. *Capitalismo y multinacionales*. Ediciones pirámide. Madrid, 2004.

TANZI, V y ZEE, H. *La política tributaria en los países en desarrollo*. Fondo Monetario Internacional. Temas de Economía 27. Marzo 2001.

TEJADA VIDAL, Nora Gina del Pilar. *La inversión extranjera: Evolución histórica, tendencias actuales y teorías explicativas*. Universidad de Lima. Facultad de Economía. 1993.

THORNE, Alfredo. Ahorro e inversión en el Perú. En: *Revista de la Superintendencia de Banca y Seguros*. Lima, 1990.

TORRES CUZCANO, Víctor y O'PHELAN PÉREZ, Fernando. *Inversión extranjera directa en el Perú. Década del ochenta: Balance y perspectivas*. IPRI - PNUD. 1990.

TOVAR GIL, Javier. ¿Que falta para el desarrollo de la inversión privada?. Volumen 27. Número 7. En: *Revista Perú Económico*. Lima, 2004.

TURNER, Philip. *La inversión extranjera directa en el mundo en desarrollo: la experiencia de los años ochenta*. En: *Revista Monetaria*. XIV/CEMLA. N° 3. 1991.

TWOMEY, Michael J. Patrones de la inversión extranjera en los países del tercer mundo en el siglo XX. En: *Revista Economía*. Vol. XXI N° 41. PUCP. 1998.

VEGA, María del Carmen. Convenios internacionales de promoción y protección de inversiones. En: *Guía legal de Negocio. Invirtiendo en el Perú*. PromPerú. Tercera edición corregida y aumentada. Lima, abril - 1998.

VIDAL OLCESE, Mario. Tratamiento de la inversión extranjera en materia bancaria y de seguros. En: *Temas de derecho bancario*. Lima: Rocarme. 1999.

_____ *Desarrollo del tratamiento de la inversión extranjera en el Perú*. N°. 21. Lima: Tarea Gráfica Educativa. 2000.

ZAMORA PADILLA, Francisco. *Tratado de teoría económica*. México, FCE, 1960.

www.ingramcontent.com/pod-product-compliance
Lightning Source LLC
Chambersburg PA
CBHW080636180526
45168CB00008B/3194